LE NOUVEL

ESPACES

1

MÉTHODE DE FRANÇAIS

Guy CAPELLE
Noëlle GIDON

avec la collaboration de
Annie COUTELLE
Sylvie PONS
(professeur à l'Alliance Française de Paris)

sprachen der welt
hueber

Umschlaggestaltung: Gilles Vuillemard
Gestaltungskonzeption: tout pour plaire
Layout: O'Leary
Illustration: Eric Rullier («La roue tourne»)
Karten und Zeichnungen: Catherine Beaumont, Michel Delporte, Maxime Rebière, Laurent Rullier
Dokumentation: Any-Claude Medioni

3. 2. 1. | Die letzten Ziffern
1999 98 97 96 95 | bezeichnen Zahl und Jahr des Drucks.
Alle Drucke dieser Auflage können, da unverändert,
nebeneinander benutzt werden.
1. Auflage

Satz: O'Leary – Typo Dreitausend, München
Printed in Italy
ISBN 3-19-003234-3

Dépot légal: 6856.02.1995. EAN 3002011500279
Collection n° 26. Code de réference: 15/5013/6
Code tiers: 2009. N° d'ordre de la version: 01. Edition 01.

Vorwort

Espaces 1 wurde vier Jahre lang in der Praxis erprobt. In dieser Zeit haben viele Benutzer(innen) Anregungen gegeben und Vorschläge gemacht, die in die Neubearbeitung eingeflossen sind mit dem Ergebnis, daß mit **Le Nouvel Espaces 1** noch gezielter und erfolgreicher gelernt werden kann.

Le Nouvel Espaces 1 eignet sich als Grundlage für eine fundierte Vorbereitung auf das Sprachdiplom DELF («Diplôme d'Études en Langue Française»). **Le Nouvel Espaces 1** wird diesem Anspruch gerecht durch ein systematisches Sprach- und Kommunikationstraining, das den Lerner(innen) das nötige schriftliche und mündliche Sprachmaterial bereitstellt, als auch durch eine klare Grammatikdarstellung und eine lernerfreundliche Grammatikprogression. Beispielsweise werden das «passé composé» und das «futur simple» schon in Dossier 6 bzw. Dossier 9 eingeführt. Die Grammatikübersichten beschränken sich nicht nur auf die Darstellung der zentralen grammatischen Probleme, sondern sind mit Beispielen aus dem Lehrbuchkontext und zusätzlichen Verständnisfragen versehen.

Aber nicht nur im Bereich der Grammatik spielt die Bewußtmachung sprachlicher Zusammenhänge und des Lernprozesses eine große Rolle. Auch in den vier Fertigkeitsbereichen (Hörverständnis, mündliche Sprachproduktion, Leseverstehen und schriftlicher Ausdruck) wird darauf geachtet, daß die Lernenden verschiedene Lerntechniken erproben können, daß sie die Möglichkeit zur Selbsteinschätzung erhalten und daß sie sich selbst korrigieren lernen. Jedes Dossier beginnt deshalb auf der Einstiegsseite mit einer Formulierung der Lernziele des betreffenden Dossiers und schließt mit einer Wiederholungsseite, auf der die lexikalischen, grammatischen und kommunikativen Lerninhalte dieses Dossiers auf einen Blick zusammengefaßt sind. Außerdem bietet der Test nach jedem zweiten Dossier den Lerner(innen) die Möglichkeit, ihren Lernerfolg zu überprüfen.

Le Nouvel Espaces 1 verfügt über einen klaren Lektionsaufbau:

- Eine sorgfältige Einführung in die sprachlichen und thematischen Inhalte befindet sich zu Beginn eines jeden Dossiers.
- Hörverstehen und mündliche Sprachproduktion bilden jeweils den Schwerpunkt im zweiten Teil des Dossiers. Die Lerner(innen) üben Aussprache und Intonation, lernen typische Sprechakte kennen und entwickeln Kommunikationsstrategien.
- Die Beschäftigung mit schriftlichen Kommunikationssituationen (Textsorten erkennen, Lesestrategien entwickeln) und eine systematische Hinführung zur schriftlichen Textproduktion schließen das Dossier ab.

Und nun viel Erfolg mit **Le Nouvel Espaces 1**!

	DOSSIER 0 Vous vous appelez comment ? page 7	DOSSIER 1 Qui êtes-vous ? page 15	DOSSIER 2 Qui sont-ils page 25	DOSSIER 3 Où est-ce ? page 39	DOSSIER 4 Où vont-ils ? page 53	DOSSIER 5 Que voulez-vous ? page 67
Situations de communication orales	▲ rencontres, présentations, ▲ nationalités ▲ anniversaires	▲ demande de carte de séjour ▲ inscription à un club ▲ conversation au téléphone	▲ identification ▲ présentation de familles	▲ déclaration de vol dans un commissariat ▲ présentation d'un nouveau locataire à une concierge ▲ instructions données à des livreurs	▲ demande et indication de lieux et d'itinéraires ▲ recherche d'un moyen de transport pendant une grève	▲ recherche d'un emploi à l'ANPE ▲ présentation à de nouveaux collègues
Situations de communication écrite, types de textes	▲ l'alphabet ▲ cartes de voeux ▲ poèmes ▲ bande dessinée	▲ lettre de demande de documentation	▲ page de photos avec légendes ▲ présentation de personnages célèbres	▲ petites annonces ▲ lettre de demande de renseignements	▲ page de guide touristique ▲ plans ▲ lettre d'invitation, lettre de réponse	▲ panneaux d'interdictions ▲ modes d'emploi d'appareils
Notions, actes de parole	▲ saluer, se présenter, dire l'âge	▲ s'identifier ▲ s'informer ▲ demander, confirmer, remercier	▲ identifier les autres ▲ s'informer sur liens familiaux ▲ origine, appartenance, profession	▲ situer dans un espace intérieur ▲ ordres, interdictions ▲ surprises, indifférence, irritation ▲ exprimer la possession	▲ situer dans une ville ▲ demander et indiquer des directions ▲ s'excuser, remercier ▲ s'interroger sur la cause et l'intention	▲ donner des ordres, interdictions ▲ donner des conseils, possibilité ▲ offrir de l'aide
Grammaire	▲ *être, avoir, s'appeler* (présent, personnes du sing.) ▲ *tu* et *vous*, *moi, toi, vous* ▲ *qui ? quel ?* ▲ nombres de 1 à 60 ▲ *c'est, il est* ▲ masculin et féminin	▲ articles (sing.) ▲ adjectifs possessifs (sing.) ▲ *quel ?* ▲ *où ?* ▲ *comment ?*	▲ pluriel des noms, des adjectifs possessifs, des articles ▲ *avoir* et *être* ▲ *venir* et *faire* (présent) ▲ verbes en -er ▲ négation ▲ *où ? d'où ?*	▲ *il y a* ▲ *il n'y a pas de* ▲ adjectifs démonstratifs ▲ prépositions de lieu ▲ *mettre* et *prendre* (présent et impératif) ▲ adjectifs ordinaux ▲ réponse avec *si*	▲ *pouvoir* (présent) et *aller* (présent, impératif) ▲ *pourquoi ? parce que...* ▲ prépositions et adverbes de lieu	▲ *vouloir* (présent) ▲ impératif ▲ *il (ne) faut (pas)* ▲ pronoms compléments (COD, COI)
Évaluation			**Faites le point**		**Faites le point**	
Phonétique	▲ alphabet ▲ égalité syllabique	▲ accents écrits ▲ accent tonique ▲ lettres muettes	▲ liaison et enchaînement ▲ intonation montante/descendante	▲ lettres muettes ▲ -s-x- entre voyelles ▲ intonation ▲ [o], [u], [wa]	▲ voyelles nasales ▲ lettres muettes ▲ accent d'insistance	▲ consonnes finales ▲ voy. arrondies et tirées ▲ intonation ▲ [ø] et [œ]
Découverte des aspects sociaux-culturels	▲ rapports interpersonnels, le *tu* et le *vous*	▲ rapports administratifs ▲ un club de cyclotourisme	▲ la famille ▲ quelques personnalités ▲ un tableau du Douanier Rousseau	▲ la maison et le mobilier ▲ rôle de la concierge dans un immeuble	▲ une grève des transports parisiens ▲ la ville de Québec ▲ Paris rive gauche	▲ le piéton dans la ville ▲ les contraintes en société ▲ l'ANPE et l'emploi des jeunes ▲ rapports entre collègues
Magazines		Consignes de classe		Paris-Architecture		Fêtes et saisons
Thèmes transversaux	▲ la politesse ▲ se présenter, s'intéresser à l'autre	▲ apprendre à se comporter avec les autres	▲ comment se comporter en famille	▲ éducation du consommateur : vérifier la marchandise qu'on achète ▲ apprendre à lire une annonce	▲ apprendre à s'entraider, à se montrer solidaire des autres dans une situation difficile	▲ respecter les règles de la vie en société ▲ la sécurité routière ▲ s'adapter aux circonstances
Procédures, types d'activités (les procédures qui sont récurrentes ne sont pas répétées dans le tableau)	▲ reconnaître une situation de communication orale ▲ écouter et reproduire des dialogues avec variantes ▲ discriminer ▲ sons et intonations ▲ reconnaître des nombres et des sigles	▲ reconnaître des situations de communications orales et écrites ▲ demander et donner des informations	▲ écouter, lire silencieusement ▲ mettre en parralèle un texte et l'illustration ▲ repérer des informations dans un texte ▲ construire le sens d'un texte ▲ structurer de l'information	▲ situer et placer des objets et des meubles dans un espace intérieur ▲ décrire un appartement ▲ décoder des petites annonces ▲ compléter une lettre	▲ lire un plan de ville ▲ écouter les indications d'un guide ▲ repérer des informations dans des textes ▲ écrire une lettre d'invitation et une réponse	▲ réagir à des directives ▲ rétablir l'ordre de faits et d'événements ▲ trouver des raisons ▲ organiser un texte séquentiellement

DOSSIER 6 **Qu'est-ce qu'ils font ?** page 81	**DOSSIER 7** **De quoi avez-vous besoin ?** page 95	**DOSSIER 8** **Ça se passe comment ?** page 109	**DOSSIER 9** **Qu'avez-vous fait ?** page 123	**DOSSIER 10** **Laquelle préférez-vous ?** page 137	**DOSSIER 11** **Il faut que ça change !** page 151	**DOSSIER 12** **Ça se passait quand ?** page 165
▲ scènes de la vie quotidienne ▲ invitation ▲ prise de congé	▲ exposé de sciences naturelles ▲ conseils d'un animateur aux membres d'un club ▲ au restaurant, chez des commerçants	▲ reportage radio sur un festival de films ▲ accueil dans une ferme	▲ réunion amicale	▲ achat de voiture ▲ proposition de travail en province ▲ recherche d'une décision commune en famille	▲ souhaits pour son pays et pour le monde ▲ essai de persuasion	▲ récit d'événements passés
▲ récit de vie ▲ curriculum vitae ▲ reportage	▲ page d'un ouvrage de vulgarisation en diététique ▲ article de revue	▲ critiques de films	▲ biographies, récits de vie	▲ textes publicitaires ▲ fiches techniques de voitures	▲ manifestes écologiques ▲ règlement de concours	▲ récit ▲ synthèse historique
▲ exprimer le temps ▲ rapporter des actions en cours, actions habituelles et passées ▲ dire l'heure ▲ proposer, accepter, refuse, apprécier	▲ exprimer des besoins, des goûts, des quantités, des préférences ▲ exprimer l'intention et la probalité	▲ exprimer la durée ▲ les niveaux de langue dans l'interrogation ▲ rapporter des événements actuels ▲ faire des commentaires	▲ rapporter, décrire des événements passés	▲ comparer ▲ exprimer son opinion ▲ exprimer l'accord et le désaccord ▲ argumenter, rejeter des propositions, justifier	▲ exprimer des souhaits et des volontés ▲ persuader ▲ exprimer le besoin	▲ rapporter des faits passés ▲ relancer la conversation ▲ exprimer l'indifférence et l'étonnement, la cause et la conséquence
▲ expressions de temps ▲ emplois du présent ▲ présent des verbes en *-ir* et pronominaux ▲ passé composé	▲ quantificateurs ▲ articles partitifs ▲ *en* = *de* + nom ▲ futur simple ▲ futur proche ▲ verbes en *-er* particuliers (présent)	▲ *y* et *en* (lieu) ▲ prépositions de temps ▲ inversion sujet/verbe ▲ *qui est-ce qui/que, qu'est-ce qui/que* ▲ *connaître et savoir* ▲ *en train de*	▲ passé composé ▲ formation des participes passés ▲ genre et place des adjectifs ▲ mise en valeur : *c'est que...* ▲ restriction : *ne...que*	▲ comparatifs (noms, adjectifs, verbes, adverbes) ▲ pronoms démonstratifs et interrogatifs ▲ *moi aussi, moi non plus, moi si, pas moi* ▲ passé récent : *venir de*	▲ subjonctif présent ▲ infinitif ou subjonctif dans la subordonnée ▲ *pour que* ▲ *il faut que*	▲ l'imparfait ▲ différence d'emploi entre passé composé et imparfait ▲ *donc*
Faites le point		**Faites le point**		**Faites le point**		**Faites le point**
▲ lettres muettes ▲ [ə], [ɛ]	▲ le "e" caduc ▲ [g], [ʒ]	▲ liaisons et enchainements ▲ intonation exclamative	▲ les semi-voyelles : [j], [w], [y] ▲ les voyelles centrales : [y], [o],[œ]	▲ les voyelles moyennes : e, eu, o	▲ les groupes de consonnes	▲ caratères généraux de la prononciation du français
▲ vie quotidienne ▲ l'heure dans le monde ▲ les loisirs des jeunes ▲ le métier de mannequin	▲ préparation d'une randonnée en Périgord ▲ habitudes alimentaires des Français	▲ le Festival de Cannes ▲ une excursion en vélo dans le Périgord	▲ quelques grands couturiers français ▲ le commandant Cousteau	▲ une installation en province ▲ la vie à Paris et en province ▲ l'évasion des vacances ▲ un séjour en Martinique	▲ préoccupations écologiques ▲ espoirs et inquiétudes des Français	▲ les événements de mai 68 ▲ la construction de l'Europe
	L'addition, s'il vous plait !		Allons au spectacle !		Pour que vive la nature.	
▲ apprendre à respecter les autres	▲ apprendre à préserver sa santé ▲ choisir une nourriture saine, équilibrée et adaptée à son mode de vie	▲ l'entraide et l'égalité des sexes	▲ l'égalité des sexes : le talent appartient autant aux femmes qu'aux hommes	▲ éducation des consommateurs : comparer tous les paramètres avant d'acheter	▲ les grands problèmes du monde ▲ la pensée écologique et la sauvegarde de la nature	▲ l'individu et la société ▲ l'union européenne ▲ l'évolution vers l'union et la paix
▲ déchiffrer et donner des horaires de trains ▲ organiser des événements chronologiquement ▲ trouver et utiliser des marqueurs temporels	▲ distinguer le tout et la partie ▲ consulter un menu de restaurant, composer des menus, ▲ dramatiser des scènes ▲ découvrir les fonctions d'un texte ▲ analyser sa structure	▲ interviewer une personnalité ▲ lire une carte, préparer un itinéraire ▲ faire une liste d'activités ▲ faire un résumé ▲ rédiger une critique de film	▲ repérer les événements principaux d'un récit de vie ▲ reconstituer une biographie ▲ préparer un C.V. ▲ raconter une histoire	▲ comparer des objets ▲ trouver des arguments pour ou contre une proposition ▲ analyser l'information en vue de prendre une décision ▲ raconter un séjour de vacances	▲ analyser des actes de parole ▲ affirmer et discuter des opinions ▲ conseiller des amis ▲ rédiger un texte comportant critiques et suggestions	▲ distinguer entre événements et circonstances ▲ appliquer des critères d'évaluation d'un texte ▲ résumer un récit

Index des actes de parole

		N° du dossier ou situation de classe (s.c.)
permission (demander une)	Je peux venir avec vous ?	7
préférence (exprimer une)	Je préfère ça.	12
présenter quelqu'un	Voilà... Elle, c'est... Moi, c'est...	0
	Je te/vous présente...	2
	Très heureux. Enchanté. Salut.	1
probabilité (exprimer la)	Peut-être./Ça peut nous être utile.	7
	Il peut faire froid la nuit.	7
promettre	La prochaine fois.	9
proposer	Tu viens avec moi au cinéma ?	6
	Tu ne veux pas sortir avec moi ?	6
	On se retrouve chez moi ?	9
protester	Mais, madame, on travaille, nous !	3
	Dites, on est livreurs, pas déménageurs !	3
	Ce n'est pas à moi de faire ça !	
recommander	N'oublie pas de ...	
	Ne dis pas de bêtises.	10
refuser	Non, pas moi, je te remercie.	8
	De toute façon, moi, c'est sûr, je n'y vais pas.	10
	Euh... oui, mais aujourd'hui c'est impossible.	11
regretter	Je suis désolé(e)	4
rejeter	Bon, vos histoires, moi, hein... !	2
	Ah non ! Je n'aime pas beaucoup les boîtes.	6

		N° du dossier ou situation de classe (s.c.)
remercier	Merci (bien/beaucoup)	1
	C'est très gentil.	4
	C'est drôlement sympa.	4
requête (faire une)	Est-ce que je peux... ?	5
	S'il vous plaît...	1
reprocher	La prochaine fois, pense à...	6
	Mais tu sais, à huit heures du matin !	6
	Si tu es d'accord avec eux !	11
	Ce n'est pas très sympa...	12
saluer	Bonjour (monsieur/madame...). Au revoir.	0
	Salut. Comment allez-vous ? Ça va ?	0
	Vous allez bien ?	0
situer dans l'espace	Où est le... ? Le... c'est où ?	4
	Vous savez où c'est ?	
	Il y a une... près d'ici.	4
	C'est assez loin.	4
	C'est + préposition + nom de lieu.	4
souhaiter	Je souhaite qu'il n'y ait plus de chômage.	11
surprise (exprimer la)	Qu'est-ce que je vois ?	3
	Mais non ce sont pas mes meubles !	3
	Aux Bains !	6
	Comment ça, tu n'y vas pas !	10
	Ah oui !	12
tranquiliser	Soyez patiente.	
	Rien, rien... Ne te fâche pas.	8
	Allez, calme-toi.	10
	N'exagérons rien.	11

Stragégies de communication

		N° du dossier ou situation de classe (s.c.)
attirer l'attention	Excusez-moi.	0
	Allô ! (téléphone)	6
	Écoutez-moi.	s.c.
	Dis.Dites./Dites donc.	5
	Thierry ?	
	Tu sais. Thierry...	
clarification (demander une)	Qu'est-ce que ça veut dire ?	
	Qu'est-ce que vous voulez dire ?	s.c.
	C'est (bien) ça ?	
compréhension	Oui. C'est ça. Bien sûr.	
	Je vois. C'est bien normal.	11
confirmation (demander)	C'est bien le... ?	6
	Vous êtes bien... ?	1
hésiter gagner du temps	Euh... Alors...	s.c.
	Attendez.	s.c.
	Peut-être.	s.c.
	Enfin... je veux dire...	
interrompre	Oui, mais...	s.c.
	Excusez-moi.	
mettre fin à un échange	Dis donc, tu sais l'heure ?	5
	Bon, alors... Bon, eh bien !...	
	Il faut que je parte !	

		N° du dossier ou situation de classe (s.c)
rejeter	Mais non, en randonnée !	7
	Il y a erreur.	3
	Pas vraiment. Je ne crois pas.	
	C'est faux.	
	Il ne faut pas exagérer !	3
relancer la conversation	Oui, qu'est-ce que vous en pensez ?	s.c.
	Vous avez une idée ?	
	Et alors ?	
répéter (faire)	Pardon ? Hein ? Comment ? Quoi ?	s.c.
	Qu'est-ce que vous dites ?	
	Répétez, s'il vous plaît.	
solidarité (exprimer sa)	Ce n'est rien.	1
	Je sais...	2
	Je vois...	3
	Je suis bien d'accord avec vous.	4
	Madame a raison.	4
	Je m'en doute.	8
solliciter l'approbation	Alors, elle n'est pas super cette boîte ?	6
	C'est fou, non ?	3
	Je suis majeure, non ?	11

Les principales agglomérations

- 10 000 000 d'habitants
- plus de 1000 000 d'habitants
- de 500 000 à 1000 000 d'habitants
- de 250 000 à 500 000 habitants
- de 100 000 à 250 000 habitants

altitudes en mètres

2000
1000
500
200
0

Les régions administratives

DOSSIER 0

VOUS VOUS APPELEZ COMMENT ?

VOUS ALLEZ PARLER DE :

- rencontres
- présentations
- nationalités

VOUS ALLEZ APPRENDRE À :

- saluer, vous excuser, vous présenter
- demander et donner votre identité
- compter et épeler des mots

VOUS ALLEZ UTILISER :

- les verbes *être*, *avoir* et *s'appeler* au présent (singulier)
- des noms et des adjectifs au singulier
- *C'est* + nom ou pronom
- *Il est* + adjectif
- la négation *ne ... pas*
- des phrases interrogatives

Vous vous appelez comment ?

1 « Bonjour » ou « Salut » ?

Écoutez les dialogues 1 et 2, page 9.
Regardez les dessins. Inventez 2 dialogues.

2 Dans quel ordre ?

Remettez le dialogue dans le bon ordre.

1. – Hélène Lafoux.
2. – Bonjour, monsieur.
3. – Bonjour, madame.
4. – Vous vous appelez comment ?
5. – Je m'appelle Guy Laborit, et vous ?

Puis écoutez pour vérifier.

Les lettres de l'alphabet

A B C D E F G H I
J K L M N O P Q R
S T U V W X Y Z

Écoutez. Répétez.

3 Vous connaissez ?

Écoutez et donnez le numéro du sigle.

TGV 1
TF1 2
EDF GDF 3
SNCF 4
RATP 5

4 Qui est-ce ?

Écoutez et écrivez le nom des 4 personnages.

5 Ça va bien ?

Écoutez les dialogues 3 et 4, page 9.
Trouvez les questions et complétez le dialogue.

– .... ?   *– Hanna.*
—> Tu t'appelles comment ?   – Hanna.

1. – Salut, ... ?
2. – Laurent. ...... ?
3. – Florence....... ?
4. – Oui, ça va. ...... ?
5. – Moi aussi. Ça va bien ! Merci.

COMMENT DIRE LE NOM OU LE PRÉNOM

(Moi,) **je m'appelle** Laurent.
(Toi,) tu t'appelles Hanna. —> *forme familière*
(Vous,) vous vous appelez François Laporte.
—> *forme de politesse*

⚠ Les pronoms « je, tu, vous » sont obligatoires.
Ils marquent la personne du verbe.

6 Et vous ?

Vous vous appelez comment ? Jouez à 2.

Vous vous appelez comment ?

1. – Salut. Je m'appelle François.
– Salut.
– Et toi, tu t'appelles comment ?
– Christian.

2. – Bonjour, madame.
– Bonjour, monsieur.
– Excusez-moi. Vous vous appelez comment ?
– Corinne Laporte. Et vous ?
– Gérard Leroy. L. E. R. O. Y.

3. – Oh, bonjour, Claire.
– Bonjour, Hélène. Ça va bien ?
– Oui, moi, ça va. Et toi ?
– Moi aussi. Merci, au revoir !
– Au revoir !

4. – Bonjour, madame Leroy.
– Bonjour, madame Rousseau. Ça va bien ?
– Oui, ça va bien. Et vous ?
– Moi aussi, ça va. Merci.
– Au revoir. Bonne journée !
– Au revoir.

1 Qui est-ce ?

Écoutez les dialogues, page 11, et choisissez **a.** ou **b.**

1. Thierry est :	**a.** espagnol.	**b.** français.
2. Peter est :	**a.** anglais.	**b.** allemand.
3. Christian :	**a.** C'est Monsieur Delcour.	**b.** Il est étudiant.

C'EST... / IL EST...

• **C'est + nom ou pronom**
C'est lui. C'est Peter. C'est un ami.

• **Il / Elle est + adjectif**
Il est allemand. Elle est étudiante.

2 Dans quel ordre ?

Il y a deux dialogues dans le texte ci-dessous. Remettez-les phrases dans l'ordre. Puis écoutez pour vous corriger.

*Dialogue 1 : **3**, ...* *Dialogue 2 : **7**, ...*

1. – Moi, c'est Hans.

2. – Bonjour, monsieur.

3. – Salut, je m'appelle Linda, et toi ?

4. – Vous vous appelez comment ?

5. – Oui, je suis allemand.

6. – Céline Dulong.

7. – Bonjour, madame.

8. – Je suis américaine. Et toi, tu es allemand ?

Le drapeau	Le pays	La nationalité
	l'Allemagne	allemand(e)
	la France	français(e)
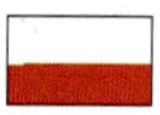	la Pologne	polonais(e)
	le Mexique	mexicain(e)
	l'Espagne	espagnol(e)
	l'Italie	italien(ne)
	la Grèce	grec / grecque

3 Quelle est sa nationalité ?

Écoutez et dites la nationalité de Pilar.

4 Tu es brésilien ?

Complétez le dialogue.

– Moi, je ...... brésilien. Et toi, tu ...... française ?
– Non, je ne ...... pas française. Je ...... grecque.
– Tu ...... étudiante ?
– Oui et lui ? Il ...... étudiant aussi ?
– Oui. Mais il n'...... pas grec. Il ...... portugais.

LE VERBE « ÊTRE »

Formes affirmatives	*Formes négatives*
Je **suis** français(e).	Je **ne** suis **pas** portugais(e).
Tu **es** allemand(e).	Tu **n'**es **pas** autrichien(ne).
Il / Elle **est** italien(ne).	Il / Elle **n'est pas** grec / grecque.

Forme de politesse : Vous **êtes** mexicain(e).

⚠ Ne confondez pas « tu **es** », « il **est** »
« Claire **et** Hans »

DES SONS ET DES LETTRES

■ **Masculin ou féminin ?**

Écoutez.

Vous entendez « polonais » et vous dites « masculin ».
Vous entendez « polonaise » et vous dites « féminin ».
Puis, vous répétez le mot.

VOUS ÊTES FRANÇAIS ?

1

Le monsieur : Bonjour.
Thierry : Bonjour.
Le monsieur : Vous habitez à Paris ?
Thierry : Non, j'habite à Clermont-Ferrand. Et vous ?
Le monsieur : Moi, j'habite à Paris.
Thierry : Mais, vous n'êtes pas français ?
Le monsieur : Non, je suis espagnol.
Thierry : Je m'appelle Thierry Lazure. Et vous ?
Le monsieur : Juan Alvarez.

TU ES ANGLAIS ?

2

VOUS N'ÊTES PAS AUTRICHIEN ?

3

Émilie : Salut, papa, ça va ?
Christian : Oh, Émilie !... Bonjour, monsieur.
Émilie : Il s'appelle Peter. C'est un ami. Il est étudiant.
Christian : Moi, c'est Christian Delcour.
Peter : Bonjour, monsieur.
Christian : Vous n'êtes pas autrichien ?
Émilie : Non, il est allemand.
Christian : Eh bien... au revoir. Bonne journée !
Émilie : Toi aussi.

0

1 Les chiffres et les nombres.

1. Écoutez et répétez les nombres de 0 à 19.
2. Écoutez et repérez les nombres de 20 à 30.

   20 *21* *22...*

   vingt *vingt et un* *vingt-deux...*

   Continuez : 23, 24 ....
3. Devinez les nombres de 30 à 40 et de 50 à 60.

2 Les numéros de téléphone.

Écoutez et repérez les numéros.

1. 38 59 64 32
2. 42 36 21 67
3. 56 27 38 46
4. 27 41 58 35

3 Écrivez.

Écoutez et écrivez les 5 nombres en chiffres puis en lettres.

4 Poème.

Écoutez et complétez ce poème.

Il ...... français.
Elle ...... polonaise.
Elle ...... à Varsovie.
Il .... à Paris.
Elle ...... Lila.
Il ...... Thomas.
Il n'...... pas heureux.
Elle ...... malheureuse.
Ils sont amoureux.

5 Vous avez quel âge ?

Écoutez et notez l'âge des personnes.

1. Laure
2. Colin
3. Hélène
4. John et Clara

LE VERBE « AVOIR »

Formes affirmatives	*Formes négatives*
J'**ai** 20 ans.	Je **n'**ai **pas** 20 ans.
Tu **as** 24 ans.	Tu **n'**as **pas** 24 ans.
Il / Elle **a** 29 ans.	Il / Elle **n'**as **pas** 29 ans.
Forme de politesse	
Vous **avez** 52 ans.	Vous **n'**avez **pas** 52 ans.
Je + voyelle → j'	***J'**ai*
ne + voyelle → n'	*Je **n'**ai pas.*

⚠ Ne confondez pas : « tu **as** », « il **a** », « **à** Paris »

6 C'est très bien.

Complétez le dialogue, puis écoutez pour vous corriger.

– Alors, il ...... quel âge ?
– Oh, il ...... jeune. Il ...... 23 ans.
– Et toi, tu ...... quel âge ?
– J'...... 22 ans.
– C'est très bien.

Pour lire

- **L'égalité syllabique**

Découpez les mots en syllabes égales.

1. Elle /s'a/ppelle/ Co/ra/lie.
2. E/lle est / fran/çaise.
3. E/lle a / un / nu/mé/ro / de / té/lé/phone.
4. E/lle ha/bi/te à /Pa/ris.

Écoutez et prononcez.

7 Présentez-vous !

Jouez à 2. Demandez le nom, la nationalité, l'âge de votre voisin(e).

Elle a quel âge ?

Poème

Un, deux, trois, quatre, cinq, six, sept,
C'est la fête !
Huit, neuf, dix, onze, douze, treize,
De mon amie Thérèse
Quatorze, quinze, seize, dix-sept,
On va être sept
Dix-huit, dix-neuf, vingt,
Avec Sébastien
Vingt et un, vingt-deux, vingt-trois,
Et puis aussi Benoît
Vingt-quatre, vingt-cinq, vingt-six,
Avec son ami Chris
Vingt-sept, vingt-huit, vingt-neuf,
En habits tout neufs !

Les chiffres

0	1	2	3	4
zéro	un	deux	trois	quatre
5	6	7	8	9
cinq	six	sept	huit	neuf

Les nombres

10	11	12	13	14
dix	onze	douze	treize	quatorze
15	16	17	18	19
quinze	seize	dix-sept	dix-huit	dix-neuf
20	21	22...	29	**30...**
vingt	vingt et un	vingt-deux	vingt-neuf	**trente**
40...	**50...**	**60...**	69	
quarante	**cinquante**	**soixante**	soixante-neuf	

RÉCAPITULATION

COMMUNICATION

- **Saluer**
  Bonjour.
  Salut. Ça va (bien) ?
- **S'excuser**
  Excuse-moi. / Excusez-moi.
- **Se présenter**
  Je m'appelle Hélène. Je suis Espagnole. J'ai 18 ans.
  C'est Thierry. Il est étudiant.
- **Identifier quelqu'un**
  Tu t'appelles comment ? – Claire.
  —> *forme familière*
  Vous vous appelez comment ? – Sylvie Dufour.
  —> *forme de politesse*
  Vous êtes française ? – Non, je suis autrichienne.
  Tu as quel âge ? – J'ai 25 ans.
  Vous habitez à Paris ? – Non, j'habite à Rome.

GRAMMAIRE

Conjugaison : le présent

formes du singulier	**• Être**
1re pers.	Je **suis** français(e).
2e pers.	Tu **es** étudiant(e).
3e pers.	Il / Elle **est** anglais(e).
politesse	Vous **êtes** français(e).
	• Avoir
1re pers.	J'**ai** 25 ans.
2e pers.	Tu **as** 42 ans.
3e pers.	Il / Elle **a** 16 ans.
politesse	Vous **avez** 30 ans.
	• S'appeler
1re pers.	Je m'app**elle** Dominique.
2e pers.	Tu t'app**elles Hans**.
3e pers.	Il / Elle s'app**elle** Pilar.
politesse	Vous vous appel**ez** Claire.

Les pronoms toniques

Le pronom tonique renforce le pronom personnel.

1re pers.	**Moi**, je suis espagnol(e).
2e pers.	**Toi**, tu es mexicain(e).
3e pers.	**Lui**, il est autrichien.
	Elle, elle est italienne.
politesse	**Vous**, vous êtes grec / grecque.

Le genre

Les **noms** sont **masculins** ou **féminins**.
Les **adjectifs s'accordent** avec le genre du nom.
un ami allemand, **une** ami**e** allemand**e**

C'est ≠ Il est

C'est présente ou montre quelqu'un ou qq chose.

Il est se réfère à une personne ou à une chose déjà présentée.

- **c'est + nom**
  C'est Thierry.
  C'est un ami.
- **Il / Elle est + adjectif**
  Il est espagnol. .
  Elle est française.
  Il est heureux
  Elle est amoureuse.
- **c'est + pronom**
  C'est lui. / C'est elle.

Les formes de phrases

- **les phrases affirmatives**
  L'intonation est descendante :
  Elle s'appelle Anna. Elle est étudiante. Elle habite à Rome.
  ⚠ Le pronom sujet est obligatoire.
- **les phrases interrogatives**
  Tu habites à Paris **?** – Oui. / Non.
  Vous avez **quel** âge **?** – 25 ans.
  Qui est-ce **?** – C'est Anna.
  Tu t'appelles **comment ?** – Christophe.
- **les phrases négatives**
  La négation est en deux parties : « ne » et « pas »
  Elle **ne** s'appelle **pas** Pilar.
  Elle **n'**est **pas** étudiante.
  Elle **n'**habite **pas** à Rome.
  ⚠ « Pas » est obligatoire.

DOSSIER 1

QUI ÊTES-VOUS ?

VOUS ALLEZ PARLER DE :
- l'arrivée en France
- une inscription (à un club de cyclotourisme)
- ce qu'on dit en classe (consignes)

VOUS ALLEZ APPRENDRE À :
- vous informer sur l'identité d'une personne
- distinguer les formes familières et les formes de politesse

VOUS ALLEZ UTILISER :
- des articles et des adjectifs possessifs, au singulier
- des mots interrogatifs : *quel* (adjectif), *qui* (pronom) *où*, *comment* (adverbes)
- des prépositions : *à, dans, de*
- des noms de professions

Votre fiche, s'il vous plaît ?

1 Voici la fiche de Roberto.

Vous êtes l'employée.
Écoutez le dialogue de la page 17.
Puis, recopiez et remplissez la fiche.

Nom de famille : ......
Prénom : ......
Nationalité : ......
Date de naissance : *20 septembre 1972*
Lieu de naissance : ......
Situation de famille : marié(e) ❐
célibataire ❐
Profession : ......
Adresse : ......
Téléphone : ......

LES ARTICLES (singulier)

	indéfinis	**définis**
Masculin	**un** nom **un** ami	**le** nom de **l'**hôtel **l'**ami de Claire
Féminin	**une** profession **une** adresse	**la** profession de Roberto **l'**adresse de Claire

Quelle forme a l'article défini devant une voyelle et devant un « h » ?

2 Article défini ou indéfini ?

Complétez avec « le, la, l' » ou « un, une ».

1. – Vous avez ...... numéro de téléphone ?
   – Oui, c'est ...... 42 54 67 39.
   – Quelle est ...... nom de votre hôtel ?
   – C'est ...... hôtel de l'Europe.
2. – C'est ...... amie de Roberto ?
   – Roberto a ...... amie ?
   – Oui. Elle habite à ...... hôtel de l'Europe.
   – Elle a ...... profession ?
   – Oui, elle est journaliste.

3 C'est Annie.

Écoutez le dialogue et notez :

1. le nom,
2. la situation de famille,
3. la nationalité,
4. l'âge d'Annie.

4 Qui sont Rosana et Roberto ?

Complétez les phrases avec « c'est » ou « il / elle est ».

1. ...... Rosana Cardinale. ...... mariée. ...... italienne. ...... une amie de Roberto. ...... étudiante.
2. ...... Roberto Marqués. ...... n'...... pas marié. ...... célibataire. ...... n'...... pas étudiant. ...... un journaliste.

5 Qui est-ce ?

Présentez ces personnes.

Antonio / argentin / journaliste / pas célibataire.
—> C'est Antonio. Il est argentin. C'est un journaliste. Il n'est pas célibataire.

1. Erika / allemande / une étudiante / une amie.
2. Chico / brésilien / un professeur / pas célibataire.
3. Cassandre / grecque / une étudiante / pas mon amie.
4. François / français / un journaliste / pas étudiant.
5. Hélène / française / une secrétaire / pas mariée.

6 Bonjour ou salut ?

Voici trois dialogues.

1. Écoutez et dites dans quel(s) dialogue(s) :
   a. les personnes utilisent des formes de politesse.
   b. les personnes sont des jeunes ou des amis.
2. Saluez un(e) autre étudiant(e) sur le modèle des dialogues 1, 2 ou 3.

Votre fiche, s'il vous plaît ?

– Vous vous appelez comment ?
– Matos.
– Quel est votre prénom ?
– Roberto.
– Votre date et votre lieu de naissance ?
– Le 20 septembre 1972, à Rio de Janeiro.
– Vous êtes brésilien ?
– Oui, c'est ça.
– Vous êtes marié ? Célibataire ?
– Je suis célibataire.
– Quelle est votre profession ?
– À Rio, journaliste. Mais ici, je suis étudiant.
– Vous habitez où ?
– J'habite à l'hôtel.
– Et quelle est l'adresse de votre hôtel ?
– C'est l'hôtel de l'Europe, 17, rue de Vanves, à Paris.
– Vous avez un numéro de téléphone ?
– Oui, c'est le 42 54 67 39.
– Bon, merci. Attendez un instant, s'il vous plaît. Asseyez-vous.

LA ROUE  TOURNE

1

1 Quelle est la situation ?

Avant d'écouter, regardez la bande dessinée (dessins 1 et 2) et choisissez **a** ou **b**.

1. Où est Thierry ? **a.** Dans le bureau du Bicyclub.
b. À l'hôtel.

2. Qui parle à Thierry ? **a.** Une amie.
b. Une secrétaire.

2 Vrai ou faux ?

Écoutez le texte de la bande dessinée et répondez « C'est vrai » ou « C'est faux ».

1. Le nom de famille de Thierry est Morlay.
2. Son nom s'écrit avec un *S*.
3. Il n'a pas d'adresse à Paris.
4. Il a une carte d'identité.
5. Son numéro de téléphone est le 46 35 21 10.

LES ADJECTIFS POSSESSIFS (singulier)

	Masculin	*Féminin*	
Je	**mon** nom	**ma** rue	**mon** adresse
Tu	**ton** âge	**ta** profession	**ton** histoire
Il / Elle	**son** hôtel	**sa** carte	**son** identité
Nous	**notre** ami	**notre** amie	
Vous	**votre** bureau	**votre** secrétaire	
Ils /Elles	**leur** numéro	**leur** famille	

Quelle est la forme de l'adjectif possessif devant une voyelle ou un « h » ?

3 Qui es-tu ?

Mettez ensemble les questions et les réponses.

1. Salut ! Tu t'appelles comment ?
2. Quel est ton nom de famille ?
3. Quelle est ton adresse ?
4. Tu as un numéro de téléphone ?

a. 44, rue Didot.
b. Isabelle.
c. Oui. C'est le 45 39 93 95.
d. Roche.

4 Présentez Thierry.

1. Complétez avec « son » ou « sa ».

a. ...... nom, c'est Thierry Lazure.
b. ...... adresse, c'est 33, rue Pasteur.
c. Comptable, c'est ...... profession.
d. Il a ...... carte d'identité.
e. ...... numéro de téléphone est le 45 36 29 10.

2. Recommencez en parlant de vous.

Mon nom, c'est...

INTERROGER AVEC QUEL

	Adjectif + nom	**Pronom**
Masc.	Tu as **quel** âge ?	**Quel** est ton âge ?
Fém.	Tu habites à **quelle** adresse ?	**Quelle** est ton adresse ?

5 Charlotte, vous connaissez ?

Complétez.

1. .... est son nom de famille ?
2. Elle habite dans ...... rue ?
3. Elle a une carte de ...... club ?
4. ...... est sa nationalité ?

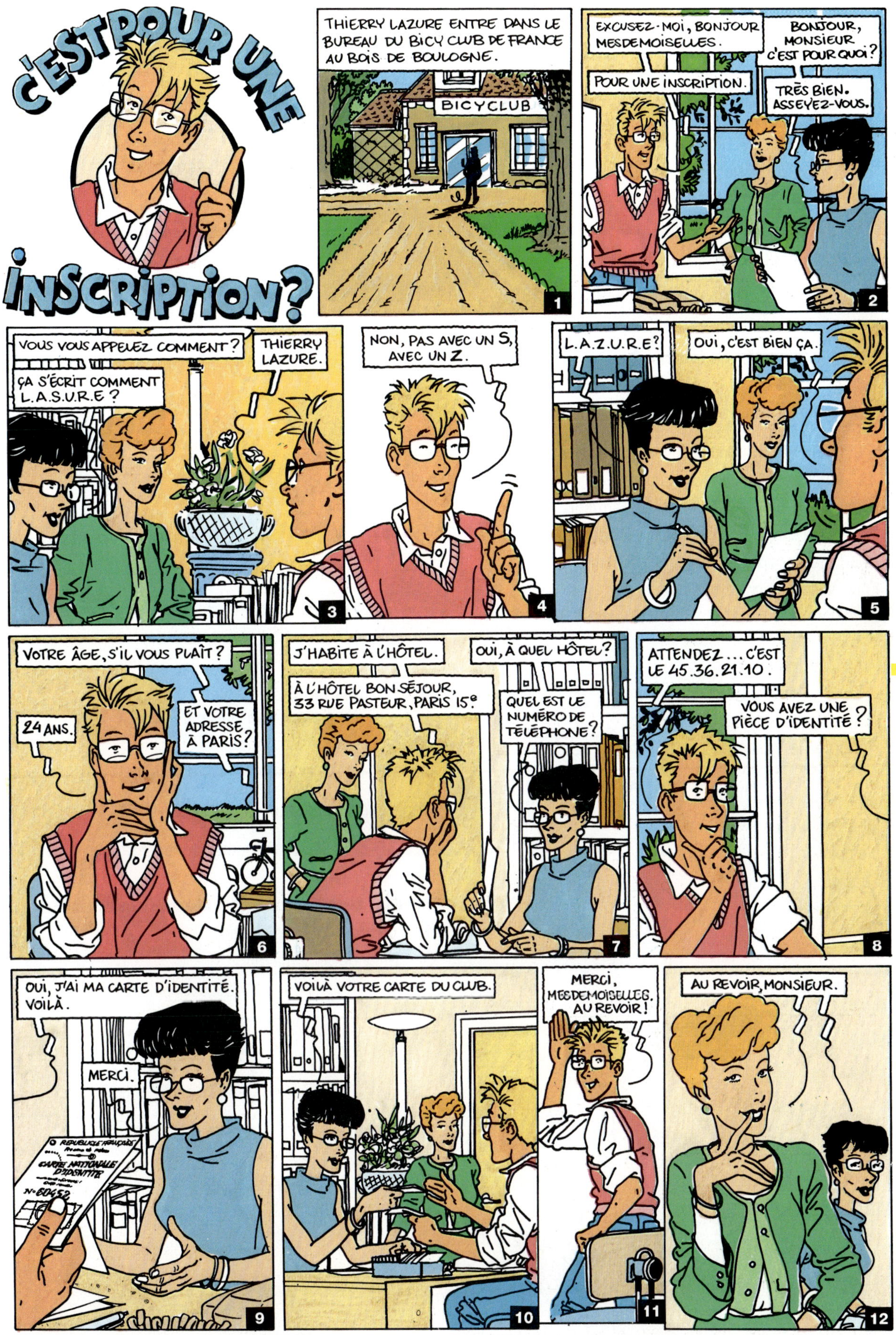
C'EST POUR UNE INSCRIPTION?
THIERRY LAZURE ENTRE DANS LE BUREAU DU BICY CLUB DE FRANCE AU BOIS DE BOULOGNE.
BICYCLUB
1
EXCUSEZ-MOI, BONJOUR MESDEMOISELLES.
BONJOUR, MONSIEUR C'EST POUR QUOI?
POUR UNE INSCRIPTION.
TRÈS BIEN. ASSEYEZ-VOUS.
2
VOUS VOUS APPELEZ COMMENT?
THIERRY LAZURE.
ÇA S'ÉCRIT COMMENT L.A.S.U.R.E?
3
NON, PAS AVEC UN S, AVEC UN Z.
4
L.A.Z.U.R.E?
OUI, C'EST BIEN ÇA.
5
VOTRE ÂGE, S'IL VOUS PLAÎT?
24 ANS.
ET VOTRE ADRESSE À PARIS?
6
J'HABITE À L'HÔTEL.
OUI, À QUEL HÔTEL?
À L'HÔTEL BON SÉJOUR, 33 RUE PASTEUR, PARIS 15e
QUEL EST LE NUMÉRO DE TÉLÉPHONE?
7
ATTENDEZ ... C'EST LE 45.36.21.10.
VOUS AVEZ UNE PIÈCE D'IDENTITÉ?
8
OUI, J'AI MA CARTE D'IDENTITÉ. VOILÀ.
MERCI.
9
VOILÀ VOTRE CARTE DU CLUB.
10
MERCI, MESDEMOISELLES. AU REVOIR!
11
AU REVOIR, MONSIEUR.
12

1

6 Quel est ton nom ?

Écoutez Charlotte, puis posez 6 questions à votre voisin(e).

– Quel est ton (votre) nom de famille ?
—> Mon nom de famille ? Morlay.

– Ton (Votre) nom, ça s'écrit comment ?
—> Morlay : M.O.R.L.A.Y.

7 Masculin ou féminin ?

Mettez « le », « la » ou « l' » devant le nom.

...... bureau du Bicyclub est dans ...... bois de Boulogne. ...... employée demande ...... adresse de Thierry : ...... numéro, ... nom de ...... rue, ... arrondissement de Paris. Quel est ...... numéro de téléphone de ...... hôtel ? Et ...... profession de Thierry ? Il est comptable. Enfin, voilà ...... carte du club !

8 Vous habitez où ?

Recopiez le tableau. Puis, écoutez et complétez.

	Numéro	Rue	Arrondissement	Ville
M. et Mme Lebas				
L'employée				
Sabine				
Le monsieur				

9 Inventez votre profession.

Écoutez les 3 dialogues et posez des questions à votre voisin(e).

Choisissez dans la liste ci-dessous.

Les noms de professions

Masculin	*Féminin*
un commerçant	une commerçante
chanteur	chanteuse
infirmier	infirmière
acteur	actrice
Pas de féminin	*Pas de masculin*
un médecin	une hôtesse (de l'air)
un professeur	
un ingénieur	

Masculin ou féminin

un / une secrétaire, journaliste, dentiste, comptable

10 Jeu de rôle. Vous avez une pièce d'identité ?

Inventez un dialogue avec votre voisin(e).

Choisissez chacun un rôle et aidez-vous !

À l'école de langues, une secrétaire regarde la fiche de Pierre Lantier.
Pierre Lantier a 19 ans. Il est étudiant à Paris. Il habite dans un hôtel du Quartier latin.
Elle demande confirmation.

11 **Jeu de rôle.**
À la banque.

Vous ouvrez un compte dans une banque française.
Vous parlez à une employée : « *Bonjour, madame. Je voudrais ouvrir un compte dans votre banque.* »
L'employée demande qui vous êtes.
Imaginez et jouez la scène avec votre partenaire.

1

DES SONS ET DES LETTRES

■ Les accents

Il y a **3 accents écrits** en français.

- aigu : é [e] — *téléphone, vélo, marié*
- grave : è [ɛ], à, ù — *pièce, très, à Paris, où*
- circonflexe : ê [ɛ], î, ô — *êtes, il connaît, hôtel*

■ Les lettres muettes

- e final — *un(e) fich(e) - Ell(e) s'appell(e) Clair(e).*
- consonnes finales — *Ça s'écri(t) commen(t) ?*
- masculin — *un étudian(t) italien / françai(s)*
- féminin — *un(e) étudiant(e) italienn(e) / français(e)*

■ L'accent tonique

La dernière syllabe du mot ou du groupe est toujours plus forte.

❏ Écoutez et prononcez :

1. l'identiTÉ
2. une inscripTION
3. Votre préNOM ?
4. Vous vous appeLEZ ?
5. Ça s'écrit comMENT ?
6. J'habite à l'hôTEL.
7. Il a quel ÂGE ?
8. Il a un véLO.

Communiquer par lettre

1

ville et date — Paris, le 12 novembre 1994

adresse du destinataire —
Bicyclub de France
8, Place de la Porte-de-Champerret
75 017 PARIS

Monsieur,

Voulez-vous avoir l'obligeance de m'envoyer une documentation sur votre Club (cotisation, programme d'activités, etc.) à l'adresse suivante :

M. Bernard Bousquet
15, rue de la gaîté
75 014 PARIS

Avec mes remerciements, veuillez agréer, Monsieur, l'expression de ma considération distinguée.

formule de politesse

Bernard Bousquet

signature

1 Quelle est la situation ?

1. Quelle est la ville ?
2. Quelle est la date ?
3. Qui écrit ?
4. À qui ?
5. À quelle adresse ?

2 Quels mots de la lettre est-ce que vous comprenez ?

Donnez la liste.

Qu'est-ce qu'on dit dans la classe ?

COMMUNICATION

- **Demander une pièce d'identité**
  Votre passeport, s'il vous plaît ? – Voilà.
- **Interroger sur l'état civil**
  Vous êtes marié(e) ? Célibataire ?
  Votre date de naissance ? – Le 12 avril 1974.
- **Demander où une personne habite**
  Vous habitez où ? – À Paris, dans le 15e,
  rue de Vanves.
- **Demander et dire la profession**
  Quelle est votre profession ? – Je suis secrétaire.
- **S'adresser à quelqu'un**
  Forme de politesse :
  Vous vous appelez comment ?
  Votre carte d'identité, s'il vous plaît.
  Forme familière :
  Tu t'appelles comment ?

GRAMMAIRE

Les articles

Il y a deux sortes d'articles en français :
les définis et les indéfinis.
Ils prennent le genre du nom : masc. ou fém.

- **l'article défini** *(singulier)*

masculin : **le**	*féminin :* **la**
le bureau de **l'**hôtel	**la** fiche de **l'**hôtesse

⚠ Devant une voyelle et un « h » muet, « le » et « la » deviennent « l' ».

- **l'article indéfini** *(singulier)*

masculin : **un**	*féminin :* **une**
un chanteur	**une** date, **une** hôtesse

Les adjectifs possessifs *(avec un nom singulier)*

pers.	*masc.*	*fém.*	
Je	**mon** nom	**ma** fiche	**mon** adresse
Tu	**ton** passeport	**ta** rue	**ton** histoire
Il / Elle	**son** numéro	**sa** profession	**son** identité
Nous	**notre** ami	**notre** amie	
Vous	**votre** âge	**votre** carte	
Ils / Elles	**leur** bureau	**leur** famille	

⚠ L'adjectif possessif s'accorde avec le nom qui suit. Pas avec le possesseur !

Pierre a **un** passeport. —> C'est **son** passeport.
Sophie et Luc ont **une** adresse. —> C'est **leur** adresse.
François, c'est **ta** fiche ? —> Non, ce n'est pas **ma** fiche.

⚠ Au féminin, on emploie « mon, ton, son » devant une voyelle et un « h » muet.

mon amie, **ton** infirmière, **son** hôtel

Le genre des noms de profession

- Une seule forme
  un / **une** secrétaire, comptable…
- Deux formes différentes
  un act**eur** *(masculin)* une act**rice** *(féminin)*
- Un seul genre
  une hôtesse *(seulement féminin)*
  un ingénieur, **un** professeur *(seulement masculin)*

Les prépositions

- de lieu : **à, dans**
  à Paris, **à** Rio
  dans la rue, **dans** mon passeport

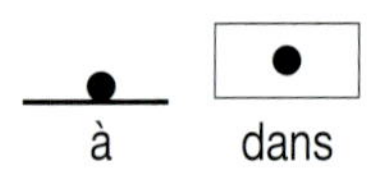

- d'appartenance : **de**
  l'adresse **de** Thierry —> **son** adresse
  la carte d'identité **de** Thierry —> **sa** carte d'identité

⚠ Devant une voyelle et un « h » muet « de » devient « d' ».

la fiche **d'**Isabelle, une adresse **d'**hôtel

Les phrases interrogatives

L'intonation est montante.
- **Qui** est-ce **?** – C'est Hans.
- Il a **quel âge ?** – Il a 20 ans.
- **Quelle** est sa profession **?** – Il est comptable.
- Vous vous appelez **comment ?** – Thierry Lazure.
- Vous habitez **où ?** – J'habite à Paris, 4, rue Pasteur.

⚠ « **Quel** », adjectif interrogatif, s'accorde avec le nom qui suit.

« **Qui** » est un pronom personnel interrogatif.
« **Où** » et **« comment »** , adverbes interrogatifs, sont invariables.

DOSSIER 2

QUI SONT-ILS ?

VOUS ALLEZ PARLER DE :
- la famille
- quelques personnages célèbres

VOUS ALLEZ APPRENDRE À :
- présenter votre famille et des amis
- dire où sont les gens et d'où ils viennent

VOUS ALLEZ UTILISER :
- les verbes en *-er, être, avoir, faire* et *venir* au présent
- le pluriel des noms, des adjectifs, des articles et des adjectifs possessifs
- la négation *ne … pas de* + nom
- l'interrogation avec *est-ce que*
- *à, en* et *de* + noms de villes et de pays

Souvenirs de famille

1 Qui sont les personnages ?

1. Écoutez le texte et complétez le tableau, puis présentez les personnages.
Jean Bongrain a 35 ans. Il est professeur.

	âge	profession
Jean Bongrain	*35 ans*	*professeur*
Mathilde Gaillard	...	X
Marie	X	...
Charles	...	...
Paul	...	...
Sophie	X	*commerçante*
Antoine et Noémie	X	*agriculteurs*

2. Retrouvez les personnages sur le tableau du Douanier Rousseau.

2 Voilà la famille Bongrain

Antoine + Noémie
le mari et la femme

Marie <—> Jean + Mathilde <—> Paul + Sophie
la sœur et le frère mariés

Jacques

Décrivez la famille.
Paul est le fils d'Antoine et de Noémie...

LES ARTICLES (pluriel)

	indéfinis	définis
Masculin	**des** enfants	**les** enfants
Féminin	**des** photos	**les** photos

Noémie a **un** fils et **une** fille. Elle a **des** enfants.
Mathilde et Paul sont **les** enfants de Noémie.

Est-ce que les articles ont deux formes différentes , au pluriel pour le masculin et le féminin ?

3 La famille de Jacques Bongrain

Qui est Mathilde ? —> C'est sa mère.

1. Qui est Antoine Gaillard ?
2. Qui est Marie ?
3. Qui est Paul ?
4. Qui est la femme de Paul ?
5. Qui est Jean ?

4 Les amis de Marc

Complétez avec «des» ou «les».

Marc a ...... amis à Paris. Ils ont ...... enfants, trois filles et deux fils. ...... filles sont étudiantes et ...... fils sont commerçants. ...... fils sont mariés et ils ont ...... enfants. ...... filles, elles, sont célibataires et elles ont ...... amis.

LES ADJECTIFS POSSESSIFS (pluriel)

	Masculin	*Féminin*
Je	**mes** frères	**mes** sœurs
Tu	**tes** cousins	**tes** cousines
Il / Elle	**ses** oncles	**ses** tantes
Nous	**nos** frères	**nos** sœurs
Vous	**vos** cousins	**vos** cousines
Ils / Elles	**leurs** oncles	**leurs** tantes

5 Ma famille

Complétez les phrases.

Mon père et ma mère sont... —> mes parents.

1. Les parents de sa mère sont...
2. Les frères de ton père sont...
3. La femme de mon oncle...
4. Les enfants de vos oncles et de vos tantes sont... et...
5. Les enfants de nos parents sont... et...

6 Et vous ?

Posez 5 questions à votre voisin(e) sur sa famille (nom, âge, profession...).

Ton frère / ta femme / votre père... s'appelle comment ?

« La noce », Douanier Rousseau.

Souvenirs de famille

Le marié est mon père, Jean Bongrain. Il a 35 ans et il est professeur.

Le 5 juillet 1913, il épouse Mathilde Gaillard, 25 ans, fille d'Antoine et de Noémie Gaillard, agriculteurs, mon grand-père et ma grand-mère. Mon père a une sœur, Marie, ma tante, professeur elle aussi : c'est de famille. À sa droite est leur cousin Charles. À 45 ans, il n'est pas marié. Il est journaliste. L'homme derrière mon grand-père, c'est mon oncle Paul, le frère de ma mère. Il a 32 ou 33 ans... À côté de lui, entre mon père et ma mère, c'est sa femme, Sophie. Son âge ? C'est un secret de famille... Ils sont commerçants. Ils n'ont pas d'enfants. Voilà, vous connaissez toute la famille. Ah non ! Il y a aussi Médor, le chien de mes grands-parents.

Moi, je suis Jacques Bongrain. Je ne suis pas sur la photo de mariage de mes parents, bien sûr ! Aujourd'hui, j'ai 62 ans et je suis écrivain.

LES TROIS PERSONNES DU PLURIEL DE « ÊTRE » ET DE « AVOIR »

Nous **sommes** étudiant(e)s	Nous **avons** des frères.
Vous **êtes** marié(e)s.	Vous **avez** des sœurs.
Ils **sont** espagnols.	Ils **ont** des cousines.
Elles **sont** espagnoles.	Elles **ont** des cousins.

Quel son est-ce que vous entendez entre :
– « nous » et « avons »
– « vous » et « avez »
– « vous » et « êtes »
– « ils » et « ont »
Quelle différence y a-t-il entre les prononciations de « ils sont » et de « ils ont » ?

7 Qu'est-ce qu'ils ont ?

Ils ont 3 chiens. —> Ce sont leurs chiens.

Continuez.

(un) chien (un) chat

(un) vélo (une) maison

8 Qui sont-ils ?

Nous / étudiants / frères et sœurs à Paris.
—> Nous sommes étudiants. Nous avons des frères et des sœurs. Nos frères et nos sœurs sont à Paris.

1. Vous / mariés / cousines à Nice.
2. Elles / brésiliennes / oncles à Rio.
3. Hans et sa sœur / allemands / grands-parents à Berlin.
4. Ils / anglais / tantes à Londres.
5. Vous / portugais(e) / amis français à Lisbonne.

LA NÉGATION

« Ne pas avoir de / d' » + nom

J'ai **un** stylo mais je **n'**ai **pas de** cahier.
Tu as **des** frères mais tu **n'**as **pas** de sœurs.
Ils ont **une** fille mais ils **n'**ont **pas** de fils.

⚠ Je **n'**ai **pas le** livre de Claire.

Dans quel cas est-ce qu'on emploie « pas de » ou « pas le » ?

9 Ils ont des enfants ?

Répondez aux questions.

1. Antoine et Noémie Gaillard ont des enfants ?
2. Jacques Bongrain a un frère ?
3. Paul et Sophie ont des enfants ?
4. Charles a une femme ?
5. Et vous, vous avez des enfants ?

10 Il n'a pas de voiture.

Écrivez des phrases avec « mais ».

Laurent / vélo / voiture. —> Laurent a un vélo, mais il n'a pas de voiture.

1. Mes amis / fils / fille. —> Mes amis ont...
2. Paul / chats / chien. —> Paul...
3. Vous / radio / télévision.
4. Sa sœur / disques / livres.

11 Quelle est leur profession ?

Donnez leur profession de deux façons.

Elle est chanteuse. / C'est une chanteuse.

« Je m'appelle Juana. Je suis de Valence. Je parle espagnol et aussi français. Je n'habite pas en Espagne mais à Paris. Je suis étudiante en informatique. »

Khalib est libanais. Il parle arabe et français. Il habite au Liban, à Beyrouth. Il est architecte.

12 Elles habitent où ?

Présentez ces personnes et dites où elles habitent.

Maria et Juan / 30 et 32 ans / Portugal / Lisbonne.
—> Maria a 30 ans et Juan 32 ans. Ils habitent au Portugal, à Lisbonne. Ils sont portugais.

1. Andrés et Anita / 23 et 25 ans / Espagne / Madrid.
2. Ma sœur et moi / 18 et 20 ans / États-Unis / Chicago.
3. Toi / 19 ans / Argentine / Cordoba.
4. Vous / 37 ans / Grèce / Athènes.
5. Nous /18 et 22 ans / Liban / Beyrouth.

13 Il vient d'où ?

Caetano / Brésil / Rio —> Il vient du Brésil, de Rio.

1. Joan /Australie /Sydney.
2. Andrés / Mexique / Véra Cruz.
3. Regina / Italie / Turin.
4. Carlos / Chili / Santiago.
5. Daniel / Suisse / Lausanne.

14 Parlez de vous.

1. Vous êtes d'où ?
2. Vous parlez quelle(s) langue(s) ?
3. Vous avez quel âge ?
4. Vous êtes marié(e) ?
5. Vous avez des enfants ? Combien ?
6. Quelle est votre profession ? ...etc.
Écoutez bien votre camarade.

INDIQUER LE LIEU

	Il habite où ?		**Il vient d'où ?**	
Noms de villes	**À**	Rome Amsterdam	**DE** **D'**	Rome Amsterdam
Noms de pays				
masc. sing. commençant par une consonne	**AU** **(= à + le)**	Brésil Portugal	**DU** **(= de + le)**	Brésil Portugal
fém. sing. commençant par une consonne	**EN**	Grèce Belgique	**DE**	Grèce Belgique
masc. et fém. sing. commençant par une voyelle	**EN**	Iran Allemagne	**D'**	Iran Allemagne
masc. et fém. pluriel	**AUX** **(= à + les)**	États-Unis Pays-Bas	**DES** **(= de + les)**	États-Unis Pays-Bas

LA ROUE  TOURNE

1 Qu'est-ce qu'ils font ?

Regardez la bande dessinée.

1. Qui sont les deux hommes ? (image 1)
2. Qu'est-ce qu'ils font ?
   a. Ils font du vélo. **b.** Ils travaillent.
3. Où sont les personnages ? (image 8)
4. Qui sont les deux femmes ?
5. Que fait Christian ?
   a. Il fait du sport. **b.** Il présente Thierry.

2 Vrai ou faux ?

Écoutez et rétablissez la vérité.

1. Christian et Thierry n'aiment pas le vélo.
2. Thierry vient souvent au club.
3. Thierry n'a pas de profession.
4. Émilie aime le vélo.
5. Thierry a un appartement dans Paris.

3 Jouez avec les formes.

Continuez les phrases.

Utilisez : parler souvent, travailler à Paris, habiter dans le 15e, aimer le vélo, arriver au bureau à neuf heures...

Christian : Thierry et moi, nous...
Thierry : Maryse et toi, vous...
Émilie : Christian et Thierry...

LE PRÉSENT DES VERBES EN « -ER »

J'	habit**e**	à Paris.
Tu	habit**es**	dans le 15e.
Il / Elle	habit**e**	en France.
Nous	habit**ons**	au Canada.
Vous	habit**ez**	aux États-Unis.
Ils / Elles	habit**ent**	où ?

Combien de formes se prononcent de la même manière ?

LE VERBE « FAIRE »

Je **fais**	Tu fais	Il / Elle fait
Nous **fais**ons	Vous **faites**	Ils / Elles **font**

Interroger sur une action en cours

– Qu'est-ce qu'ils font ? – Ils travaillent.
– Qu'est-ce que vous faites ? – Nous faisons du vélo.

Demander la profession

– Qu'est-ce que tu fais comme métier ? – Je suis ingénieur.
– Qu'est-ce que vous faites ? – Nous sommes comptables.

Qu'est-ce qu'on demande avec le verbe « faire » ?

4 Les parents de Thierry téléphonent.

Écoutez et répondez pour Thierry.

1. – Allô ! C'est toi, Thierry ? – ......
2. – Alors, tu fais du vélo ? Comment s'appelle ton club ? – ......
3. – Tu as des amis au club ? – ......
4. – Il est marié ? Il a des enfants ? – ......
5. – Elle aussi, elle fait du vélo ? – ......
6. – Ils habitent à Paris ? – ......

5 Qu'est-ce qu'ils font ?

Trouvez les questions.

1. ...... ? – Nous sommes étudiants.
2. ...... ? – Elle est médecin.
3. ...... ? – Moi, je suis journaliste.
4. ...... ? – Ils sont commerçants.
5. ...... ? – Il est comptable.
6. ...... ? – Elles sont étudiantes.

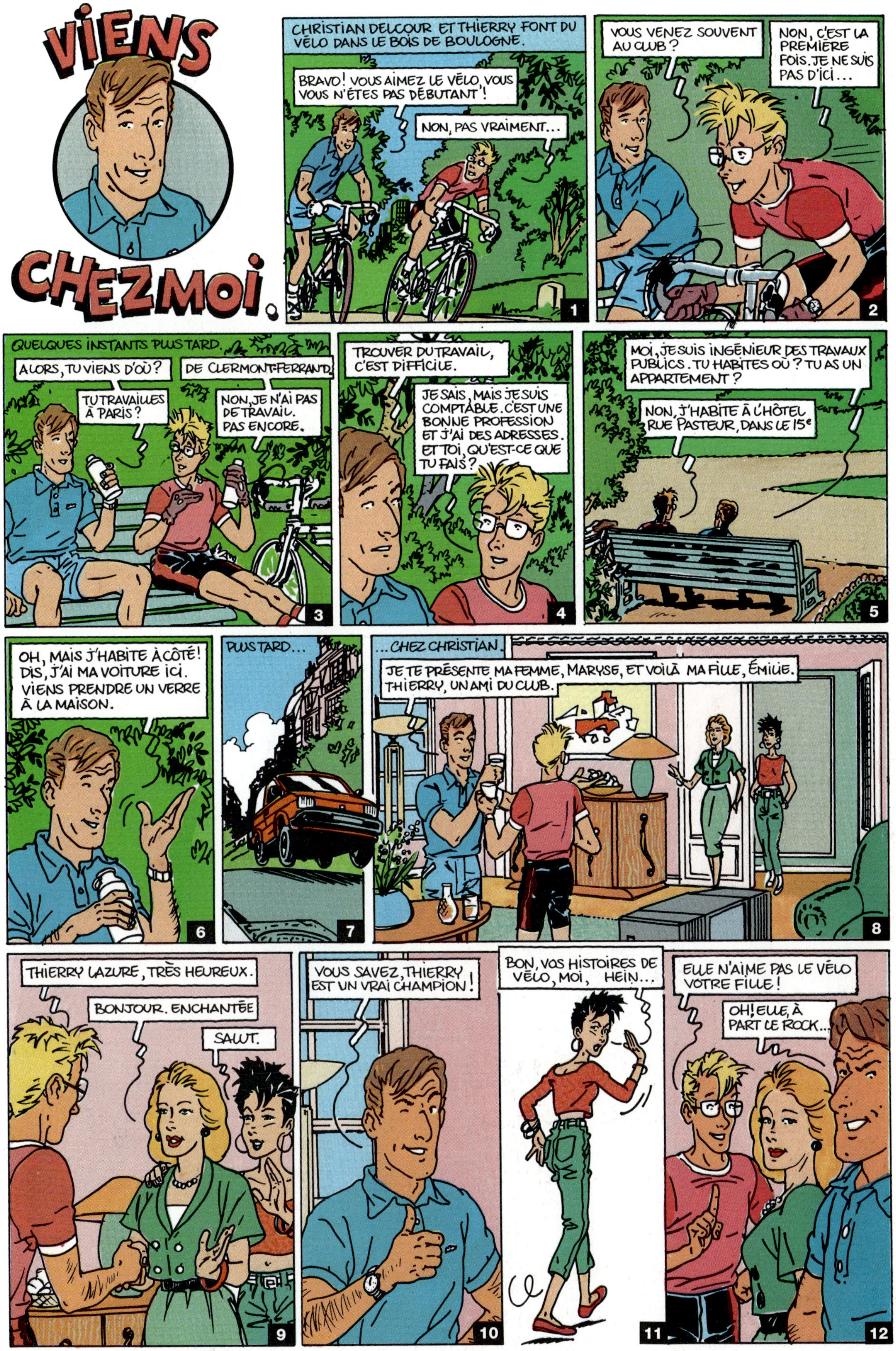
VIENS CHEZ MOI.
1
CHRISTIAN DELCOUR ET THIERRY FONT DU VÉLO DANS LE BOIS DE BOULOGNE.
BRAVO ! VOUS AIMEZ LE VÉLO, VOUS VOUS N'ÊTES PAS DÉBUTANT !
NON, PAS VRAIMENT…
2
VOUS VENEZ SOUVENT AU CLUB ?
NON, C'EST LA PREMIÈRE FOIS. JE NE SUIS PAS D'ICI…
3
QUELQUES INSTANTS PLUS TARD.
ALORS, TU VIENS D'OÙ ?
DE CLERMONT-FERRAND.
TU TRAVAILLES À PARIS ?
NON, JE N'AI PAS DE TRAVAIL. PAS ENCORE.
4
TROUVER DU TRAVAIL, C'EST DIFFICILE.
JE SAIS, MAIS JE SUIS COMPTABLE. C'EST UNE BONNE PROFESSION ET J'AI DES ADRESSES. ET TOI, QU'EST-CE QUE TU FAIS ?
5
MOI, JE SUIS INGÉNIEUR DES TRAVAUX PUBLICS. TU HABITES OÙ ? TU AS UN APPARTEMENT ?
NON, J'HABITE À L'HÔTEL RUE PASTEUR, DANS LE 15e
6
OH, MAIS J'HABITE À CÔTÉ ! DIS, J'AI MA VOITURE ICI. VIENS PRENDRE UN VERRE À LA MAISON.
7
PLUS TARD…
8
…CHEZ CHRISTIAN.
JE TE PRÉSENTE MA FEMME, MARYSE, ET VOILÀ MA FILLE, ÉMILIE. THIERRY, UN AMI DU CLUB.
9
THIERRY LAZURE, TRÈS HEUREUX.
BONJOUR. ENCHANTÉE.
SALUT.
10
VOUS SAVEZ, THIERRY EST UN VRAI CHAMPION !
11
BON, VOS HISTOIRES DE VÉLO, MOI, HEIN…
12
ELLE N'AIME PAS LE VÉLO VOTRE FILLE !
OH ! ELLE, À PART LE ROCK…

2

LE PRÉSENT DE « VENIR »

Je	**vien**s	de Paris.
Tu	viens	de chez eux.
Il / Elle	vient	du 15e.
Nous	**ven**ons	de France.
Vous	venez	du Canada.
Ils / Elles	**vienn**ent	d'où ?

6 Où est-ce que vous habitez ?

1. Où est-ce que les Delcour habitent ?
2. D'où est-ce que Thierry et Christian arrivent ?
3. Où est-ce que vous habitez ?
4. D'où est-ce que les étudiants brésiliens viennent ?
5. Où est-ce que vous parlez avec vos amis ?

7 D'où est-ce qu'ils viennent ?

Inventez les questions.

– D'où est-ce que tu viens ? – Du Bicyclub.

1. – ...... ? – Mes amis ? Des États-Unis.
2. – ...... ? – Au bois de Boulogne.
3. – ...... ? – Nous ? De chez les Delcour.
4. – ...... ? – Elle est chez elle aujourd'hui.
5. – ...... ? – Moi, du bureau.

INTERROGER AVEC « EST-CE QUE... ? »

– Est-ce que vous venez avec moi ?	= Vous venez avec moi ? Oui / non.
– Qu'est-ce que tu fais ?	= Tu fais quoi ?
– Où est-ce qu'ils travaillent ?	= Ils travaillent où ?
– D'où est-ce que tu viens ?	= Tu viens d'où ?

2

FAITES LA DISTINCTION ENTRE « TU » ET « VOUS »

Utilisez :

tu : entre membres de la même famille, entre amis, entre collègues.
Dire « tu » = se tutoyer.

vous : à la première rencontre, entre personnes d'âge ou de conditions sociales différents.
Dire « vous » = se vouvoyer

⚠ Vous venez avec moi ? —> une seule personne = « vous » de politesse.
—> deux personnes ou plus = « vous » pluriel.

À qui est-ce que vous dites « tu » et « vous » ?

8 « Vous » ou « tu » ?

Écoutez les 4 dialogues.
Dites si les personnes se vouvoient ou si elles se tutoient.

9 Qu'est-ce que vous dites dans ces situations ?

Jouez les scènes avec d'autres étudiants.

1. Un ami vous présente Émilie à un concert de rock.
2. Vous êtes ingénieur. Vous travaillez avec Christian Delcour. Saluez Christian.
3. Un ami vous présente la secrétaire du Bicyclub.

10 À la terrasse d'un café.

Émilie parle de Thierry à une de ses amies. L'amie pose des questions. Thierry arrive...

– Tu sais, mon père fait du vélo avec un garçon super.
– Ah oui ! Comment est-ce qu'il ... ?

11 Jeu de rôle. Bonjour, madame.

Un ami français vous invite à dîner chez lui. Il vous présente sa femme. Elle vous demande où vous habitez, d'où vous venez, quelle est votre profession... Choisissez chacun un rôle. Aidez-vous.

2

DES SONS ET DES LETTRES

Liaisons

Dernière consonne (non prononcée dans le mot isolé) + voyelle initiale du mot suivant.
son appartement – leurs amis – Ils ont des adresses.

Enchaînements

Dernière consonne prononcée + voyelle initiale.
Mon frèr(e) (h)abit(e) à Clermont dans leur appartement.

❑ Recopiez les phrases suivantes. Marquez les liaisons et les enchaînements et prononcez-les. Puis écoutez l'enregistrement.

Il s'appelle Éric. Il habite à Paris. Il est dans une agence de publicité. Il a des amis à Paris. Sa sœur habite à Nice. Ses parents sont à Nice aussi. Ils ont des enfants.

Un son change, le sens change.

		[ɛ̃] —>	[ɛn]
sing. —>	*plur.*	*Il vient*	*Ils viennent*
masc. —>	*fém.*	*Un Italien*	*Une Italienne*
		Un Américain	*Une Américaine*
		[a] / [ə] —>	[ɛ]
sing.—>	plur.	*Sa sœur*	*Ses sœurs*
		Le vélo	*Les vélos*

L'intonation change, le sens change.

Déclaration

Tu as des amis.

Questions

Tu as des amis ?

❑ Écoutez et transformez les phrases en questions. Changez l'intonation.

ANTICIPEZ

1 Regardez les trois photos de la page 35.

1. Qui est la chanteuse ?
2. Qui est la vedette de cinéma ?
3. Qui est le pilote de Formule 1 ?

2 Lisez les légendes.

Le texte sous la photo (la légende) présente le personnage (nom, âge, profession, qualités...). Lisez les trois légendes.

Quels mots est-ce que vous reconnaissez ? Faites la liste de ces mots (mots internationaux, mots appris, mots devinés).

2

RECHERCHEZ LES FAITS

3 Lisez la légende de la photo d'Alain Prost.

1. Quel âge a-t-il ?
2. C'est une vedette de quel sport ?
3. Quels sont les titres d'Alain Prost en Formule 1 ?
4. Quelles sont ses qualités de pilote ?

4 Lisez le texte sur Sophie Marceau.

1. Quel âge a-t-elle sur la photo ?
2 Quelle est sa profession ?
3 C'est une bonne actrice ?
4. Quelle est son ambition ?

5 Lisez la présentation de Patricia Kaas.

1. Que fait-elle sur la photo ?
2. Est-ce qu'elle écrit ses chansons ?
3. C'est une bonne chanteuse ?
4. Quelle est son ambition ?

INTERPRÉTEZ

6 Qui est-ce ?

Devinez qui sont les personnages ci-dessus.

1. C'est une « star » du sport. Il est américain. C'est un coureur exceptionnel. Il est champion du monde du 100 mètres.
2. C'est une vedette du cinéma français. Il est célèbre depuis longtemps. Il a joué et joue encore dans de nombreux films. Il fait une longue carrière. C'est un des acteurs préférés des Français.
3. C'est une grande championne. Elle est allemande. Elle est le numéro 1 du tennis féminin.

Réponses :
1. Leroy Burrell – 2. Alain Delon. – 3. Steffi Graff.

RICHES ET CÉLÈBRES.

Alain Prost est né en 1955. C'est la star des courses automobiles de Formule 1. Il a gagné de nombreuses courses sur tous les circuits et il a quatre titres de champion du monde. C'est un pilote exemplaire. Ses courses sont des modèles de régularité et de précision.

Patricia Kaas est née en Lorraine. C'est une des chanteuses préférées des Français. C'est une excellente chanteuse. Elle écrit ses chansons. Son ambition : écrire de belles chansons et faire une longue carrière.

À 27 ans, Sophie Marceau est une excellente actrice. Elle est la vedette de nombreux films. Elle est déjà célèbre en France. Son rêve : faire une longue carrière et tourner de bons films avec d'autres grands acteurs.

Présentez votre vedette préférée.

Vous ne connaissez pas toutes les vedettes françaises du sport, de la danse, du cinéma... Mais les Français ne connaissent pas toutes vos stars !

Barbara Hendricks

Miguel Indurain

Roberto Baggio

7 Quelle vedette présenter ?

Choisissez une de vos vedettes préférées et répondez à ces questions.

1. Quel âge a-t-il / a-t-elle ?
2. Quelle est sa nationalité ? De quel pays est-il / elle ?
3. Quelle est sa profession ?
4. Où est-ce qu'il / elle joue / chante / danse / court ?
5. Quels sont ses titres, sa réputation, ses qualités ?
6. Quelle est son ambition ? Quel est son rêve ?

8 Relisez les trois légendes de la page précédente et écrivez votre texte de présentation.

Exemple : à *(âge)* ans, *(nom)* est la *(grande)* vedette de *(la chanson / la danse / du cinéma / du sport)* en / au *(le nom de votre pays)* depuis *(nombre)* ans.

9 Demandez à un(e) autre étudiant(e) de lire et de critiquer votre texte.

10 Révisez.

Révisez votre texte et vérifiez :

- l'ordre des informations ;
- l'accord des noms et des adjectifs (un grand joueur / une grande vedette) ;
- la ponctuation : un point (.) à la fin des phrases, les virgules (,), etc. ;
- les lettres majuscules : début de phrases et noms propres.

11 Écrivez des légendes pour accompagner les photos de ces deux personnages. Imaginez...

COMMUNICATION

- **Présenter quelqu'un**
  Je te présente Émilie.
  Voilà Emilie. C'est mon amie Émilie.
- **Parler des liens de famille**
  Vous avez des enfants ? – Oui, j'ai un fils et une fille.
  Les enfants de ton oncle sont tes cousins.
- **Dire où sont les gens**
  Juana est étudiante à Paris. Son frère est aux États-Unis.
  Tes parents habitent où ? – Ils habitent en Espagne.
- **Dire d'où quelqu'un vient**
  Juana est de Valence. Elle vient d'Espagne.
  Son frère arrive des États-Unis. Ses parents viennent du Canada.
- **Dire ce que quelqu'un fait**
  Qu'est-ce qu'il fait ?
  – Il fait du vélo. (*action en cours*)
  – Il est comptable. (*profession*)

GRAMMAIRE

Conjugaison

- **le présent de l'indicatif**
  – 4 verbes irréguliers

Être	Je suis	Tu es	Il / Elle est
	Nous sommes	Vous êtes	Ils / Elles sont
Avoir	J'ai	Tu as	Il / Elle a
	Nous avons	Vous avez	Ils / Elles ont

Faire (*p. 30*) et **Venir** (*p.32*)

- les verbes réguliers en « -er » : **parler, habiter...**
  Les terminaisons sont les mêmes pour tous les verbes en « -er ».

Je parl**e**	Tu parl**es**	Il / Elle parl**e**
Nous parl**ons**	Vous parl**ez**	Ils / Elles parl**ent**

⚠ 4 formes ont la même prononciation,
5 formes sont différentes à l'écrit.

Le pluriel

- **le pluriel des noms et des adjectifs**
  On ajoute un s à l'écrit. Il n'est pas prononcé.
  des chat**s** les enfant**s** Ils sont ingénieur**s**.
  Ils sont jeune**s**. Elles sont grecque**s**.

⚠ un fil**s** —> des fil**s**

- **le pluriel des articles :** un seul pluriel.
  – l'article **défini : les** parents, **les** filles
  – l'article **indéfini : des** cousins, **des** cousines
- **le pluriel des adjectifs possessifs**

mes fils	**nos** oncles
tes filles	**vos** tantes
ses cousins	**leurs** amis

Les prépositions de lieu + pays et villes

- **pour indiquer le lieu où l'on est, où l'on va :**
  – **EN** devant les noms de pays féminins et les noms masculins commençant par 1 voyelle.
  en France, **en** Allemagne, **en** Israël
  – **À** devant les noms de villes, les noms de pays pluriels et les noms masculins commençant par 1 consonne.
  À Madrid
  Aux Pays-Bas (aux = à + les)
  Au Canada (au = à + le)
- **pour indiquer le lieu d'où l'on vient : DE**

de Rome	
d'Angleterre	(d' devant une voyelle)
du Mexique	(du = de + le)
des États-Unis	(des = de + les)

La négation :

- **« ne... pas de » + nom =** quantité 0
  Tu as **un** stylo ? – Non, je **n'**ai **pas de** stylo.
  Ils ont **des** enfants ? – Non, ils **n'**ont **pas d'**enfants.
- **« ne ... pas le » + nom =** objet défini, précis.
  Je **n'**ai **pas le** stylo **de** Claire.

Le signal interrogatif : « est-ce que »

- **principal :** pour les questions à réponses oui / non
  Est-ce qu'ils ont des enfants ? – Oui, trois.
- **secondaire :** après les mots interrogatifs
  Où est-ce qu'il habite ? – À Rome.
  D'où est-ce qu'ils viennent ? – de Madrid.
  Qu'est-ce que tu fais ? – je travaille.

2 | 3

1 Au bureau d'accueil d'une conférence.

La secrétaire demande confirmation des renseignements inscrits sur la fiche du participant. Jouez la scène avec un(e) autre étudiant(e).

2 Décrivez la famille Loriot.

Le grand-père, Pierre Loriot, se présente et décrit sa famille.

– Je m'appelle Pierre Loriot. J'ai 75 ans…

3 Qui parle à qui ?

Écoutez et dites à quelle situation correspond chaque conversation.

a. **b.** **c.**

4 Préparez la lettre.

Mettre à leur place, sur une feuille de papier, les éléments de lettre suivants :

- Office du tourisme français, 127, avenue des Champs-Élysées, 75 008 Paris.
- la date,
- la signature,
- Monsieur,
- la formule de politesse (voir page 22).

DES MOTS ET DES FORMES

5 Donnez le masculin des mots suivants.

1. italienne
2. femme
3. tante
4. fille
5. actrice
6. joueuse

6 Complétez avec des prépositions.

Dans la classe de français, nous venons ...... Grèce, ... Bulgarie, ... Mexique, ... États-Unis, ... Portugal, ... Italie. C'est très international !

7 Complétez les phrases avec la forme correcte du verbe.

1. Thierry (habiter) à l'hôtel.
2. Tu (travailler).
3. Nous (être) étrangers.
4. Il (avoir) des amis.
5. Nos frères (faire) du vélo.

8 Écoutez et écrivez les numéros de téléphone de Paul et Marie.

DOSSIER 3

OÙ EST-CE ?

VOUS ALLEZ PARLER DE :
- maisons et appartements
- déménagements, locations, petites annonces
- monuments parisiens

VOUS ALLEZ APPRENDRE À :
- situer des meubles et des objets (la localisation)
- indiquer la possession
- donner des ordres et des interdictions
- exprimer l'accord et le refus

VOUS ALLEZ UTILISER :
- les verbes en *-er, faire, prendre* et *mettre*, au présent et à l'impératif
- le pronom on
- les pronoms toniques après préposition
- les adjectifs démonstratifs
- les adjectifs ordinaux
- la réponse *si*
- *il y a ... un / des*

Un bureau fou fou fou !

1 Quelle est la situation ?

Qu'est-ce que vous voyez ?
Choisissez **a** ou **b**.

Dessin 1 :

a. Un bureau en ordre.

b. Un bureau sens dessus dessous.

Dessin 2 :

a. L'agent et le jeune homme sont dans le bureau du jeune homme.

b. Ils sont au commissariat. Le jeune homme fait une déclaration à un agent de police.

Dessin 3 :

L'agent et le jeune homme trouvent un bureau :

a. en ordre. **b.** sens dessus dessous.

Dessin 4

Une ambulance transporte le jeune homme :

a. chez lui. **b.** à l'hôpital.

2 Qu'est-ce qu'il dit ?

Regardez le bureau sens dessus dessous (dessin 1) et écoutez la déclaration du jeune homme.

1. Écoutez et repérez les meubles sur le dessin.

2. Quels meubles est-ce qu'il y a dans le bureau ? Donnez d'abord tous les noms féminins, puis tous les noms masculins.

Féminin : Il y a une armoire, une...

3 Vrai ou faux ?

Regardez le dessin 1 et écoutez. Si c'est faux, rétablissez la vérité.

1. La table est sur la chaise.

2. Il y a une pendule au-dessus de la chaise.

3. Il y a un bureau debout contre le mur.

4. Il y a des livres et des dossiers par terre.

5. Il y a des affiches sous l'armoire.

4 Complétez ces phrases.

1. Il entre ...... son bureau.

2. Il y a une étagère ...... la porte.

3. La chaise est ...... le mur.

4. L'armoire est ...... la fenêtre.

5. À gauche, il y a un bureau ...... le mur.

6. Il y a des dossiers ....

7. L'ordinateur est ...... la porte.

8. Il y a une table ...... la pièce.

5 Qu'est-ce qu'il y a dans ce bureau ?

Devant la porte ? —> Il y a un ordinateur.

1. Au-dessus de la porte ?

2. Debout contre le mur ?

3. Au milieu de la pièce ?

4. Par terre ?

5. Devant la fenêtre ?

6. Sous la fenêtre ?

6 Quel bureau !

L'agent de police et le monsieur arrivent dans le bureau. Ils décrivent la pièce.

Il y a un bureau contre le mur, à droite. —> Le bureau est contre le mur à droite.

7 Trouvez des questions.

Il est debout contre le mur. —> Où est le bureau ?
Il y a un ordinateur. —> Qu'est-ce qu'il y a devant la porte ?

1. Il y a des étiquettes.

2. Elle est au-dessus de la porte.

3. Elles sont devant la fenêtre.

4. Il y a des livres et des dossiers.

5. Il y a un fauteuil.

6. Il est derrière la lampe.

Un bureau fou fou fou !

– Ce matin, j'entre dans mon bureau, et qu'est-ce que je vois ? Tout est sens dessus dessous et il y a des étiquettes sur tous les meubles ! L'étagère est au-dessus de la porte, il y a des affiches devant la fenêtre et une chaise sur le mur ! À droite, il y a une armoire sous la fenêtre. Ma pendule est sous la chaise, mon bureau est debout contre le mur à gauche. Les livres et les dossiers sont par terre, mon fauteuil est sur la table au milieu de la pièce, le téléphone est derrière la lampe et mon ordinateur est devant la porte ! C'est fou, non ?

– Je vois…

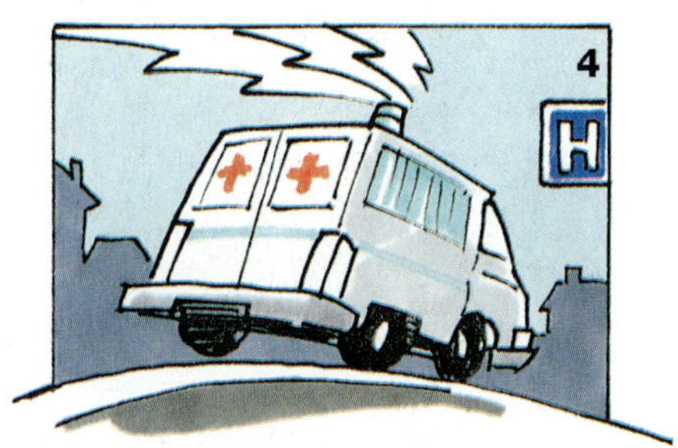

LES ADJECTIFS DÉMONSTRATIFS

	masc.	*fém.*
Sing.	**ce** dossier **cet** { ordinateur, hôtel }	**cette** lampe **cette** { affiche, hôtesse }
Plur.	**ces** dossiers	**ces** affiches

Quel est l'adjectif démonstratif devant :
- un nom masculin commençant par une voyelle ou un « h »?
- un nom féminin commençant par une voyelle ou un « h »?

L'IMPÉRATIF DES VERBES EN « -ER »

Place
Pla**ç**ons } ce lit ici.
Placez

Le « ç » (ç cédille) se prononce [s].
Pourquoi y a-t-il un « ç » dans « plaçons » ?

⚠ Tu plac**es** (présent) mais : Plac**e** (impératif) .
Cette remarque est valable pour tous les verbes en -er.

Exprimer la possession

À qui sont ces objets ?
Ce sac est **à** Corinne. Il est **à elle**. C'est **son** sac.
Ces vélos sont **à nous**. Ce sont **nos** vélos.
Cet ordinateur est **à vous**. C'est **votre** ordinateur.
Ces livres sont **à** Luc et **à** Maryse. Ils sont **à eux**.

8 Plaçons les meubles et les objets !

Complétez avec des adjectifs démonstratifs.

1. Mettez ...... bureau à gauche contre ...... mur.
2. Placez ...... chaise devant le bureau.
3. Mettez ...... téléphone et ...... lampe sur le bureau.
4. Placez ...... affiche au-dessus de ...... étagère.
5. Mettez ...... ordinateur et ...... livres sur la table.
6. Mettez ...... dossiers dans ...... armoire.

Puis, écoutez et vérifiez vos réponses.

9 À qui sont ces objets ?

la montre / Corinne —> Cette montre est à elle.

1. les chaises / vous
2. les cartes / Joël et moi
3. le vélo / Thierry
4. les dossiers / Lucie et Marie
5. les affiches / nos amis

LE VERBE « METTRE »

Présent	**Impératif**
Je **mets**	
Tu mets	Mets
Il / Elle met	} ces meubles là.
Nous **mett**ons	Mettons
Vous mettez	Mettez
Ils / Elles mettent	

Quelles formes de l'impératif sont semblables à des formes du présent ?

10 C'est à eux !

À qui est ce sac ?
—> Ce sac est à Cécile. Il est à elle.

Montrez des objets dans la classe, et demandez à qui ils sont.

11 Meublez la pièce.

À deux, dessinez les murs et la porte de la pièce ci-dessous. Puis un(e) étudiant(e) place des meubles dans la pièce. L'autre étudiant(e) demande où sont les meubles et les place sur son dessin. Ensuite vous comparez vos dessins. Aidez-vous.

Je mets ce lit où ?
—> Mets ce lit à gauche contre le mur.

IL Y A UN + NOM
IL N'Y A PAS DE / D'...

Il y a une table au milieu de la pièce.
Il y a un ordinateur devant la porte.
Il y a des dossiers par terre.
Il **n'**y a **pas** de table...
Il **n'**y a **pas** d'ordinateur...
Il **n'**y a **pas** de dossiers...

12 Qu'est-ce qu'il y a ?

Pensez à tout ce qu'il y a dans la classe et à tout ce qu'il n'y a pas !
À deux, faites une phrase à tour de rôle.

chaises / fauteuils —> Dans la classe, il y a des chaises, mais il n'y a pas de fauteuils...

1. fenêtres / rideaux
2. tables / lit
3. affiches / tableaux
4. pendule / téléphone
5. bureau / table basse
6. livres / ordinateur

LA RÉPONSE AFFIRMATIVE

Il y a des livres sur l'étagère ? – Oui.
Il **n'**y a **pas** de livres sur l'étagère ? – (Mais) **Si**.

Comparez les deux phrases.
Que veut dire « si » : « Il y a des livres. » ou « Il n'y a pas de livres. » ?

13 Mais si !

Donnez des réponses affirmatives.

Thierry n'habite pas à l'hôtel ?
—> Mais si, il habite à l'hôtel Beauséjour.

1. Christian n'est pas marié ?
2. Les Delcour n'ont pas d'enfants ?
3. Vous n'avez pas de montre ?
4. Vos amis ne travaillent pas ?
5. Vous n'avez pas d'amis dans cette ville ?

LA ROUE  TOURNE

3

1 Qu'est-ce que vous voyez ?

1. Regardez la bande dessinée et donnez les numéros des dessins suivants.
   a. Thierry, le nouveau locataire de l'immeuble, se présente à la concierge.
   b. Les livreurs arrivent : ils apportent les meubles de Thierry.
   c. Il y a une erreur. Ce ne sont pas ses meubles.
   d. Thierry est seul dans son appartement vide. Il n'a pas de meubles.
2. Est-ce que l'histoire se passe en un seul jour ? Quel dessin donne cette information ?

2 Vrai ou faux ?

Écoutez le dialogue. Si c'est faux, rétablissez la vérité.

1. Dans cet immeuble, il n'y a pas de concierge.
2. Le nouvel appartement de Thierry est au sixième étage.
3. Les livreurs montent les meubles par l'ascenseur.
4. C'est à Thierry de placer ses meubles dans son appartement.
5. Les livreurs mettent le lit près de la porte.

3 C'est une erreur !

Complétez le texte suivant.

Thierry Lazure est le nouveau .... Il se présente à la ...... de l'...... . Heureusement, Thierry n'a pas d'...... . Des livreurs ...... leur camion devant la porte. Thierry habite au .... Les livreurs montent les ...... par l'escalier. Il y a un canapé, deux ......, une ...... et six .... Pas de chance pour Thierry ! Ce ne sont pas ses .... Il y a une ...... !

LE PRÉSENT DU VERBE « PRENDRE »

Je **prend**s	Nous **pren**ons
Tu prends	Vous prenez
Il / Elle / On prend	Ils /Elles **prenn**ent

Recherchez les impératifs utilisés dans la bande dessinée.
Quel est l'impératif de « prendre » ?
Dites quelle est la forme négative de l'impératif ?

4 « On », qui est-ce ?

1. Relevez les exemples de « on » dans le dialogue.
2. Quel pronom remplace « on » ?

5 Faites comme Thierry.

1. Donnez des ordres aux livreurs avec l'impératif.
Utilisez : monter, placer, mettre, reprendre les meubles, prendre l'escalier, ne pas prendre l'ascenseur...
Ne montez pas les meubles dans l'ascenseur !
2. Donnez des ordres à votre voisin(e).
Mets ton livre de français dans ton sac.

6 Qu'expriment ces phrases ?

Écoutez de nouveau le dialogue, puis mettez ensemble la phrase et ce qu'elle exprime.

1. Ce n'est pas un immeuble, c'est un zoo !
2. Ne prenez pas l'ascenseur !
3. Ça va. D'accord.
4. Dites, on est livreurs, pas déménageurs.
5. Oh ! moi, hein...
6. Mais, ce ne sont pas mes meubles !

a. Refus.
b. Indifférence.
c. Interdiction.
d. Accord.
e. Surprise.
f. Irritation.

MONTEZ PAR L'ESCALIER !

3

7 Ce n'est pas à moi de faire ça !

Votre voisin(e) vous donne des ordres.
Vous refusez.

Mettre un bureau en ordre.
—> Mettez / Mets ce bureau en ordre !
– Ce n'est pas à moi de faire ça. C'est à toi / à vous.

1. Indiquer l'étage aux livreurs.
2. Placer les meubles.
3. Répondre au téléphone.
4. Ranger le bureau de ton frère.

LES ADJECTIFS ORDINAUX

1er / 1re	2^{e}	3^{e}
le premier étage la première porte	le / la deuxième	le / la troisième
4^{e}	5e...	10^{e}
le / la quatrième	le / la cinquième	le / la dixième

11^{e}	12e...	20^{e}	21e...
onzième	douzième	vingtième	vingt-et-unième

⚠ le dernier / la dernière

8 Comptons.

Étudiez le tableau et trouvez les adjectifs ordinaux correspondant à :
21 – 17 – 72 – 85 – 96.

9 Qu'est-ce qu'ils ont dit ?

Trouvez ce qu'a dit...

1. ... la concierge pour répondre au « toc-toc » de Thierry.
2. ... Thierry, pour se présenter à la concierge.
3. ... le déménageur, pour demander à la concierge l'étage de Thierry Lazure.
4. ... le déménageur, pour demander où mettre le lit.
5. ... le déménageur, pour s'excuser.

10 À quel étage ?

Demandez à votre voisin(e) où habitent les gens de cet immeuble. Aidez-le, si besoin.

- *Quel est l'étage de... ?*
- *Est-ce que Mme Chenu habite à l'étage de M. Dutoit ?*
- *Est-ce que Mme Portal habite au rez-de chaussée ?*

11 Qu'est-ce que vous dites dans ces situations ?

Jouez les scènes à deux.

1. Vous garez votre voiture devant la porte. Une personne de l'immeuble n'est pas contente... Vous répondez (erreur, pas de place, urgence...).
2. Vous placez vos meubles. Vous demandez l'opinion d'un ami. Il hésite. Il n'a pas d'opinion...

12 **Jeu de rôle.**
Mon ami habite dans l'immeuble.

Vous allez chez un(e) ami(e) pour la première fois. Vous frappez à la porte et vous demandez à la concierge à quel étage il / elle habite. Elle ne connaît pas votre ami(e). Vous insistez et vous épelez son nom. Elle vous indique l'étage et le numéro de l'appartement...

13 **Jeu de rôle.**
Où est-ce qu'on livre ?

Vous êtes vendeur (ou vendeuse). Vous demandez à votre acheteur son nom, son adresse, son code, son étage, s'il y a une concierge dans son immeuble, s'il y a un ascenseur...

3

DES SONS ET DES LETTRES

■ Les lettres « s » et « x » entre deux voyelles se prononcent [z].

❏ Prononcez : *troisième, chaise, amusant, deuxième*

⚠ *exercice* [ɛgzɛrsis], *exemple* [ɛgzɑ̃pl]

■ o / au / eau / aux = [o], ou = [u], oi = [wa].

❏ Prononcez les phrases suivantes, puis écoutez et répétez.

Où est l'armoire ? – Dans le bureau, à gauche.
Où sont les rideaux ? – Sous le bureau, à droite.
Où est le bureau ? – Il est debout à gauche de l'armoire.

■ Les lettres muettes

Ne prononcez pas le « h » : *un (h)ôtel, il (h)abite*
⚠ mais « ch » = [ʃ] *une chaise, une fiche*
« ph » = [f] *une photo, le téléphone*

❏ Prononcez les phrases suivantes, puis écoutez et répétez.

Pa(s) aimabl(e), madam(e) la concierg(e).
On me(t) cet(te) chais(e) près du li(t).
Tout e(st) sen(s) d(e)ssu(s) d(e)ssou(s).
Il y a un(e) photo dan(s) sa chambr(e) d'(h)ôtel.

■ Intonation

❏ Écoutez et dites s'il s'agit de surprise, d'irritation ou d'hésitation. Puis répétez la phrase.

1 **Lisez** la première annonce et indiquez le nom des pièces.

2 **Écrivez** les troisième et quatrième annonces sans abréviations.

3 **Il y a des appartements à vendre !**

1. Quelle agence vend les vingt-quatre appartements ?
2. Quelle est l'adresse de l'agence ?
3. Où sont les appartements ?
4. Il y a une piscine à côté de l'immeuble ?
5. Est-ce que les appartements ont une vue sur la mer ?
6. Où est le bureau de vente ?
7. Quel est le numéro de téléphone du bureau de vente ?
8. À qui écrire pour avoir une documentation ?

4 **Quelles offres pour quelles demandes ?**

Trouvez l'offre correspondant à chacune des demandes.

Demande n° 1 : offre n°...........
Demande n° 2 : ....
Demande n° 3 : ....
Demande n° 4 : ....

5 **Écrivez** une annonce pour louer l'appartement ci-dessous.

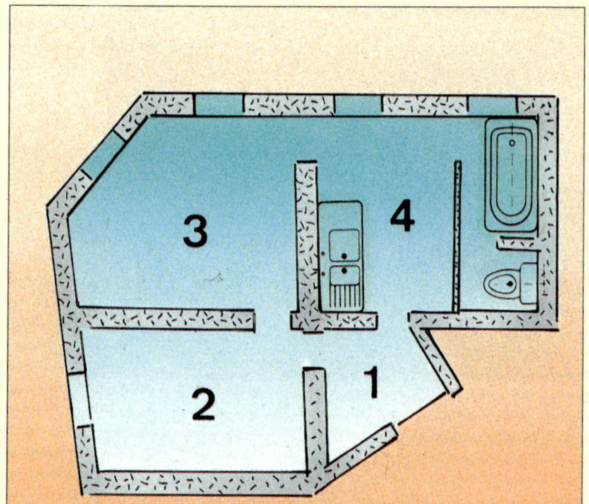

1 : l'entrée — 2 : la chambre
3 : le séjour — 4 : la cuisine
5 : la salle de bains

Nos Petites Annonces

1 Dans immeuble moderne beau 3 pièces, entrée, grand séjour, 2 chambres, cuisine équipée, salle de bains, terrasse 24 m^2, 5e étage avec ascenseur, parking. Écrire Syndicat d'initiative, 83 110 Sanary.

LOCATIONS (OFFRES)

3 Loue belle maison tt conf., 5 p., s. bains, cuis. mod., gd. séj., 4 ch., ter. 50 m^2, belle vue, 2 gar., tennis, calme.
Écrire B.P. 527.

2 À louer superbe appartement tout confort, séj. 40 m^2, cuisine équipée, 4 ch., 2 bains, gde ter., 1er étage, garage 2 voitures, dans parc avec piscine. Écrire boîte postale 719.

4 Particulier loue petite villa tt conf., 2 p., s. de bains, cuis. éq., gde ter., park., dans copropriété avec pisc. Tél. 93 70 61 59.

LOCATIONS (DEMANDES)

1. Cherche pt appt ou villa, conf., park.

2. Cherche gd appt tt conf. avec gar. et piscine.

3. Ch. gde villa 5/6 p., tt conf., cuis. éq., gar.

4. Ch. location appt 2/3 p., ét. élevé, avec parking.

Demandez et donnez des renseignements par lettre.

Les Coulomb cherchent un appartement à louer à Sanary. Monsieur Coulomb écrit au syndicat d'initiative.

M. Coulomb
3, rue du Four
75006 PARIS

Paris, le 15 février 1990

Syndicat d'initiative
84 SANARY

Monsieur,

Je cherche un appartement à louer à Sanary.

Nous sommes quatre, ma femme, moi et nos deux enfants. Ils ont deux et cinq ans. Nous avons besoin d'une salle de séjour, de deux chambres avec salle de bains et d'une cuisine équipée.

Qu'y a-t-il à louer ? quels sont les prix ?

Avec mes remerciements, veuillez agréer, Monsieur, l'expression de mes sentiments distingués.

J. Coulomb

3

6 Quelques jours plus tard...

Le syndicat d'initiative de Sanary répond à Monsieur Coulomb. Complétez la lettre.

....
....

....
....
....
....

....

Nous vous remercions de votre lettre du 15 février. Nous avons un appartement à louer. Il est au cinquième ....
....
....

Le prix de la location est de 4.500 francs par mois.

Si vous êtes intéressé, donnez-nous votre réponse rapidement si possible.

....

Le directeur

7 Vous avez besoin d'un appartement comme celui de l'annonce n° 1 (locations-offres).

Écrivez à l'agence immobilière.

8 Vous êtes employé(e) de l'agence immobilière.

Vous répondez négativement à la demande et vous présentez la villa de l'annonce n° 4. Mettez la date, l'adresse de votre destinataire, votre adresse et complétez la lettre.

PARIS Architectures

▲ Le ministère des Finances (Bercy).

Le Louvre. ▲

L'Opéra-Bastille. ▼

▼ La Grande Arche de la Défense.

Le Palais omnisports de Paris-Bercy. ▼

▲ La Grande Bibliothèque de France.

COMMUNICATION

- **Indiquer la place d'objets**
  Mets cette chaise à côté du lit.
  Où est l'ordinateur ? – Il est sur le bureau.
  Il y a des livres sur l'étagère.
  On met ce lit où ?
- **La possession**
  À qui est cette voiture ?
  – Elle est à Christian et à Maryse. C'est leur voiture.
- **L'irritation**
  C'est pas un immeuble, c'est un zoo !
- **L'ordre et l'interdiction**
  Montez par l'escalier. Ne prenez pas l'ascenseur.
- **L'accord**
  Ça va. D'accord.
- **Le refus**
  Non ! Ce n'est pas à nous de faire ça !

GRAMMAIRE

Conjugaison

- **le présent de l'indicatif**
  Révisez les verbes « mettre » *(p. 42)*, « prendre » *(p. 44)*
  – « Mettre » a deux radicaux : **met**- et **mett**-.
  – « Prendre » a trois radicaux au présent : **prend**-, **pren**- et **prenn**-.

Tous ces verbes ont les trois formes du singulier semblables.

- **l'impératif**

Place	Prend**s**	Mets	Fais
Pla**ç**ons	Prenons	Mettons	Faisons
Placez	Prenez	Mettez	**Faites**

Forme négative : **Ne** prends **pas** ton livre.

⚠ Les formes de l'impératif sont semblables aux formes correspondantes du présent, sauf à la 2e personne des verbes en « -er » qui ne prend pas de « s » final.
Tu plac**es**. *mais* Plac**e** ton ordinateur.

⚠ Pour conserver le son [s] à la 1re personne du pluriel, les verbes en « -cer » prennent un « ç ».
Nous pla**ç**ons. Pla**ç**ons ce lit ici.

Le pronom sujet « on »

Le pronom personnel indéfini « **on** »peut remplacer d'autres personnes.
On met les meubles là ? = Nous mettons les meubles là ?
On travaille. = Nous travaillons.
ou = Les gens travaillent.

Il y a

Il y a constate l'existence de personnes ou de choses.
Il y a un / des... Il y a **des** livres sur la table.
Il n'y a pas de... Il **n'**y a **pas de** livres sur la table.

⚠ « Il y a » est invariable.

Les adjectifs démonstratifs

singulier		*pluriel*
masculin	*féminin*	*masculin / féminin*
ce meuble	**cette** chaise	**ces** meubles
cet ordinateur	**cette** armoire	**ces** chaises

⚠ « ce » devient « cet » devant un mot masculin commençant par une voyelle ou un « h » muet.

Les adjectifs ordinaux

premier, deux**ième**, troisième, quatrième... centième...
Les nombres ordinaux se forment de façon régulière.

⚠ premier / première   dernier / dernière

Les pronoms toniques après une préposition

C'est **à** qui ? – C'est **à nous** / **à vous** / **à eux**.
C'est **chez** qui ? – C'est **chez moi** / **chez eux**.

La réponse affirmative à une question négative : si

Tu ne viens pas ? – **Si** (, je viens).

Les prépositions de lieu

dans (au milieu de) la pièce, **sur** (sous) la table
au-dessus (au-dessous) de la fenêtre, **devant** (derrière) la porte, **à gauche** (à droite) de l'armoire, **par terre** (contre) le mur.

DOSSIER 4

OÙ VONT-ILS ?

VOUS ALLEZ PARLER DE :
- la vie en ville (les transports)
- Québec (Canada)

VOUS ALLEZ APPRENDRE À :
- vous situer dans l'espace
- demander et indiquer des directions
- indiquer le moyen de transport
- inviter et remercier
- interroger sur la cause et l'intention

VOUS ALLEZ UTILISER :
- le verbe *aller* au présent et à l'impératif
- le verbe *pouvoir* au présent
- des prépositions et des adverbes de lieu
- *pourquoi* et *parce que*

Est-ce qu'il y a une poste...?

1 Quels sont ces bâtiments ?

1. Regardez le dessin de la page 55. Donnez le nom des bâtiments.

   Il y a un cinéma. Il y a...

2. Écoutez l'enregistrement du texte.
   Dites si vous entendez le nom de ces bâtiments : la poste, l'hôtel, la boucherie, le théâtre, le café, la piscine, la banque, le cinéma, la boulangerie.

2 Situez ces bâtiments.

Écoutez de nouveau, puis dites le nom des bâtiments.

1. Elle est au coin de la rue Centrale et de la rue du Marché, à côté du parc. —> C'est la...
2. Il est en face de la poste, entre l'hôtel et le cinéma.
3. Il est au bout de la rue du Marché.
4. La rue et le bâtiment ont le même nom.
5. Il y a une librairie à côté et ce n'est pas le marché.
6. Il est à côté du café dans la rue des Fleurs.

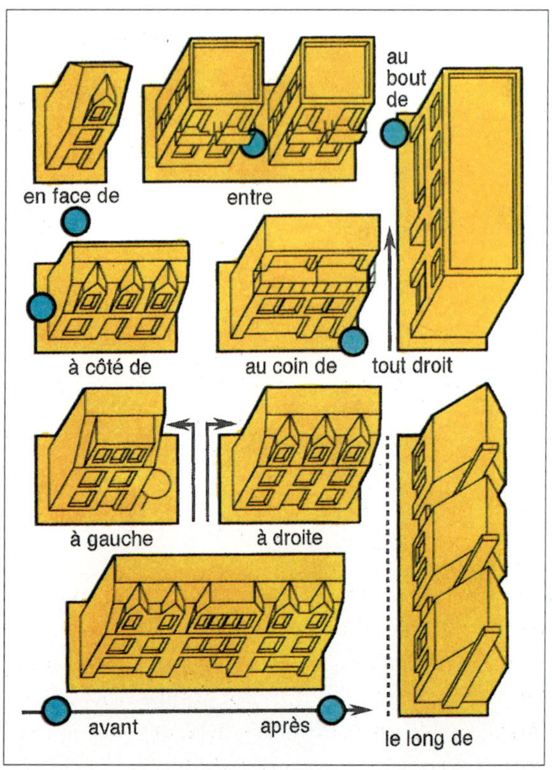

LE VERBE « ALLER »

Présent		Impératif
Je **vais**	Nous **allons**	**Va** !
Tu **vas**	Vous **allez**	Allons !
Il / Elle / On **va**	Ils / Elles **vont**	Allez !

Comparez les formes : « Tu vas » et « Va ».

3 Où allez-vous ?

Pour prendre un verre ? —> Pour prendre un verre, je vais au café.

1. Pour garer votre voiture ? – Nous...
2. Pour voir un film ? – Ils...
3. Pour acheter du pain ? – Elles...
4. Pour boire un café ? – Tu...
5. Pour prendre l'autobus ? – Vous...

4 Où vont-ils ?

Des gens demandent leur chemin à l'agent. D'après ses réponses, dites où ils vont.

Allez tout droit. Traversez le carrefour. C'est sur votre gauche après l'hôtel. —> Ils vont au supermarché.

1. Prenez la première rue à droite. C'est entre la banque et le marché.
2. Tournez à gauche. C'est après le café.
3. C'est au carrefour, sur le trottoir de la mairie.
4. C'est au coin de la rue des Fleurs et de la rue Centrale, juste en face de la mairie.
5. C'est à droite, le bâtiment au coin de la rue.

5 Ce n'est pas loin !

Vous êtes l'agent. Répondez aux touristes.

– Pardon, monsieur l'agent, je cherche la poste.
—> C'est facile. Elle est au coin de la rue Centrale et de la rue des Fleurs, en face de la mairie.

1. Où est le parking, s'il vous plaît ?
2. Excusez-moi, est-ce qu'il y a un café près d'ici ?
3. Pardon, monsieur l'agent, la banque, s'il vous plaît ?
4. Excusez-moi. Pour aller à la mairie, s'il vous plaît ?
5. Comment est-ce qu'on va à la boulangerie ?

Ma ville est comme beaucoup de petites villes de province. La mairie est au centre avec son drapeau bleu blanc rouge et sa devise *Liberté, Égalité, Fraternité*. À côté, il y a un parc, le lieu préféré des enfants, des chiens… et des amoureux.

La poste est en face de la mairie, au coin de la rue Centrale et de la rue des Fleurs. Et, naturellement, le marché est dans la rue du même nom… Vous allez à la banque ? Elle est aussi dans cette rue, entre la librairie et un restaurant. Ce n'est pas loin.

Pour garer une voiture ? C'est facile. Il y a un parking près d'ici. Vous passez devant le marché et vous continuez tout droit. C'est au bout de la rue.

Pour aller au supermarché, prenez la rue Centrale tout droit. C'est la rue commerçante. À côté du supermarché, il y a un petit hôtel et des magasins…

Les gens de la ville vont au café et au cinéma dans la rue des Fleurs. Ils achètent leur pain à la boulangerie des Fleurs, juste après le cinéma. Ne cherchez pas la cabine téléphonique et l'arrêt d'autobus : ils sont là, au carrefour, sur le trottoir, juste à côté de la mairie.

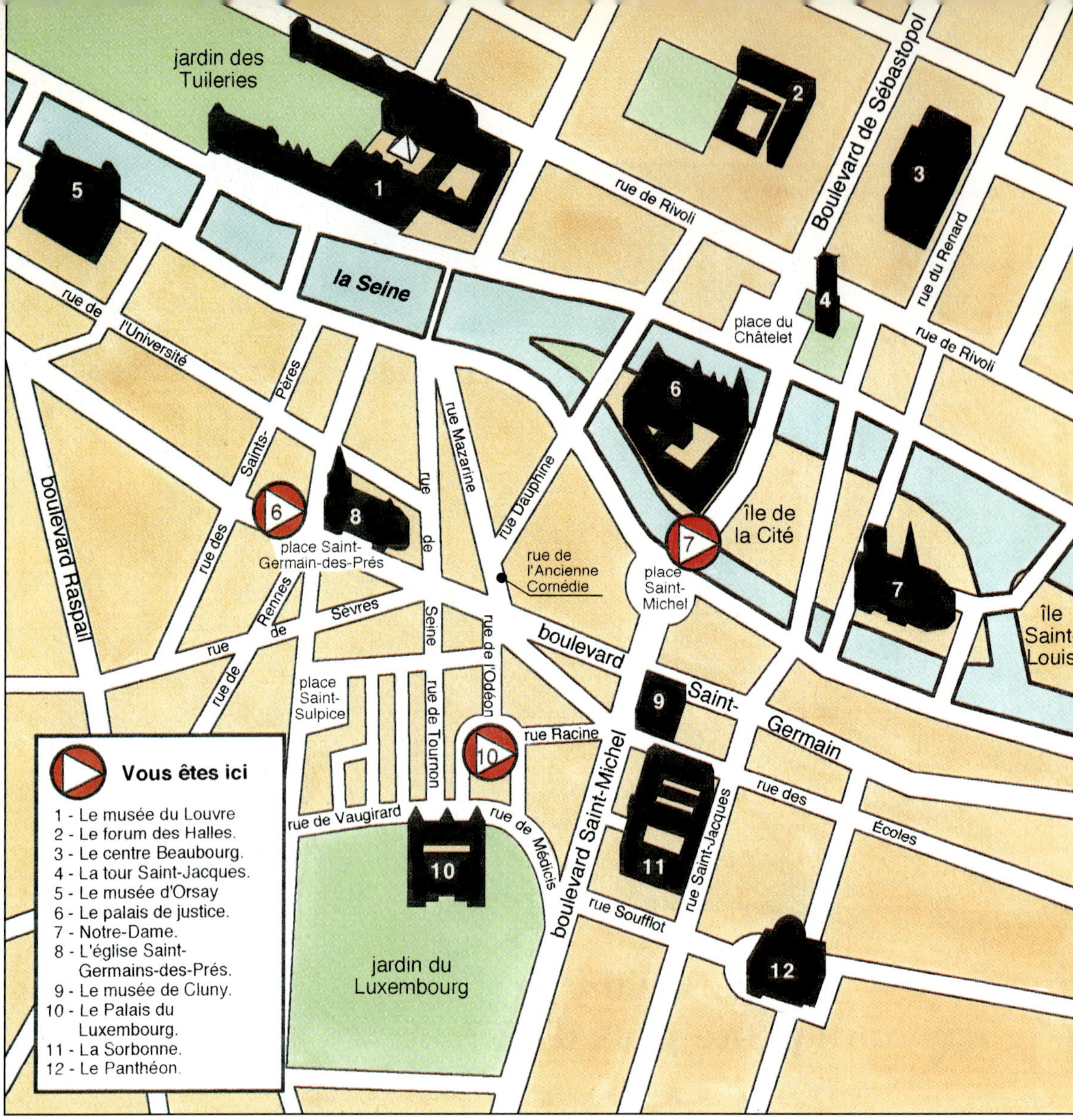

6 Suivez le guide.

1. Écoutez le guide et indiquez le chemin du bus des touristes sur le plan.
2. Faites la liste des verbes de mouvement.

À votre gauche, vous avez la place Saint-Germain-des-Prés et la célèbre église du même nom. Nous prenons maintenant la rue de Seine, à droite, puis la rue de Tournon. Au bout de la rue, vous voyez le Palais du Luxembourg. Nous longeons le jardin du Luxembourg et nous traversons le boulevard Saint-Michel. Nous suivons la rue Soufflot pour aller à la place du Panthéon. Nous revenons maintenant au boulevard Saint-Michel. Nous descendons le boulevard. À votre droite, la Sorbonne et le musée de Cluny... Nous traversons le boulevard Saint-Germain. Maintenant, nous arrivons à la place Saint-Michel. À droite, de l'autre côté de la Seine, vous voyez la cathédrale Notre-Dame...

7 Renseignez les touristes.

Vous êtes sur le pont Saint-Michel. Des touristes vous demandent comment on va au musée du Louvre, au Panthéon, etc.
Jouez les scènes à deux.

8 Qu'est-ce que vous dites ?

Une personne vous indique le chemin. Vous ne comprenez pas. Faites répéter.
Jouez les scènes à deux.

– Vous allez au bout du boulevard Saint-...
– Excusez-moi. Je vais au bout de quel boulevard ?

9 Où sont ces monuments ?

Retrouvez et situez, sur le plan, les monuments représentés par les photos.

Le musée du Louvre

La Sorbonne

L'église Saint-Germain-des Prés

Notre-Dame de Paris

10 Où vont ces cinq personnes ?

Elles sont au théâtre de l'Odéon. Regardez le plan, écoutez et dites où elles vont.

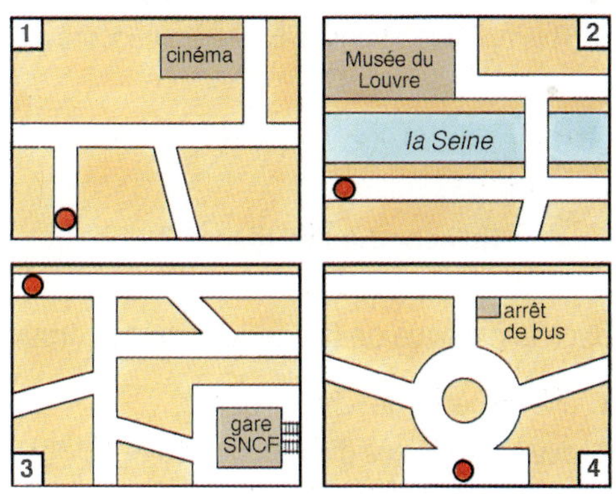

Indiquer la direction
Prendre / suivre / traverser / descendre —> la rue / le boulevard Passer devant / derrière —> l'école / le jardin Aller tout droit / à gauche / à droite / jusqu'au bout…
À côté de l'école, **à gauche du** marché, **à droite de** la banque, **en face de** la poste, **au bout de** la rue, **au coin de** la rue, **le long du** jardin, **après** le café.

11 Quel est le chemin ?

Regardez les dessins et indiquez le chemin pour aller au cinéma, au Louvre, à la gare, à l'arrêt de bus…
Puis écoutez et vérifiez vos réponses.

Pour aller au cinéma, allez tout droit, puis…

4

LA ROUE  TOURNE

1 Qu'est-ce que vous voyez ?

Regardez la bande dessinée et trouvez les dessins où...

1. les gens attendent sur le quai du métro.
2. les gens font la queue pour prendre un taxi.
3. une voiture s'arrête pour prendre des gens.
4. Émilie demande son chemin à un agent.
5. Émilie arrive au Bicyclub.

2 Vrai ou faux ?

Écoutez le dialogue et rétablissez la vérité si nécessaire.

1. Il y a une grève et il n'y a pas beaucoup de trains.
2. Il n'y a pas beaucoup de monde sur le quai du métro.
3. Les gens font la queue à la station de taxis.
4. L'automobiliste n'a pas de place dans sa voiture.
5. L'automobiliste demande le chemin du Bicyclub.
6. Émilie va au club en voiture avec un agent.
7. Le Bicyclub est dans le Bois, près du restaurant.
8. Thierry et les parents d'Émilie sont encore au club.

3 Qu'est-ce qu'ils disent ?

Dans le dialogue de la bande dessinée, trouvez...

1. une demande de renseignement,
2. deux expressions d'irritation (« ras-le-bol »),
3. une expression de remerciement,
4. une critique des jeunes.

4 Qu'est-ce qu'elles expriment ?

Écoutez ces six personnes. Est-ce qu'elles expriment leur irritation ou leurs remerciements ?

5 Que dites-vous dans ces situations ?

1. Vous faites la queue à la boulangerie et quelqu'un passe devant vous.
2. Vous apprenez qu'il y a une grève des bus et vous êtes pressé(e).
3. Vous arrivez trop tard chez un(e) ami(e). Vous frappez à la porte : pas de réponse !

POURQUOI ?
—> parce que... (cause)
—> pour + infinitif (intention, but)

Pourquoi est-ce que tous ces gens attendent ?
—> ***Parce qu'****il y a une grève = à cause de...*
—> ***Pour*** *prendre le taxi = dans l'intention de...*

6 Quelles sont la cause et l'intention ?

Donnez deux réponses différentes chaque fois.

Pourquoi est-ce que l'automobiliste s'arrête ?
—> Parce qu'il a trois places libres. (cause)
—> Pour prendre des gens dans sa voiture. (intention)

1. Pourquoi est-ce que les gens font la queue ?
2. Pourquoi est-ce qu'il y a beaucoup de gens dans la station de métro ?
3. Pourquoi est-ce qu'Émilie demande son chemin ?
4. Pourquoi est-ce qu'Émilie va au Bicyclub ?

7 Pourquoi est-ce qu'il y a la grève ?

Trouvez les questions et les réponses..

– .... ? (s'inscrire au Bicyclub)
—> Pourquoi est-ce que Thierry s'inscrit au Bicyclub ?
– Pour faire du vélo.

1. – .... ? (inviter Thierry)
2. – .... ? (concierge, pas contente)
3. – .... ? (Thierry, habiter à l'hôtel)
4. – .... ? (Bicyclub fermé)

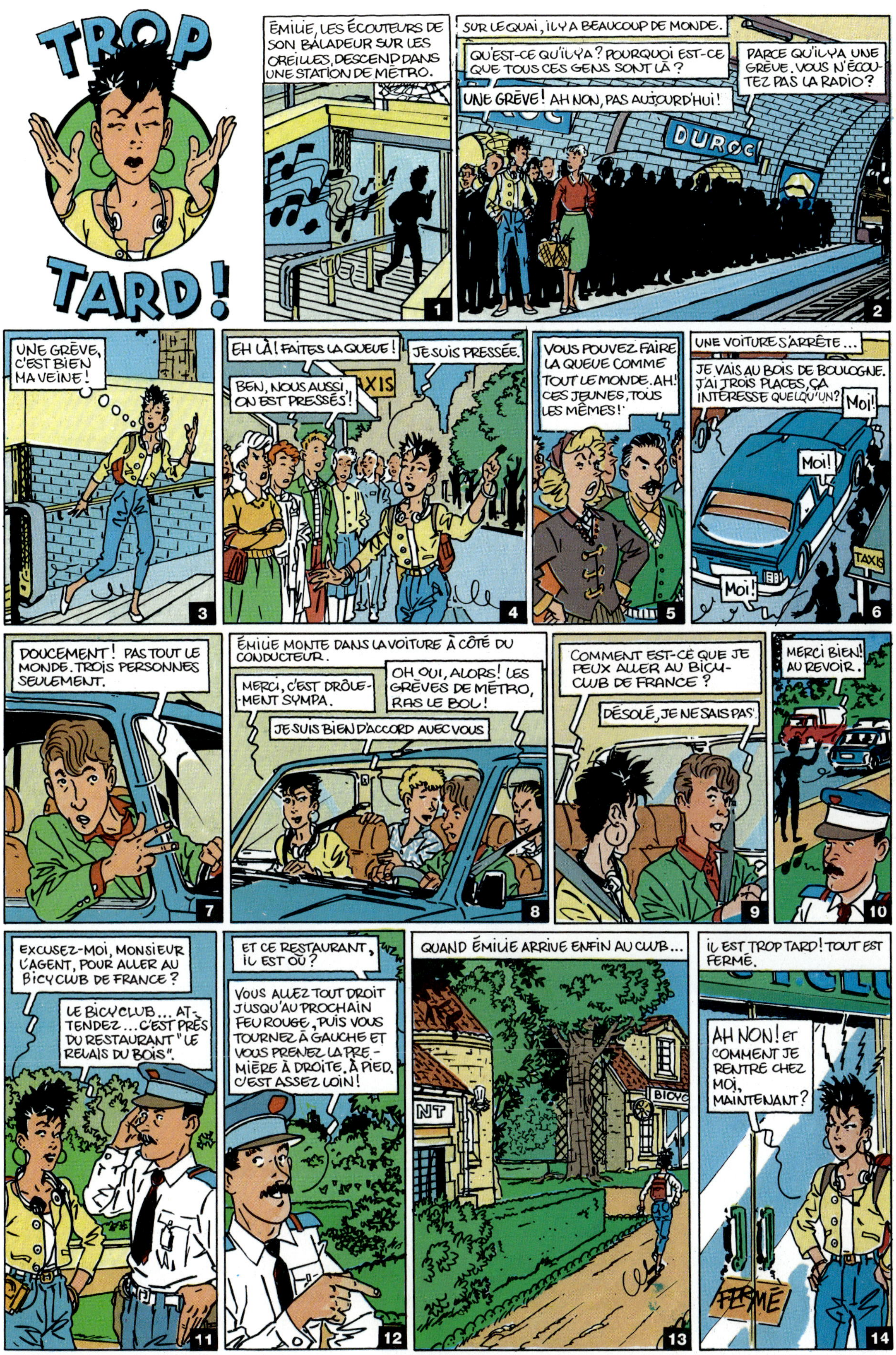
TROP TARD !
ÉMILIE, LES ÉCOUTEURS DE SON BALADEUR SUR LES OREILLES, DESCEND DANS UNE STATION DE MÉTRO.
SUR LE QUAI, IL Y A BEAUCOUP DE MONDE.
QU'EST-CE QU'IL Y A ? POURQUOI EST-CE QUE TOUS CES GENS SONT LÀ ?
PARCE QU'IL Y A UNE GRÈVE. VOUS N'ÉCOUTEZ PAS LA RADIO ?
UNE GRÈVE ! AH NON, PAS AUJOURD'HUI !
DUROC
UNE GRÈVE, C'EST BIEN MA VEINE !
EH LÀ ! FAITES LA QUEUE !
JE SUIS PRESSÉE.
BEN, NOUS AUSSI ON EST PRESSÉS !
TAXIS
VOUS POUVEZ FAIRE LA QUEUE COMME TOUT LE MONDE. AH ! CES JEUNES, TOUS LES MÊMES !
UNE VOITURE S'ARRÊTE…
JE VAIS AU BOIS DE BOULOGNE. J'AI TROIS PLACES, ÇA INTÉRESSE QUELQU'UN ?
MOI !
MOI !
MOI !
TAXIS
DOUCEMENT ! PAS TOUT LE MONDE. TROIS PERSONNES SEULEMENT.
ÉMILIE MONTE DANS LA VOITURE À CÔTÉ DU CONDUCTEUR.
MERCI, C'EST DRÔLEMENT SYMPA.
OH OUI, ALORS ! LES GRÈVES DE MÉTRO, RAS LE BOL !
JE SUIS BIEN D'ACCORD AVEC VOUS
COMMENT EST-CE QUE JE PEUX ALLER AU BICYCLUB DE FRANCE ?
DÉSOLÉ, JE NE SAIS PAS.
MERCI BIEN ! AU REVOIR.
EXCUSEZ-MOI, MONSIEUR L'AGENT, POUR ALLER AU BICYCLUB DE FRANCE ?
LE BICYCLUB… ATTENDEZ… C'EST PRÈS DU RESTAURANT "LE RELAIS DU BOIS".
ET CE RESTAURANT, IL EST OÙ ?
VOUS ALLEZ TOUT DROIT JUSQU'AU PROCHAIN FEU ROUGE, PUIS VOUS TOURNEZ À GAUCHE ET VOUS PRENEZ LA PREMIÈRE À DROITE. À PIED, C'EST ASSEZ LOIN !
QUAND ÉMILIE ARRIVE ENFIN AU CLUB…
IL EST TROP TARD ! TOUT EST FERMÉ.
AH NON ! ET COMMENT JE RENTRE CHEZ MOI, MAINTENANT ?
FERMÉ

4

4

LE PRÉSENT DU VERBE « POUVOIR »

Je **peu**x prendre un taxi.	Nous **pouv**ons partir.
Tu peux faire la queue.	Vous pouvez marcher.
Il / Elle peut travailler.	Ils / Elles **peuv**ent attendre.

Qu'est-ce qui suit toujours le verbe « pouvoir » ?

⚠ **POUVOIR ≠ SAVOIR**

- **Pouvoir = avoir la possibilité / la permission de...**

Je peux sortir avec toi ce soir.

- **Savoir = avoir appris à faire quelque chose.**

Je sais faire du vélo.

8 Qu'est-ce qu'ils peuvent faire ?

Complétez les phrases avec des formes du verbe « pouvoir ».

1. Il n'y a pas de métro. Les gens... (prendre le taxi)
2. Vous ne savez pas où est la station de taxis. Vous... (téléphoner)
3. Le cinéma n'est pas loin. Je... (aller à pied)
4. Vous arrivez trop tard au restaurant. Vous... (manger un sandwich)
5. Les trains sont en grève. Nous... (prendre l'avion)

9 Émilie ne voyage pas...

Dites quels moyens de transport elle n'utilise pas et pourquoi. (Trouvez à chaque fois une raison différente.)

Émilie ne voyage pas en avion, parce qu'il n'y a pas d'aéroport !

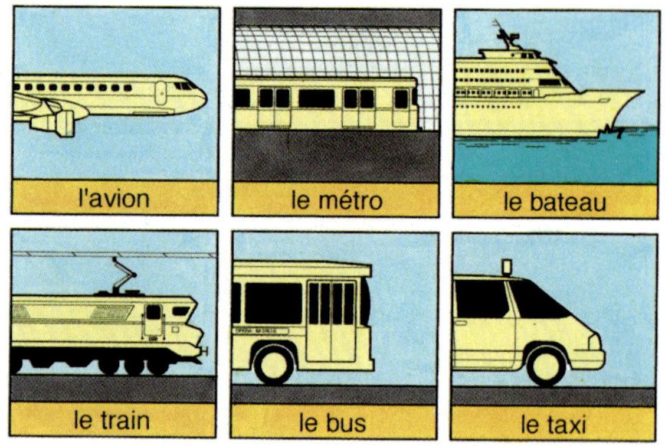

⚠ **en** avion, en taxi, en voiture, en train, en bateau, *mais* **à** pied, à vélo, à moto

10 Que dire dans ces situations ?

Jouez à deux chacune des scènes suivantes.

1. Vous êtes devant le cinéma Odéon. Il y a la queue. Vous passez devant les gens... Ils protestent.
2. Vous arrivez à la caisse pour prendre le billet. Plus de place !... Vous n'êtes pas content(e) !

11 Jeu de rôle. Qu'est-ce qui se passe ?

Vous partez en week-end. Vous prenez le train. À la gare, il y a beaucoup de monde. Vous interrogez un employé. C'est une grève surprise. Les trains ne partent pas...Vous demandez s'il y a d'autres moyens de transport ? Il ne sait pas. Vous allez au bureau d'information...

12 Jeu de rôle. Où aller ?

Vous êtes au grand magasin « Le Printemps ». Vous voulez acheter du parfum, une montre, un vase et aller prendre un café. À l'aide du plan ci-dessous, quelqu'un vous guide. Travaillez à deux avant de jouer la scène.

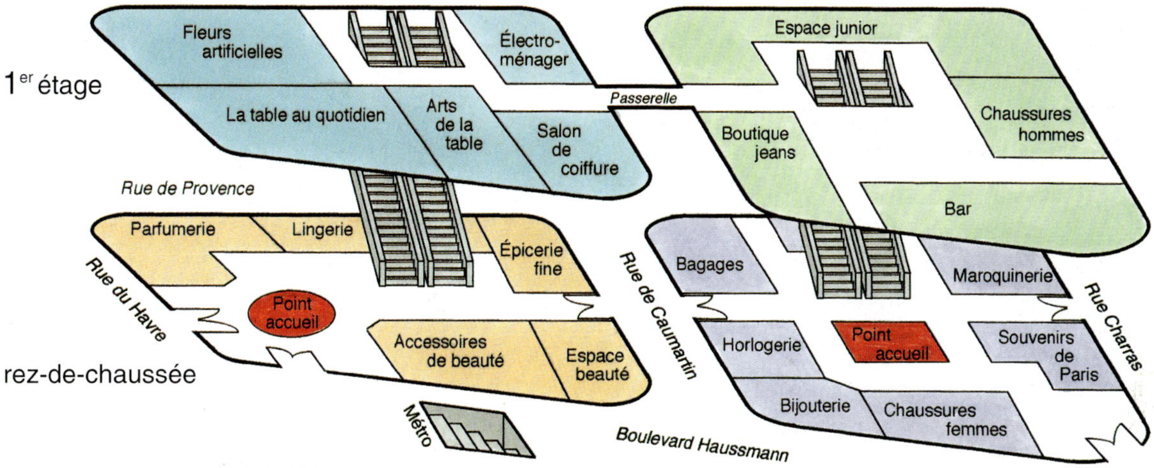

4

DES SONS ET DES LETTRES

Lettres muettes

Consonnes doubles

❑ Prononcez une seule consonne.

*A**tt**endez ! J'a**rr**ive.*
*A**ll**ez, e**ss**ayez de pa**ss**er.*
*Vous co**nn**ai**ss**ez cette perso**nn**e ?*

⚠ Entre deux voyelles un seul « s » se prononce [z].
*dé**s**olé, ca**s**e*
Pour prononcer [s], il faut 2 « s ».
*pa**ss**er, expre**ss**ion*

Voyelles nasales

[ɑ̃]—> an, en *Fr**an**ce, dev**an**t, desc**en**dre*
am, em devant « b » ou « p » *ch**am**bre, t**em**ps*

[ɔ̃]—> on ***On** m**on**te. **Non**, ils ne **son**t pas là !*
om devant « b » ou « p » *t**om**ber*

⚠ *monsieur* [məsjø]

[ɛ̃]—> in *enf**in**, **in**téresser*
im devant « b » ou « p » ***im**possible, t**im**bre*
ain, en *proch**ain**, exam**en***

⚠ Pas de nasales : *prennent* [ɛn], *donne* [ɔ], *prochaine* [ɛn]...

❑ Écoutez l'enregistrement et dites si vous entendez une voyelle nasale.

Insistez sur le mot important : mettez un accent d'insistance.

❑ Prononcez ces phrases, puis écoutez l'enregistrement. Répétez.

*C'est **drôlement** sympa !* *C'est **très** gentil.*
*Ah **non ! Pas** aujourd'hui !* *Je suis **bien** d'accord avec vous.*

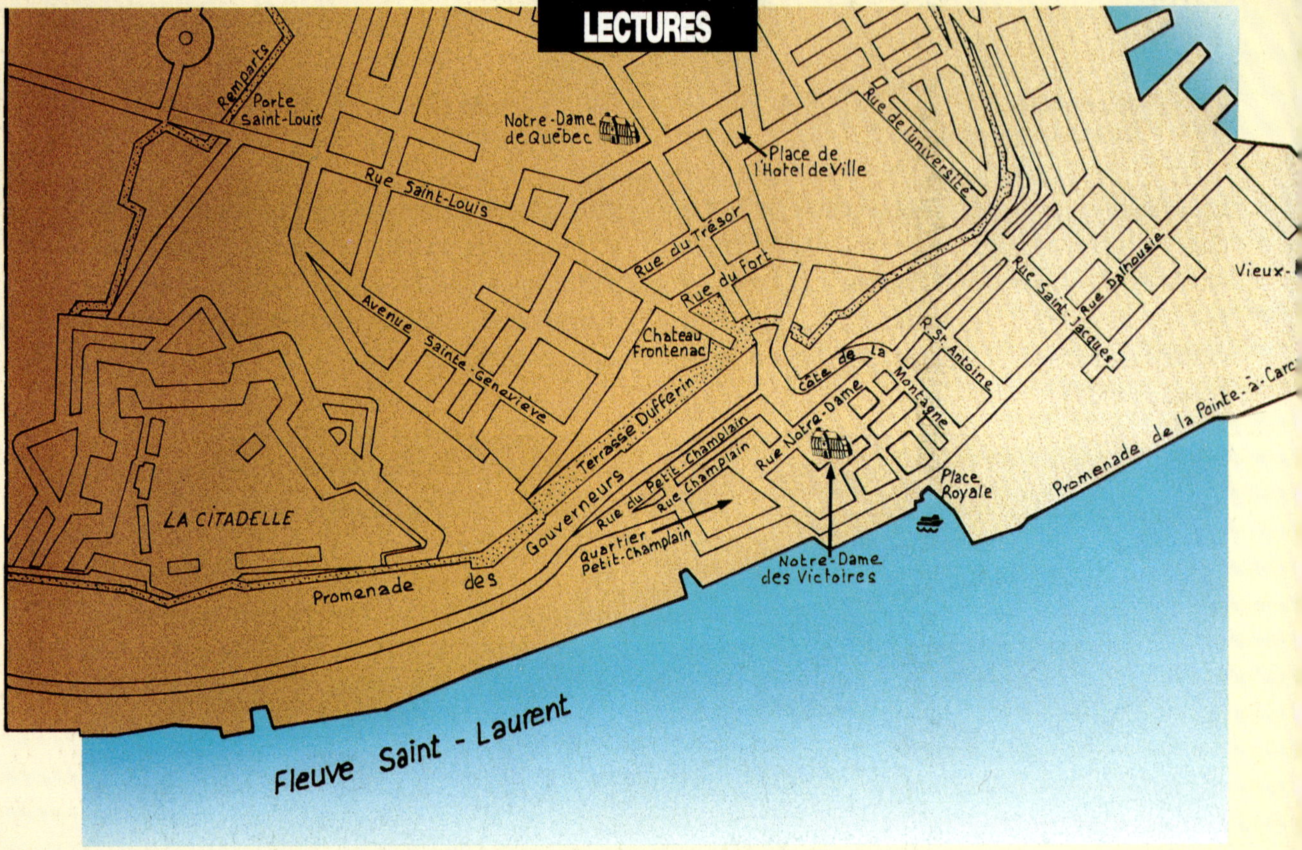

4

ANTICIPEZ

1 Quel est ce texte ?

1. Il est extrait :
   - d'un journal,
   - d'un guide touristique.
2. Il présente :
   - un pays,
   - une ville pittoresque.
3. Il est écrit pour :
   - des touristes,
   - des étudiants d'art.

METTEZ EN ORDRE

2 Qu'est-ce qu'on voit ?

Regardez le plan (ci-dessus) et les photographies puis lisez le texte.

1. Situez le lieu des photos sur le plan.
   Ces lieux sont-ils tous cités dans le texte ?
2. Faites la liste des lieux cités dans le texte.

RECHERCHEZ LES FAITS

3 Que savez vous sur la vieille ville de Québec ?

1. D'où voit-on bien le fleuve Saint-Laurent ?
2. Quelle est la particularité de l'hôtel Château-Frontenac ?
3. Où est-ce que les jeunes peintres exposent leurs tableaux ?
4. De quels siècles sont les vieilles maisons pittoresques ?
5. Comment est-ce qu'on entre dans la vieille ville ?
6. Quel est le lieu des premières habitations de Québec ?
7. Qu'y a-t-il en février à Québec ?

INTERPRÉTEZ

4 Qu'en pensez-vous ?

1. Est-ce que l'auteur du texte aime le Québec ? Quels mots est-ce qu'il emploie pour parler de sa ville ?
2. Quelle langue parle-t-on au Québec ?
3. Les Français appellent les Québécois « nos cousins d'Amérique ». Pourquoi ?

1

2

Depuis 400 ans la vieille ville de Québec domine le fleuve Saint-Laurent. Découvrez ses vieilles rues, ses places, ses musées, ses monuments, ses églises, ses parcs.

3

4

Partez de la grande terrasse Dufferin (4), le lieu de rendez-vous des touristes et des Québécois. Admirez la vue splendide sur le fleuve et sur la basse-ville. Entrez dans l'hôtel Château-Frontenac (2). Sa silhouette imposante est connue dans le monde entier. De là, prenez à droite, suivez la promenade des Gouverneurs et montez jusqu'à la Citadelle.

Redescendez à la terrasse et découvrez les rues étroites de la ville : la pittoresque rue du Trésor, pleine de tableaux exposés par de jeunes peintres ; la rue Saint-Louis avec ses maisons anciennes, ses petits restaurants, son animation. Remarquez une petite maison à toit rouge du XVIIe siècle, appelée « Aux Anciens Canadiens » (5). Continuez jusqu'à la porte Saint-Louis et les remparts.

Puis revenez sur vos pas et descendez vers la ville basse. Passez devant l'église Notre-Dame de Québec, traversez la place de l'Hôtel-de-Ville. Marchez jusqu'à la Place Royale, le premier lieu habité de la Nouvelle-France en 1608. Visitez l'église Notre-Dame-des-Victoires sur la place et le quartier Petit-Champlain plein de couleurs et de fleurs en été.

Venez aussi à Québec en hiver (1). La ville est belle sous la neige pour la grande fête de Carnaval (3) au mois de février.

Alors on oublie le froid dans la joie, les couleurs, la musique et les chansons !

4

5

Écrivez une lettre d'invitation.

Paris, le 14 janvier

Chère Sophie,

Viens prendre un pot dans notre nouvel appartement, samedi soir, le 21. Sonia et Charles viennent, et nos amis Bousquet aussi !
On a de bons disques !
A bientôt

Paula

PS : Je t'écris parce que nous n'avons pas encore le téléphone ici !

Chers amis,

D'accord pour le 21. Mais comment est-ce qu'on va chez vous ? On prend le métro ou le bus ? Faites un plan.
Amitiés.

Sophie

Paris, le 18 janvier

Chère Sophie,

Nous habitons bien au 95, rue du Théâtre, dans le 15e. C'est au 5e étage... mais il y a un ascenseur !
Viens en métro : Nous sommes près de la station Commerce. Prends la rue du Commerce et tourne à gauche dans la rue du Théâtre.
Tu vois, c'est facile et ce n'est pas loin du métro !
Amitiés

Paula

4

5 À vous d'inviter...

Préparez votre lettre.

1. Qui est-ce que vous invitez ?
2. Pour quoi faire :
   – soirée chez vous ?
   – au restaurant ?
   – pour aller chez des amis ?
3. Quand ? (Le 10 ? Le 18 ? Le 25 ?...)
4. À quelle heure ? (À sept heures ? À huit heures ?...)
5. Comment est-ce qu'on va chez vous ? (Donnez les indications nécessaires. Faites un plan et indiquez les stations de métro ou les arrêts de bus.)

6 Écrivez votre lettre.

Un(e) autre étudiant(e) lit votre lettre et répond à votre invitation.

1. Il / Elle accepte :
   a. remerciements pour l'invitation,
   b. acceptation (= oui),
   c. salutations amicales.
2. Il / Elle refuse :
   a. remerciements pour l'invitation,
   b. refus (= non),
   c. raison (autre invitation, en voyage...),
   d. regrets (désolé(e)),
   e. salutations amicales.

7 **Échangez** vos textes entre étudiants et faites-en la critique.

8 Une ville de votre pays.

Présentez cette ville pour un guide touristique.

1. Quelle ville choisissez-vous ?
2. Où est-elle située ?
3. Comment est-elle (grande, petite, ancienne, belle, pittoresque...) ?
4. Qu'est-ce qu'elle a de spécial (ses monuments, son fleuve, son histoire, son animation, ses fêtes...) ?
5. Quels lieux présentez-vous ? Faites la liste.
6. Quels itinéraires conseillez-vous ?

COMMUNICATION

- **Situer des lieux**
  Où est le parking ?
  Il est près d'ici. Il est en face du parc.
  La banque est entre la librairie et le restaurant.
  Elle est à côté du marché.
  La librairie est au coin / au bout de la rue.
- **Demander la direction**
  Où est le parking ?
  Pour aller à la banque, s'il vous plaît ?
  Comment est-ce que je peux aller à la mairie ?
  Quel est le chemin de la poste ?
- **Indiquer la direction**
  Prenez la deuxième rue à droite.
  Allez tout droit. Tournez à gauche.
  Longez le parc et traversez le boulevard.
  Descendez / Montez l'avenue.
  Suivez cette rue tout droit.
- **Indiquer le moyen de transport**
  Aller à pied / à vélo / à moto...
  Voyager en train / bus / voiture / bateau / avion...
- **L'irritation** (« ras-le-bol »)
  Faites la queue comme tout le monde !
  Ah, les jeunes ! Tous les mêmes.
- **Remercier**
  Merci. C'est drôlement sympa. —> *familier*
- **Inviter**
  Viens prendre un café.

GRAMMAIRE

Conjugaison

- **le verbe « aller »** au présent et à l'impératif *(p. 54)*
  Au présent, les formes du verbes « aller » ressemblent aux formes du verbe « avoir ».

⚠ À la 2e personne de l'impératif « va », sans « s ».

« Aller » admet deux constructions :

- **« aller à » + nom** Elles vont au marché.
- **« aller » + infinitif** Je vais demander mon chemin.

- **le verbe « pouvoir »** au présent *(p. 60)*
  Pouvoir à trois radicaux : **peu-**, **pouv-**, **peuv-**.

⚠ Attention à la prononciation :
Il peut [pø] ≠ Ils peuvent [pœv]

Après « pouvoir », on utilise l'infinitif.
Tu **peux** aller au supermarché.

- **les verbes « pouvoir » et « savoir »** *(p. 60)*
  - « Pouvoir » = avoir la possibilité, la permission.
    Ce n'est pas loin. Je peux marcher.
    Est-ce que je peux téléphoner ?
  - « Savoir » = avoir appris à faire quelque chose.
    Je sais piloter un avion.

Les prépositions de lieu

Les prépositions introduisent toujours un groupe du nom.

en face de	au coin de	à côté de
au bout de	jusqu'à	entre
le long de		

Marchez **jusqu'au bout de** la rue.
La poste est **en face de** la mairie.

Les adverbes de lieu

Les adverbes s'emploient pour modifier le sens des verbes. Ils sont toujours invariables.

ici	tout droit	à gauche
là	à droite	en face

Allez **tout droit** et tournez **à gauche**.

Interroger sur la cause et le but

Pourquoi ? Pourquoi est-ce qu'ils font la queue ?

Il y a deux façons de répondre à la question : pourquoi ?

- **Parce que...** On exprime une cause.
  Parce qu'il y a une grève.
- **Pour + infinitif** On indique le but poursuivi.
  Pour prendre un taxi.

1 Examinez ce plan de ville.

Repérez l'endroit marqué « Vous êtes ici.», puis demandez et indiquez le chemin :

– de la mairie, – de la gare des autobus, – du château.

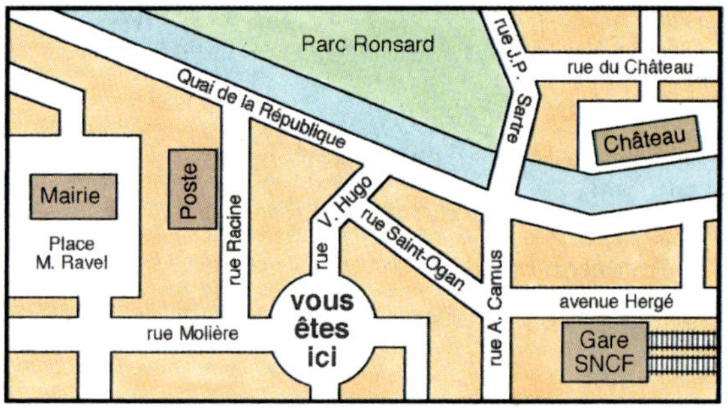

2 Imaginez une raison.

Dites pourquoi :

1. des personnes font la queue à la station de taxis.
2. des personnes vont à pied à leur bureau.
3. Émilie demande son chemin à un agent.
4. vous apprenez une langue étrangère.

3 Qu'est-ce que vous dites dans cette situation ?

1. Vous invitez un(e) ami(e) à sortir avec vous.
2. Vous faites la queue au cinéma. Une personne passe devant vous.
3. Vous faites un faux numéro au téléphone.

4 Interdisez à quelqu'un de...

1. ... de garer sa voiture devant la porte.
2. ... de prendre l'ascenseur dans votre immeuble.
3. ... d'entrer chez vous.
4. ... de mettre ces objets sur la table.

5 Qu'est-ce qu'ils disent ? DELF

Écoutez le dialogue et répondez aux questions.

1. Pourquoi est-ce que Danielle téléphone à Christophe ?
2. À quel étage est-ce qu'elle habite ?
3. Qui peut monter les meubles ?
4. Comment est-ce qu'elle remercie les garçons ?

6 Répondez à l'invitation suivante : DELF

Bonjour !

Nous avons un nouvel appartement depuis une semaine. Tu es libre le 25 ?
Alors, viens chez nous, 26, rue de l'Odéon,
au troisième étage droite. Nous invitons nos amis à l'inauguration !

À bientôt,

Christine

DES MOTS ET DES FORMES

7 **Complétez les phrases** avec la forme correcte du verbe entre parenthèses.

Les livreurs (arriver). Ils (avoir) des meubles pour Thierry.
« Ne (garer) pas votre camion devant la porte, (dire) la concierge, et ne (prendre) pas l'ascenseur ! »
Les livreurs (monter) les meubles au 5e étage et les (mettre) dans l'appartement de Thierry.
Mais il y (avoir) une erreur ! Ce ne (être) pas ses meubles ! Thierry (rester) seul avec son vélo.

8 Mettez « ce, cet, cette » ou « ces » devant les mots suivants.

1. ...... rues
2. ...... monument
3. ...... métro
4. ...... camion
5. ...... ville
6. ...... bureau
7. ...... hôtel
8. ...... porte
9. ...... vélos

9 Trouvez et écrivez dix mots sur la ville.

Mettez un article ou un démonstratif devant chaque nom.

DOSSIER 5

QUE VOULEZ-VOUS ?

VOUS ALLEZ PARLER DE :
- la sécurité routière
- la recherche d'un emploi
- vidéo et photo
- fêtes et saisons

VOUS ALLEZ APPRENDRE À :
- donner des ordres et des interdictions
- donner des conseils et offrir de l'aide
- exprimer l'obligation

VOUS ALLEZ UTILISER :
- le verbe *vouloir* au présent
- *pouvoir* et *vouloir* + infinitif
- *il faut* + nom ou infinitif
- les pronoms compléments COD et COI

Qu'est-ce qu'on peut faire ?

1 Un Martien sur Terre.

Écoutez, puis trouvez…

a. deux interdictions, **b.** deux ordres.

2 Ce n'est pas permis !

Écoutez et faites correspondre l'interdiction et la lettre du panneau.

Sens interdit : panneau F.

1. Interdit aux bicyclettes.
2. Silence, hôpital !
3. Entrée interdite.
4. Interdit de parler au conducteur.
5. Interdit aux piétons.
6. Interdit aux autobus.
7. Interdit de stationner.
8. Interdit de tourner à droite.
9. Défense de fumer.

5

3 Vrai ou faux ?

Si c'est faux, rétablissez la vérité.

1. On peut parler au conducteur dans les autobus.
2. Il y a des endroits interdits aux chiens.
3. Il ne faut pas fumer dans les toilettes d'un avion.
4. Il n'est pas interdit de fumer dans les cinémas.
5. Il ne faut pas traverser dans les passages réservés aux piétons.
6. On peut stationner partout, dans les grandes villes.

EXPRIMER L'OBLIGATION

• **Il faut + infinitif**

Il faut traverser dans les passages piétons.

Il ne faut pas marcher sur les pelouses.

• **Il faut + nom**

Pour habiter en France, **il faut une carte** de séjour.

Quelles sont les deux constructions possibles avec « il faut » ?

4 Dites-le autrement.

Interdisez de différentes manières.

Les chiens ne peuvent pas entrer.
N'entrez pas avec un chien.
On ne peut pas entrer avec son chien.
Il ne faut pas entrer avec son chien.
Il n'est pas permis d'entrer avec un chien.

1. Interdit de doubler.
2. Défense de marcher sur la pelouse.
3. Interdit aux camions.

5 Qu'est-ce qu'il faut ? Qu'est-ce qu'il faut faire ?

Posez les questions à votre partenaire.

Pour pouvoir conduire, qu'est-ce qu'il faut ?
—> Il faut un permis de conduire.
Qu'est-ce qu'il faut faire ? —> Il faut passer l'examen.

1. Pour travailler en France ? (une carte de séjour / avoir une profession)
2. Pour entrer en France ? (un passeport / passer la douane)
3. Pour prendre le métro ? (un billet / descendre dans une station)
4. Pour faire des études à l'université ? …
5. Pour bien parler français ?…

6 Qu'est-ce qu'on peut faire ?

Dites deux choses permises et deux interdites.

1. Dans la rue.
2. Dans la salle de cours.

Qu'est-ce qu'on peut faire ?

Un Martien descend sur la Terre pour la visiter. Il voit partout des panneaux d'interdiction !

L'agent lui explique ce qu'on ne peut pas faire.
« Si vous voyez un panneau *Défense de fumer*, ça veut dire qu'on ne peut pas fumer. Si une rue est en sens interdit, il ne faut pas la prendre en voiture. Si un jardin est interdit aux chiens, on ne peut pas les y promener ».
L'agent est très gentil, mais le Martien ne peut pas le comprendre…

5

7 Qu'est-ce qu'ils ne peuvent pas faire ?

Le feu est rouge. (eux / traverser)
—> Ils ne peuvent pas traverser.

1. La porte est fermée. (elle / entrer)
2. Il y a une grève des transports. (lui / rentrer chez lui)
3. Nous n'avons pas d'argent. (nous / aller au théâtre)
4. Il n'y a pas d'arrêt de bus. (moi / prendre le bus)
5. Tu n'as pas leur adresse. (toi / aller chez eux)
6. Il y a une interdiction de fumer. (vous / fumer)

LE PRÉSENT DE « VOULOIR »

Je	**veux**	visiter Paris.
Tu	veux	mon adresse ?
Il / Elle / On	veut	du travail.
Nous	**voul**ons	entrer.
Vous	voulez	doubler.
Ils / Elles	**veul**ent	de l'argent.

Quelles sont les deux formes qui suivent le verbe « vouloir » ?

8 Qu'est-ce qu'ils veulent ? Qu'est-ce qu'ils veulent faire ?

1. Regardez les personnes et exprimez leur intention.

*Dessin **a** : Elle veut mettre une lettre à la poste.*

2. Écoutez les personnes et exprimez leur intention.

9 « Pouvoir » ou « vouloir » ?

Complétez les phrases.

1. Nous...... aller chez nos amis, mais nous ne ...... pas : nous n'avons pas leur adresse.
2. Ils ...... visiter la France, mais ils ne ...... pas : ils n'ont pas de vacances.
3. Vous ...... garer votre voiture ici, mais vous ne ...... pas : il y a une interdiction.
4. Tu ...... visiter Paris avec ton chien, mais tu ne ...... pas : les monuments sont interdits aux chiens.
5. Elle ...... prendre sa voiture, mais elle ne ...... pas : elle n'a pas la clé.

Quand on veut, on peut !

10 Donnez des conseils.

Utilisez les pronoms « le, la, l' » ou « les ».

votre voiture / prendre —> Ne la prenez pas pour aller en ville. Il y a beaucoup de circulation.

1. le métro / prendre —> .... C'est rapide.
2. le pain / acheter —> .... ici. C'est une bonne boulangerie.
3. les gens / inviter —> .... chez vous. Tout est sens dessus dessous.
4. les fleurs / choisir —> .... dans ce magasin. Ce n'est pas un bon fleuriste.
5. vos amis / attendre —> .... ici. Ils arrivent.

11 Chacun son tour !

Jouez avec un(e) autre étudiant(e). Posez-lui des questions avec « pouvoir » ou « vouloir ».
Pensez à : faire du vélo, partir en vacances...

– Est-ce que tu veux / vous voulez visiter la France ?
– Est-ce que tu peux / vous pouvez prendre des photos ?

LES PRONOMS COMPLÉMENTS D'OBJET DIRECT (COD) 3es personnes

• avec le présent de l'indicatif		• avec l'impératif affirmatif	• avec l'impératif négatif
Je double le taxi.	Je **le** double.	Double-**le.**	Ne **le** double pas.
Ils garent leur voiture.	Ils **la** garent.	Garez-**la.**	Ne **la** garez pas.
Elle attend son ami.	Elle **l'**attend.	Attends-**le.**	Ne **l'**attends pas.
Vous prenez les tickets.	Vous **les** prenez.	Prenez-**les.**	Ne **les** prenez pas.

Qu'est-ce que le pronom complément remplace ?
Qu'est- ce qu'il y a entre le verbe et le pronom, à l'impératif affirmatif ?

12 Qu'est-ce que c'est ? Devinez !

Je l'utilise pour écrire. —> C'est mon stylo.

1. Il l'ouvre pour étudier le français.
2. Elle le demande pour aller au Bicyclub.
3. Ils le regardent pour trouver leur chemin dans Paris.
4. Nous le prenons pour monter au sixième.

À votre tour, inventez des devinettes !

13 Vous êtes d'accord.

Dites-le, mais évitez la répétition du nom.

Cette voiture ne va pas vite. Doublez-la.
—> D'accord. Je la double.

1. Il n'y a pas de circulation dans cette rue. Prenez-la.
2. Cet autobus va au Bois. Suivez-le.
3. Cette rue est en sens interdit. Ne la prenez pas.
4. Il y a beaucoup de voitures dans cette avenue. Ne la traversez pas.
5. Vous avez une grande voiture. Prenez ces gens.

14 Mais si, faites-le !

Vous n'êtes pas d'accord. Dites-le.

Ne garez pas votre voiture ici.
—> Mais si, je veux la garer !

1. Ne prenez pas le métro.
2. N'attendez pas le bus.
3. Ne traversez pas la rue.
4. Ne doublez pas les voitures.
5. Ne montrez pas vos papiers.

15 Est-ce qu'ils peuvent le faire ?

Tu veux garer ta voiture ici ? —> Tu ne peux pas la garer. / Ne la gare pas. C'est interdit.

1. Vous voulez traverser la rue ? .... Le feu est vert !
2. Vous voulez prendre le bus ? .... Il y a la grève !
3. Tu veux inviter ses parents ? .... Ils sont partis.
4. Tu veux acheter cette voiture ? .... C'est cher !

5

LES PRONOMS COMPLÉMENTS D'OBJET DIRECT (COD) 1re et 2e personnes

Pers.	*Sing.*	*Plur.*
1er	**me**	**nous**
2e	**te**	**vous**

⚠ avec l'impératif affirmatif : **moi, toi**

Tu **me** vois ? Regarde-**moi**. – Oui, je **te** regarde.
Aidez-**nous** ! – Ne **nous** aidez pas. / Ne **m'**aide pas.

Où se place le pronom à l'impératif ?
Quand est-ce que la forme du pronom change ?

16 Qu'est-ce qu'ils disent ?

Faites-les parler. Utilisez des pronoms compléments.

5

1 Comment est-elle habillée ?

Elle porte des baskets...

2 Qu'est-ce qu'on voit sur la bande dessinée ?

Regardez les dessins et essayez d'imaginer l'histoire.

1. On voit Émilie dans trois lieux différents. Trouvez-les.
2. Quels vêtements est-ce qu'elle porte à l'ANPE ?
3. Qu'est-ce qu'elle porte à la société d'import-export ?
4. Qu'est-ce que les autres filles portent ?

3 Qu'est-ce qui se passe ?

Écoutez l'enregistrement.

1. Avec qui est-ce qu'Émilie a rendez-vous ?
2. Quelle formation a-t-elle ?
3. Quel travail est-ce qu'elle cherche ?
4. Depuis quand est-ce qu'elle cherche du travail ?
5. Quels conseils lui donne madame Petit ?
6. Comment faut-il être habillé pour chercher du travail ?
7. À qui est-ce que monsieur L'Hôte présente Émilie ?
8. Qui peut expliquer son nouveau travail à Émilie ?

4 Émilie peut les remercier !

Qu'est-ce que ces personnes veulent ou peuvent faire pour Émilie ?
Trouvez trois réponses dans chaque cas.

1. Madame Petit... *veut l'aider. Elle peut...*
2. Monsieur L'Hôte...
3. Les nouvelles collègues d'Émilie...

LES PRONOMS COMPLÉMENTS D'OBJET INDIRECT (COI) 3es personnes

Il donne des conseils à Émilie.
Il **lui** donne des conseils.
Donne-**lui** des conseils.
Ne **lui** donne pas de conseils.

Il présente Émilie à ses collègues.
Il **leur** présente Émilie.
Présentez-**leur** Émilie.
Ne **leur** présentez pas Émilie.

Quelle différence y a-t-il avec les COD à la 3e personne ?

5 Qui peut le faire ?

Trouver du travail à Émilie.
—> L'ANPE peut lui trouver du travail.

1. Donner des conseils à Émilie.
2. Téléphoner à monsieur L'Hôte.
3. Présenter Émilie à ses nouveaux collègues.
4. Montrer sa place à votre nouvelle collègue.
5. Expliquer son travail à Émilie.

ELLE PEUT AVOIR L'AIR SÉRIEUX !
ANPE
Agence Nationale Pour l'Emploi
BONJOUR, MADAME J'AI RENDEZ-VOUS AVEC MADAME PETIT.
OUI, ASSEYEZ-VOUS. ATTENDEZ, ELLE ARRIVE TOUT DE SUITE.
QUELQUES MINUTES PLUS TARD.
UN B.T.S. DE SECRÉTARIAT BILINGUE AVEC OPTION INFORMATIQUE. C'EST UNE BONNE FORMATION. ON PEUT VOUS TROUVER DU TRAVAIL. VOUS VOULEZ TRAVAILLER DANS QUELLE BRANCHE ? COMMERCE OU TECHNIQUE ?
JE NE SAIS PAS. MOI CE QUE JE VEUX, C'EST UN TRAVAIL INTÉRESSANT... ET BIEN PAYÉ, SI POSSIBLE !
POUR UN PREMIER EMPLOI IL NE FAUT PAS ÊTRE TROP EXIGEANTE. IL FAUT SAVOIR ATTENDRE UN PEU...
JE SAIS, J'ATTENDS DEPUIS SIX MOIS !
SOYEZ PATIENTE. EUH... EST-CE QUE JE PEUX VOUS DONNER UN CONSEIL ? NE SOYEZ PAS HABILLÉE DE FAÇON TROP FANTAISISTE. IL FAUT AVOIR L'AIR SÉRIEUX.
MAIS... JE PEUX AVOIR L'AIR SÉRIEUX, C'EST FACILE.
TANT MIEUX. TENEZ, VOILÀ UNE ADRESSE. ILS VEULENT UNE SECRÉTAIRE BILINGUE. TÉLÉPHONEZ-LEUR DE MA PART. DEMANDEZ MONSIEUR L'HÔTE. IL EST TRÈS GENTIL. IL PEUT VOUS AIDER.
10
MESDEMOISELLES, JE VOUS PRÉSENTE ÉMILIE DELCOUR, VOTRE NOUVELLE COLLÈGUE.
CATHERINE, MONTREZ SA PLACE À ÉMILIE ET EXPLIQUEZ-LUI LE TRAVAIL.
À LA CAFÉTÉRIA.
DIS, TU ES TOUJOURS HABILLÉE COMME ÇA. ENFIN... JE VEUX DIRE... CLASSE ?
OUI, TOUJOURS POURQUOI ?

5

5

LES PRONOMS COMPLÉMENTS D'OBJET INDIRECT (COI) 1re et 2e pers.

Il { **me** / **te** / lui } téléphone.

Elle { **nous** / **vous** / leur } présente la nouvelle.

⚠ À l'impératif : Téléphone-**moi**.
Ne **me** téléphone pas.

Où se place le pronom complément ?

6 Que faut-il faire ?

Remplacez les mots soulignés par des pronoms.

Écris au directeur. —> Écris-lui.

1. Explique ta situation à madame Petit.
2. Demande des conseils à tes parents.
3. Téléphone à tes amis pour trouver du travail.
4. Tu peux aussi écrire aux entreprises.
5. Pourquoi tu ne demandes pas un rendez-vous au chef du personnel.

7 Répondez-leur.

Je peux prendre ce disque ?
—> Oui, prends-le. / Non, ne le prends pas.

1. Je te téléphone dimanche ?
2. Il faut aller chercher vos amis ?
3. On écrit à tes parents ?
4. Nous répondons à Émilie ?
5. Je te présente ?

8 Vous refusez !

Répondez et utilisez le verbe « vouloir ».

Écris à tes parents. —> Non, je ne veux pas leur écrire !

1. Téléphone à ta sœur.
2. Demande à madame Petit et à sa secrétaire.
3. Montrez sa place à Émilie.
4. Répondez à monsieur L'Hôte.
5. Faites des excuses à vos amis.

9 Suivez ces conseils.

1. Complétez le texte suivant avec des pronoms COD ou COI.

Si vous cherchez du travail, allez voir une conseillère de l'ANPE. Expliquez-...... votre situation et dites-...... pourquoi vous cherchez du travail. Puis écoutez-...... et posez-...... des questions. Si elle ...... donne une adresse, notez-...... et allez ...... présenter au chef du personnel. Il peut ...... trouver un emploi. Alors, il ...... présente à vos nouveaux collègues. Il ...... explique votre travail et vous ...... écoutez avec attention.

2. Écoutez pour vous corriger.

10 Jeu de rôle. Elle ne veut pas l'écouter !

L'homme demande l'heure à la jeune femme, puis il se présente, lui dit qu'il l'a déjà vue avec un de ses amis… La jeune femme ne veut pas l'écouter, dit qu'elle ne le connaît pas. Jouez la scène. Utilisez des pronoms compléments.

11 Qu'est-ce que vous pouvez faire pour eux ?

Transformez ces ordres en demandes.

Écrivez-leur. —> *Vous pouvez leur écrire ?*

1. Donne-lui un rendez-vous.
2. Aidez-la.
3. Cherche-moi des adresses.
4. Prenez-le à l'essai.
8. Trouvez-leur du travail.
6. Présente-moi à tes amis.

12 Jeu de rôle. Donnez-leur des conseils !

Un(e) ami(e) vous propose de vous présenter pour un travail dans son entreprise. Il vous donne des conseils (quels vêtements mettre, que dire...). Écoutez-le attentivement et posez-lui des questions.

13 Jeu de rôle. Que dites-vous dans ces situations ?

Faites des dialogues et exprimez : la demande d'aide, l'irritation, l'interdiction...

5

DES SONS ET DES LETTRES

L'opposition

[ø] / [œ] *Elle veut / Elles veulent*
Il peut / Ils peuvent

[ø] final : son fermé

[œ] + consonne : son ouvert

⚠ monsieur [məsjø]

Les consonnes finales

- **muettes** (*masculin*) : *assi(s), peti(t)*
- **+ e, prononcées** (*féminin*) : *assis(e), petit(e)*
- **« l, r, c, f » sont prononcées** en finale : *seul, sac, cuir, neuf*
- **« -er » en finale se prononce** [e] : *entrer, premier*

⚠ mais prononcer [ɛr] dans : *super, hiver*

❑ Trouvez dix mots avec consonne finale prononcée. Quel est le genre (masculin ou féminin) de ces mots ?

Les voyelles

- lèvres arrondies : [u], [o], [ɔ], [õ], [ã], [y], [ø], [œ].
- lèvres tirées : [i], [e], [ɛ], [ɛ̃].
- lèvres ni arrondies ni tirées : [a]

❑ Prononcez. Articulez bien.

1. Tu peux ?
2. Elles veulent tout.
3. Un bon bus.
4. Qu'est-ce qu'on voit ?
5. On peut leur donner rendez-vous.

L'intonation

L'intonation change, le sens change.

• L'ordre

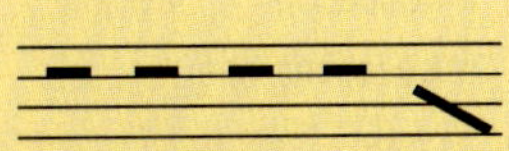

Téléphonez-leur.

• Le conseil

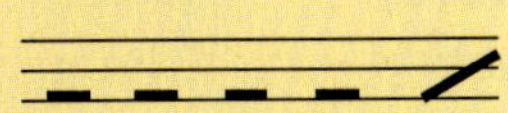

Téléphonez-leur.

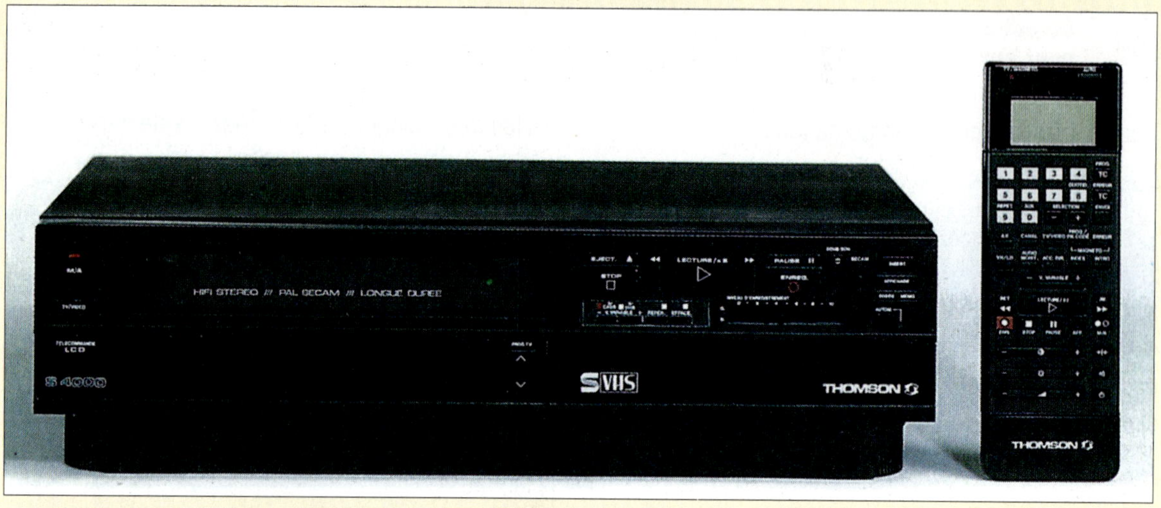

ANTICIPEZ

1 Description du magnétoscope.

Avant de lire, regardez le schéma de fonctionnement du magnétoscope, page 77.

1. Ce magnétoscope fonctionne sur du courant électrique de :
- 110 volts. - 220 volts.

2. Il utilise des cassettes :
- VHS. - Betamax.

3. Quel est le numéro :
- de la touche de lecture ?
- de la touche d'arrêt ?
- de la touche d'arrêt sur l'image ?

4. Où peut-on voir l'horloge et le compteur ?

2 Complétez le tableau.

Noms masculins	Verbes	Noms féminins	Verbes
branchement	....	reproduction	....
....	enregistrer	réalisation	....
fonctionnement	....	utilisation	....
allumage	....	introduction	....
arrêt	....	mise (en marche)	....
choix	....	lecture	....
raccord	....	avance	....

METTEZ EN ORDRE

3 Comment ça marche ?

Lisez le texte et mettez ces opérations de lecture dans l'ordre.

1. Enfin, appuyez sur la touche 7.
2. Pour lire, il faut utiliser la touche « lecture ».
3. Il faut d'abord raccorder le magnétoscope au téléviseur.
4. Vous pouvez alors mettre les deux appareils en marche.
5. Ensuite, introduisez la cassette.
6. Si vous voulez examiner une image, appuyez sur la touche « arrêt sur l'image ».

RECHERCHEZ LES FAITS

4 Que faut-il faire ?

Pour mettre le magnétoscope en marche ?
—> Pour mettre en marche, il faut appuyer sur la touche « mise en marche ».

1. Pour visionner une cassette vidéo ?
2. Pour avoir une image fixe ?
3. Pour arrêter la bande ?
4. Pour enregistrer un programme ?
5. Pour revenir en arrière (retour rapide) ?
6. Pour avancer rapidement ?
7. Pour regarder un autre programme pendant l'enregistrement ?
8. Pour éjecter la cassette ?

Savez-vous utiliser un magnétoscope ?

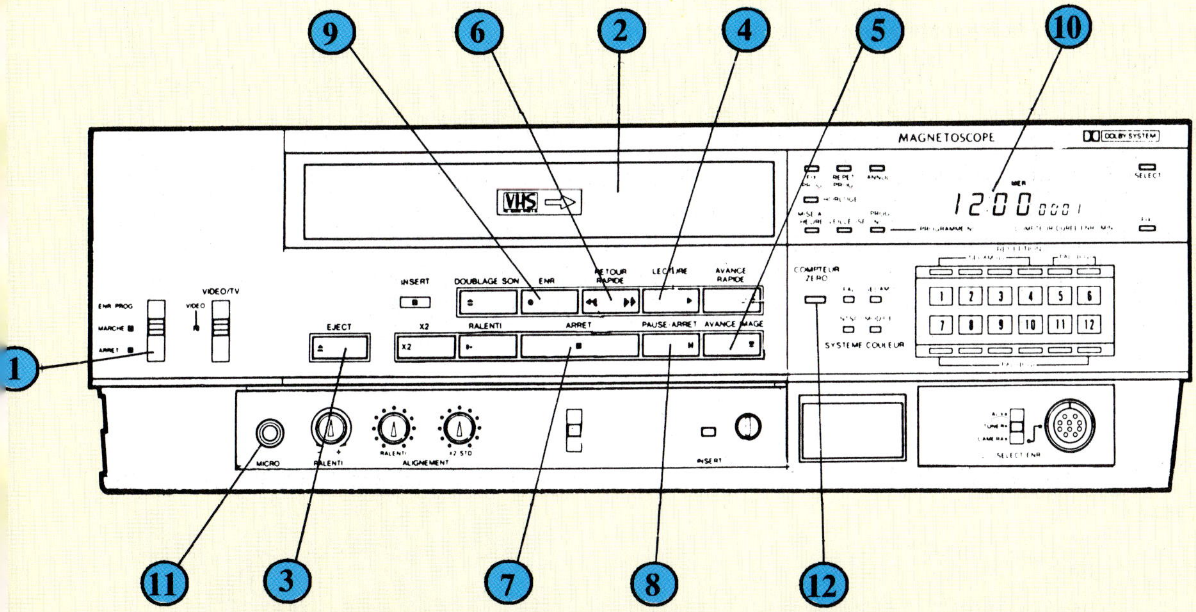

(1) Mise en marche	(5) Avance rapide	(9) Enregistrement
(2) Porte-cassette	(6) Retour rapide	(10) Horloge et compteur
(3) Éjection de la cassette	(7) Arrêt de la bande	(11) Prise pour le microphone
(4) Lecture	(8) Arrêt / Pause sur image	(12) Remise à zéro du compteur

MODE D'EMPLOI

Avec votre magnétoscope vous pouvez visionner des bandes vidéo et enregistrer des émissions télévisées.

Lecture

Raccordez d'abord le magnétoscope au téléviseur, puis branchez les deux appareils sur le courant (220 volts). Ensuite, allumez votre poste de télévision et mettez-le sur la position « AUX » (auxiliaire).

Pour mettre en marche le magnétoscope, appuyez sur le bouton de mise en marche (1). Une lumière rouge s'allume à gauche et l'heure apparaît (sur l'horloge, à droite).

Mettez le compteur à zéro (12) et votre matériel est prêt.

Vous pouvez alors introduire une cassette dans le porte-cassette (2).

La touche (5) permet l'avance rapide de la bande et la touche (6) le retour rapide.

Pour visionner la bande, appuyez sur Lecture (4).

L'image apparaît sur l'écran du téléviseur.

Vous pouvez faire un arrêt sur une image. Pour cela, utilisez la touche (8). Pour arrêter le défilement de la bande, il suffit d'appuyer sur la touche (7).

Si vous voulez retirer la cassette, appuyez sur la touche (3).

L'éjection de la cassette est automatique.

Enregistrement

Pour enregistrer, choisissez d'abord le programme (c'est-à-dire la chaîne qui vous intéresse), puis appuyez en même temps sur les touches (9) et (4). En fin d'enregistrement vous pouvez arrêter la bande avec la touche (7).

Vous pouvez regarder un autre programme pendant l'enregistrement.

Une télécommande permet de réaliser à distance toutes les fonctions de lecture et d'enregistrement.

Écrivez un mode d'emploi.

5 **Vous prêtez votre magnétoscope à un(e) ami(e).**

Écrivez-lui une courte note pour lui expliquer le fonctionnement de votre appareil.
Utilisez « d'abord, puis, ensuite, après ça, enfin... » pour bien marquer la séquence des opérations.

6 **Rappelez-vous !**

1. Pour donner du courant électrique (220 volts) aux appareils, on les ....
2. Ensuite on ...... le téléviseur.
3. Pour mettre en marche le magnétoscope, on ...... sur la touche de ...... en marche.
4. Ensuite on ...... une cassette dans le porte-cassette.
5. Pour visionner la cassette, on ...... sur la touche « Lecture ».
6. On peut ...... ou ...... en arrière rapidement.

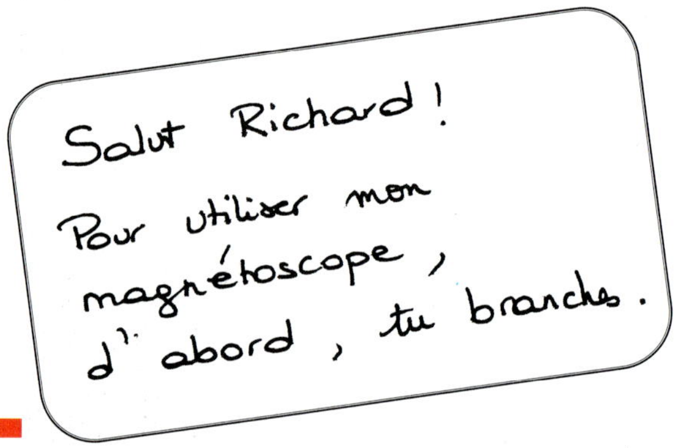

7 **Écrivez une notice d'utilisation** pour l'appareil dessin ci-dessous.

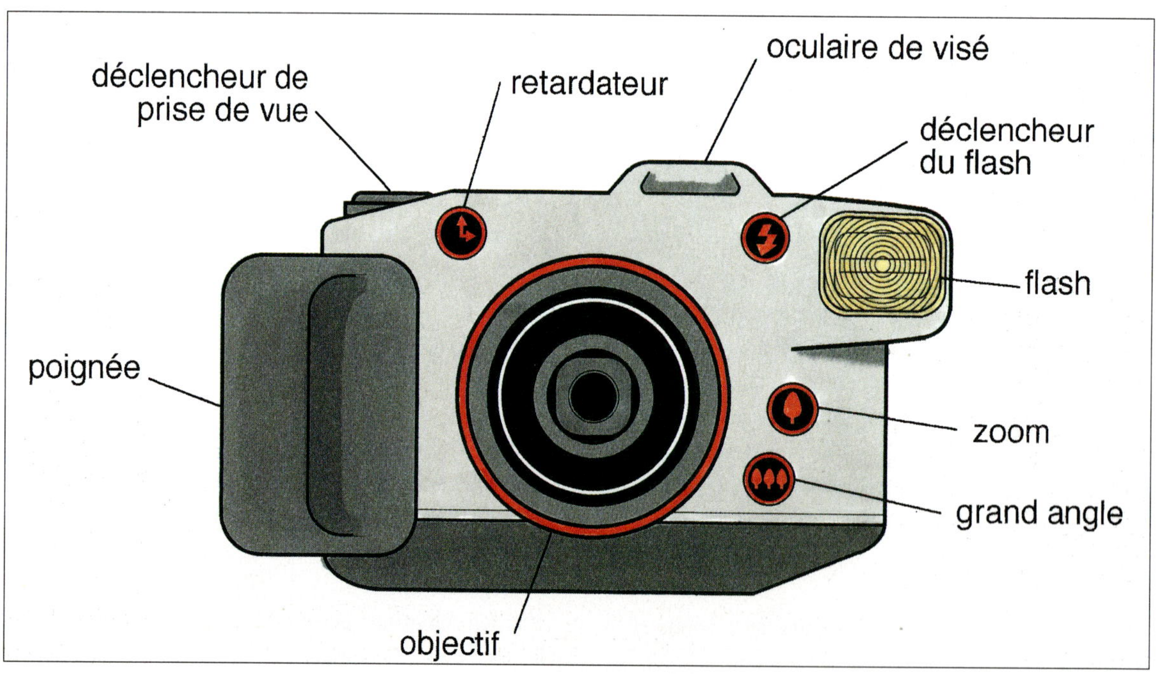

Fêtes et saisons

– Quel jour est-ce / est-on / sommes-nous?
– Aujourd'hui c'est le vendredi 14 juillet 1995.
(Prononcez : mille neuf cent quatre-vingt-quinze.)

Au printemps, les arbres fruitiers sont en fleurs.

L'été est la saison des moissons.

En automne, on fait les vendanges.

En hiver,.il neige parfois.

Quel jour est-on ?

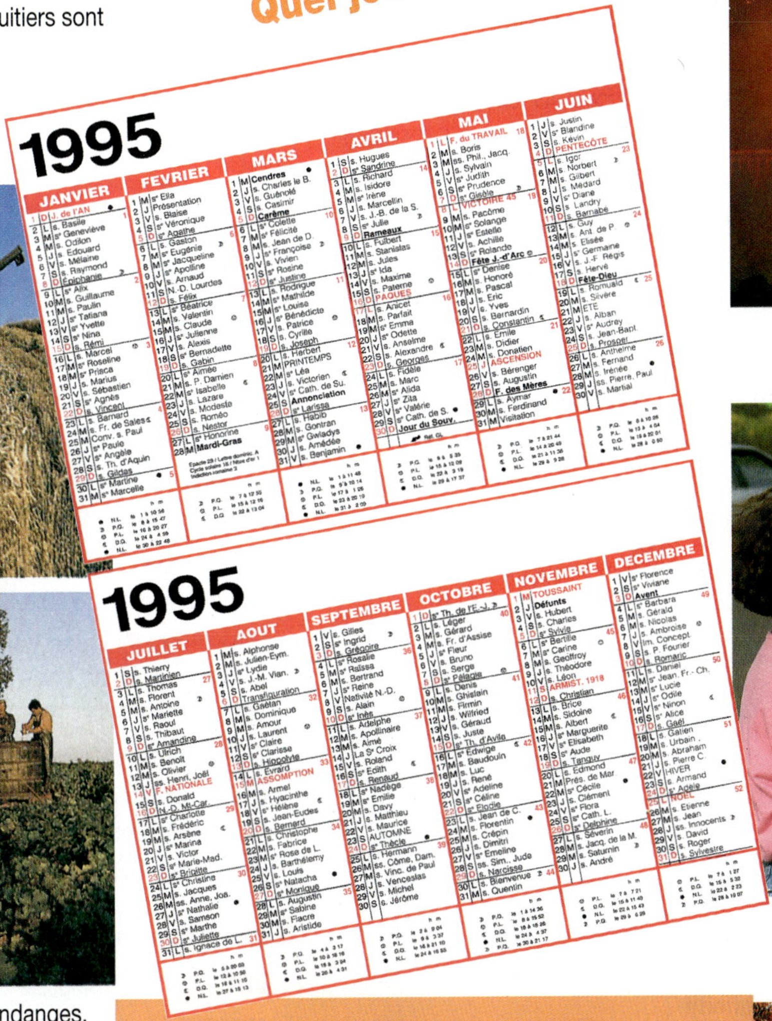

LES FÊTES DE L'ANNÉE

En France, il y a onze jours fériés par an :
- le 1er janvier, le jour de l'an ;
- le lundi de Pâques ;
- le 1er mai, jour de la fête du travail ;
- le 8 mai, jour anniversaire de la victoire de 1945 ;
- un jeudi du mois de mai, le jour de l'Ascension ;
- le lundi de Pentecôte ;
- le 14 juillet, jour de la fête nationale ;
- le 15 août pour la fête de l'Assomption ;
- le 1er novembre, jour de la Toussaint ;
- le 11 novembre, jour anniversaire de l'armistice de 1918 ;
- le 25 décembre, jour de Nöel.

Le 14 juillet, jour de la fête nationale.

Le 1er mai, jour de la fête du travail, on offre du muguet.

Le 25 décembre, jour de Noël.

COMMUNICATION

- **Donner des ordres**
  Montrez-moi vos papiers !
  Allez, circulez !
- **Interdire**
  Interdit aux bicyclettes.
  Défense d'entrer.
  Interdiction de doubler. N'entrez pas !
  On ne peut pas / Il ne faut se pas garer ici.
  Il n'est pas permis de marcher sur les pelouses.
- **Donner une permission**
  Vous pouvez sotir. Il est permis de sortir.
- **Conseiller**
  Vous pouvez utiliser une carte de crédit.
  Soyez patiente.
  Ne soyez pas habillée de façon trop voyante.
- **Exprimer l'obligation**
  Il faut un passeport pour entrer en France.
  Il faut respecter les panneaux d'interdiction.

GRAMMAIRE

Conjugaison

- **Le présent de « vouloir »** *(p. 70)*

« Vouloir » a trois radicaux au présent : **veu-**, **voul-**, **veul-**.

⚠ Attention à la prononciation
Il veut [ø] ≠ ils veulent [œ]

Sa conjugaison est parallèle à celle de « pouvoir ».

« Vouloir » admet plusieurs constructions :

- **« vouloir » + nom :** Il veut du travail.
- **« Vouloir» + infinitif** si le sujet des deux verbes est le même.
  Elle veut téléphoner. Je veux sortir.

Il faut : l'obligation

« Il faut » est un **verbe impersonnel**. Il n'existe qu'à la 3e personne du singulier. Il admet deux constructions :

- **Il faut + nom**
  Il faut une carte de séjour, pour travailler en France.
- **Il faut + infinitif**
  Il faut travailler, pour avoir de l'argent.

Les compléments du verbe

- **Un complément d'objet direct (COD)** suit immédiatement le verbe.
  Je regarde les panneaux.
- **Un complément d'objet indirect (COI)** est séparé du verbe par une préposition.
  Je parle **à** l'agent.
- Un verbe peut avoir un **COD** et un **COI**.
  J'écris une lettre à mes parents.

Les pronoms compléments d'objet direct

COD	*singulier*	*pluriel*
1re personne	**me, moi**	**nous**
2e personne	**te, toi**	**vous**
3e personne	**le, la, l'**	**les**

- La différence entre le masculin et le féminin se fait seulement à la 3e personne du singulier.
  Ce livre, tu **le** connais ? Ta voiture, tu **la** prêtes ?
- Les pronoms COD se placent entre le sujet et la forme conjuguée du verbe, sauf à l'impératif affirmatif. Les formes **« moi »** et **« toi »** s'utilisent après l'impératif affirmatif. Un trait d'union (-) réunit l'impératif au pronom qui le suit.

  Tu **me** présentes ? Présente-**moi**. Ne **me** présente pas. *(présenter quelqu'un)*
  Tu **l'**as regardé ? Regarde-**le**. Ne **le** regarde pas. *(regarder quelqu'un)*

Les pronoms compléments d'objet indirect

COI	*singulier*	*pluriel*
1re personne	**me, moi**	**nous**
2e personne	**te, toi**	**vous**
3e personne	**lui**	**leur**

- Il n'y a pas de différence entre le masculin et le féminin.
  Les pronoms COI des deux premières personnes ont la même forme que les pronoms COD.
  Les pronoms COI se placent devant la forme conjuguée du verbe sauf à l'impératif affirmatif.

  Il **t'**a parlé. Parle-**moi.** Ne **me** parle pas. *(parler **à** quelqu'un)*
  Il **leur** montre le panneau. Montre-**nous**.
  Ne **lui** montrez pas. *(montrer **à** quelqu'un)*

DOSSIER 6
QU'EST-CE QU'ILS FONT ?

VOUS ALLEZ PARLER DE :
- la vie quotidienne
- les loisirs
- le métier de mannequin

VOUS ALLEZ APPRENDRE À :
- vous situer dans le temps
- demander et dire l'heure
- exprimer des actions en cours, des états, des actions habituelles
- rapporter des événements passés
- exprimer l'appréciation
- faire des propositions

VOUS ALLEZ UTILISER :
- les verbes en *-ir* et les verbes pronominaux au présent
- le passé composé
- des expressions de temps

Emplois du temps !

1 Quelle heure est-il ?

Il est 13 heures à Paris. (= une heure de l'après-midi)

Écoutez et notez l'heure dans ces villes :

1. à San Francisco, **2.** à Montréal, **3.** à Rio,
4. à Dakar, **5.** à Tahiti.

2 Quelle heure est-il dans votre pays ?

1. Quelle heure est-il en ce moment dans votre pays ?
2. Quelle heure est-il à Paris ?
3. Y a-t-il une différence d'heure ? Combien d'heures ?
4. Que font vos parents en ce moment ?
5. Que font vos amis ?

6

3 Qu'est-ce qu'ils font ?

Recopiez le tableau ci-dessous, puis écoutez et notez ce que font les gens.

Noms	Heures	Activités
M. et Mme Jackson		
Denise Laforêt		
Roberto Costa		
Assane Diop		
Sabine Lefort		
Antoine Darmon		

LES EMPLOIS DU PRÉSENT DE L'INDICATIF

Qu'est-ce qu'elle fait ?

• **Pour des actions habituelles**

Elle part de chez elle tous les matins à 7 heures.
(tous les jours, le lundi, le matin)

• **Pour des actions en cours**

Il est 7 heures. Elle part de chez elle.
(maintenant, en ce moment)

⚠ Comparez : le lundi (= tous les lundis) / lundi (= lundi prochain)

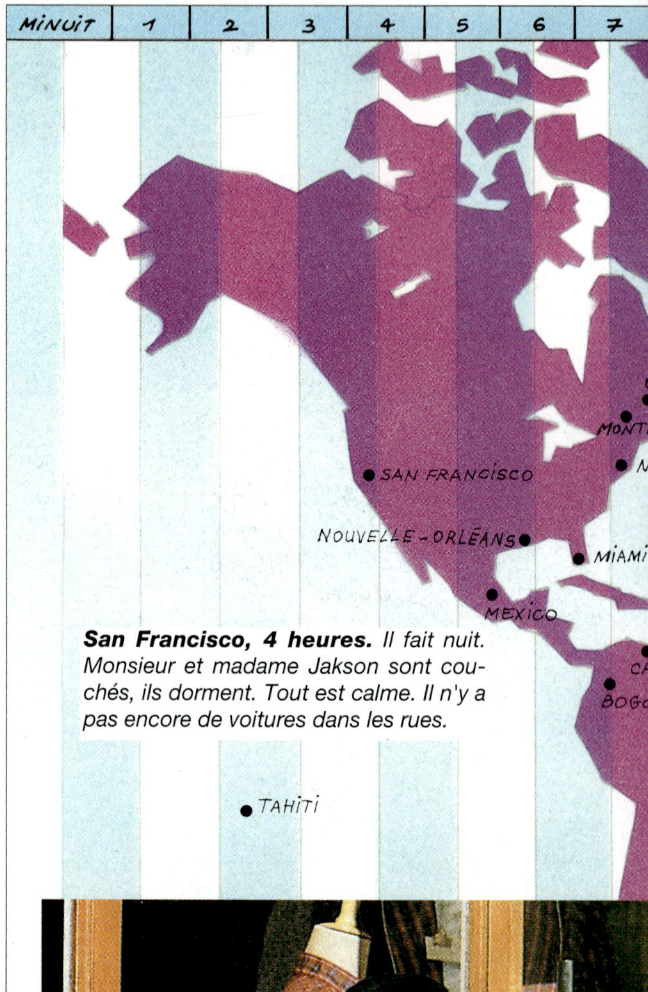

San Francisco, 4 heures. *Il fait nuit. Monsieur et madame Jakson sont couchés, ils dorment. Tout est calme. Il n'y a pas encore de voitures dans les rues.*

Paris, 13 heures. *Il est une heure de l'après-midi à Paris, mais Sabine Lefort ne déjeune pas au restaurant, elle préfère manger un sandwich. Elle fait ses courses entre midi et deux heures. Puis elle revient à son bureau.*

Emplois du temps !

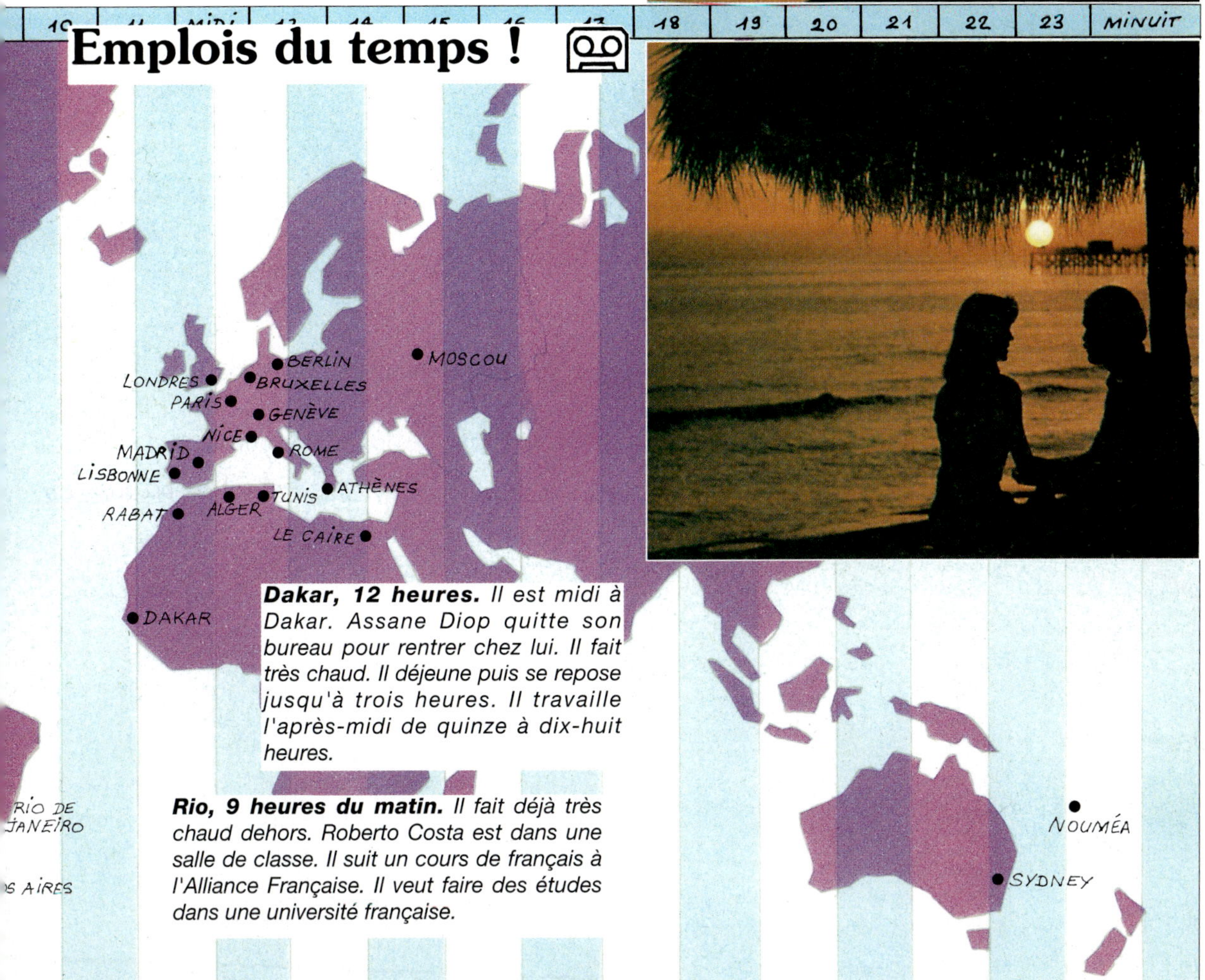

Dakar, 12 heures. *Il est midi à Dakar. Assane Diop quitte son bureau pour rentrer chez lui. Il fait très chaud. Il déjeune puis se repose jusqu'à trois heures. Il travaille l'après-midi de quinze à dix-huit heures.*

Rio, 9 heures du matin. *Il fait déjà très chaud dehors. Roberto Costa est dans une salle de classe. Il suit un cours de français à l'Alliance Française. Il veut faire des études dans une université française.*

6

4 Qu'est-ce que vous faites ?

Ils dorment.—> Qu'est-ce qu'ils font ?

1. Je déjeune.
2. Nous faisons des courses.
3. Elles prennent le bus.
4. On travaille.

LE PRÉSENT DES VERBES EN « -IR »

réguliers	**irréguliers**
Je **fini**s	Je **par**s
Tu choisis	Tu **vien**s
Il / Elle / On réfléchit	Il / Elle / On **dor**t
Nous **finiss**ons	Nous **part**ons
Vous choisissez	Vous **ven**ez
Ils / Elles réfléchissent	Ils / Elles **dorm**ent

Quelle différence y a-t-il entre les radicaux des verbes réguliers et les radicaux des verbes irréguliers en « -ir » ?

5 Qu'est-ce qu'elle fait ?

Imaginez la journée de Madame Comby.

À 8 heures ? —> Elle prend l'autobus.

1. À 9 heures ?
2. À midi ?
3. L'après-midi ?
4. De 5 à 7 heures ?
5. À 8 heures du soir ?
6. Après le dîner ?

6 Dites-nous...

Vous dormez jusqu'à quelle heure le matin ?
—> Je dors jusqu'à 7 heures.

1. Vous partez de chez vous à quelle heure ?
2. À quelle heure est-ce que vous finissez votre travail ?
3. Vous venez souvent en France ?
4. Vous partez en vacances au mois de janvier ?
5. Quand est-ce que vous remplissez des fiches ?

La vie bien réglée de Corinne !

1. Hier, elle a pris son petit déjeuner à 7 heures.
2. Elle est sortie de chez elle à 8 heures 30 et elle a attendu l'autobus.

3. Elle est arrivée au bureau à 9 heures et elle a tapé à la machine jusqu'à midi.
4. Puis, elle a quitté le bureau et elle a déjeuné à 12 heures 30.

5. L'après-midi, elle a répondu au téléphone.
6. Elle a terminé son travail à 6 heures et elle a fait ses courses.

7. Elle est rentrée chez elle à 7 heures et elle a préparé le dîner.
8. Ensuite, elle a regardé la télévision et elle a lu au lit.

7 Qu'est-ce qu'elle a fait hier ?

1. Écoutez et dites ce que Corinne a fait hier matin, hier midi, hier soir.
2. Trouvez les participes passés de tous les verbes que vous entendez. Quels sont les auxiliaires utilisés ?
3. Imaginez ce que Corinne a fait la semaine dernière.

8 Qu'est-ce qu'ils ont fait hier ?

Écoutez et dites ce qu'a fait chaque personne.

1. Denise Laforêt a pris son p.d. et a commencé à ta...
2. Roberto Costa : ....
3. Assane Diop : a quitté ....
4. Sabine Lefort : ....a revenue au bureau
5. Antoine Darmon : ....

Quelques participes passés de verbes irréguliers	avoir —> eu être —> été lire —> lu	pouvoir —> pu prendre —> pris savoir —> su

9 Et vous ?

1. Quel a été votre emploi du temps de la journée d'hier, le matin, à midi, le soir ?
2. Jouez à deux. Préparez cinq questions sur vos emplois du temps respectifs.
—> *Est-ce que tu es sorti(e) ?*
Non, je ne suis pas sortie. J'ai...

RAPPORTER DES ÉVÉNEMENTS PASSÉS : LE PASSÉ COMPOSÉ

Avec la plupart des verbes :

Auxiliaire « **avoir** » + **participe passé**.
Pas d'accord avec le sujet.

Corinne **a** mang**é** un sandwich.
Elle **a** tap**é** à la machine. Elle **a répondu** au téléphone.
Elle **a fait** ses courses.

Avec les 14 verbes suivants et leurs composés :

aller, venir, entrer, sortir, rester, arriver, partir, monter, descendre, passer, retourner, tomber, naître et mourir.

Auxiliaire « **être** » + **participe passé**.
Accord du participe passé **avec le sujet.**

Elle **est** parti**e** à 8 h 30. Ils **sont** rentr**és** à 6 heures.

⚠ À la forme négative : Elle **n'a pas** voul**u** le voir. Elle **n'est pas** ven**ue** chez lui.

Quel est le participe passé des verbes terminé en « **-er** » à l'infinitif ? Quand est-ce qu'on accorde le participe passé ?

Dire l'heure	
officielle	**conversation courante**
une heure	une heure du matin
sept heures	sept heures du matin
douze heures	midi
quinze heures	trois heures de l'après-midi
dix-huit heures	six heures du soir
vingt et une heures	neuf heures du soir
vingt-quatre heures	minuit

Il y a deux façons de dire l'heure.

• L'heure officielle :
la journée se divise en vingt-quatre heures. C'est l'heure des horaires de train, de bus, de spectacles...

• L'heure de la conversation courante :
la journée se divise en deux fois douze heures : de une heure du matin à midi et de une heure de l'après-midi à minuit.

Dire les minutes

cinq heures dix

cinq heures et quart

cinq heures et demie

six heures moins vingt-cinq

six heure moins le quart

six heures moins cinq

6

10 À quelle heure y a-t-il un train ?

Étudiez l'horaire des trains et répondez aux questions. Utilisez l'heure officielle.

1. À quelle heure y a-t-il des trains de Paris à Montluçon le matin ?
2. Quand arrivent-ils à Montluçon ?
3. Quand arrive le dernier train pour Montluçon ?
4. Dans quel train peut-on déjeuner ?
   À quelle heure est-ce qu'il part ?
   À quelle heure est-ce qu'il arrive ?
5. Vous voulez être à Bourges pour dîner. Quels trains pouvez-vous prendre ?

SUD-OUEST

Paris-Vierzon-Montluçon

		✕	(A)		✕		
6 25	9 **03**	**12 36**	**17 05**	**18 a 20**	**19 a 02**	**21 06**	Paris-Austerlitz
8 04	**10 54**	**14 14**	**18 34**	**20 a 06**	**20 a 44**	**22 52**	Vierzon
8 50	**11 28**	15 03	19 c 00	**20 41**	21 30	23 22	Bourges
9 51	13 29	**15 55**	20 17	—	**22 a 28**	0 33	Montluçon

11 Au téléphone.

Écoutez ces trois conversations téléphoniques et dites :

- d'où la personne téléphone ;
- l'heure qu'il est ;
- ce que la personne fait.

LA ROUE  TOURNE

6

1 Thierry change de style.

Comment est-il habillé dans la journée et le soir ? Regardez les images 2 et 12.

2 Qu'est-ce qu'on voit sur la bande dessinée ?

1. L'action se passe dans cinq endroits. Quels sont-ils ? (Dessins 1, 2, 6, 9, 10.)
2. Que font Émilie et Thierry dans chaque endroit ?

3 Rétablissez la vérité.

Écoutez l'enregistrement et corrigez ces affirmations.

1. Thierry sort avec Émilie tous les samedis. *c'est faux*
2. Émilie veut aller faire du vélo avec Thierry. *" "*
3. Ils vont à la poste pour envoyer un paquet. *c'est vrai*
4. Émilie veut passer la soirée à la piscine. *faux*
5. On n'attend pas beaucoup aux guichets des postes. *faux*
6. Il y a beaucoup de distractions dans les villes de province. *"*
7. Il est minuit et Émilie veut rentrer chez elle. *"*
8. Thierry se lève tard le dimanche matin. *"*

4 Comment exprimer le temps.

Dans le dialogue, relevez les expressions de temps.

Passé	Présent
hier hier matin / soir la semaine dernière le mois dernier	aujourd'hui ce matin / ce soir cette semaine ce mois-ci

5 Ils le disent comment ?

Écoutez les six phrases et dites à quel acte de parole elles correspondent.

1. Refuser indirectement.
2. Demander l'opinion de quelqu'un.
3. Exprimer une intention.
4. Proposer une sortie.
5. Accepter une proposition.
6. Attirer l'attention.

6 C'est déjà arrivé !

Mettez les phrases au passé.
Changez les expressions de temps.

Ce matin, Émilie téléphone à Thierry.
—> Hier matin, Émilie a téléphoné à Thierry.

1. Cet après-midi, Émilie et Thierry font des courses.
2. Ce soir, Thierry danse avec Émilie.
3. Dimanche prochain, Thierry fait du vélo.
4. Samedi prochain, Thierry sort avec Émilie.
5. Ce mois-ci, Thierry change de style.

7 Qu'est-ce qu'ils ont fait ?

Racontez l'histoire au passé dans l'ordre des événements. Utilisez : d'abord, puis, ensuite, enfin...

D'abord, Émilie a téléphoné à Thierry : elle lui a demandé de sortir avec elle...

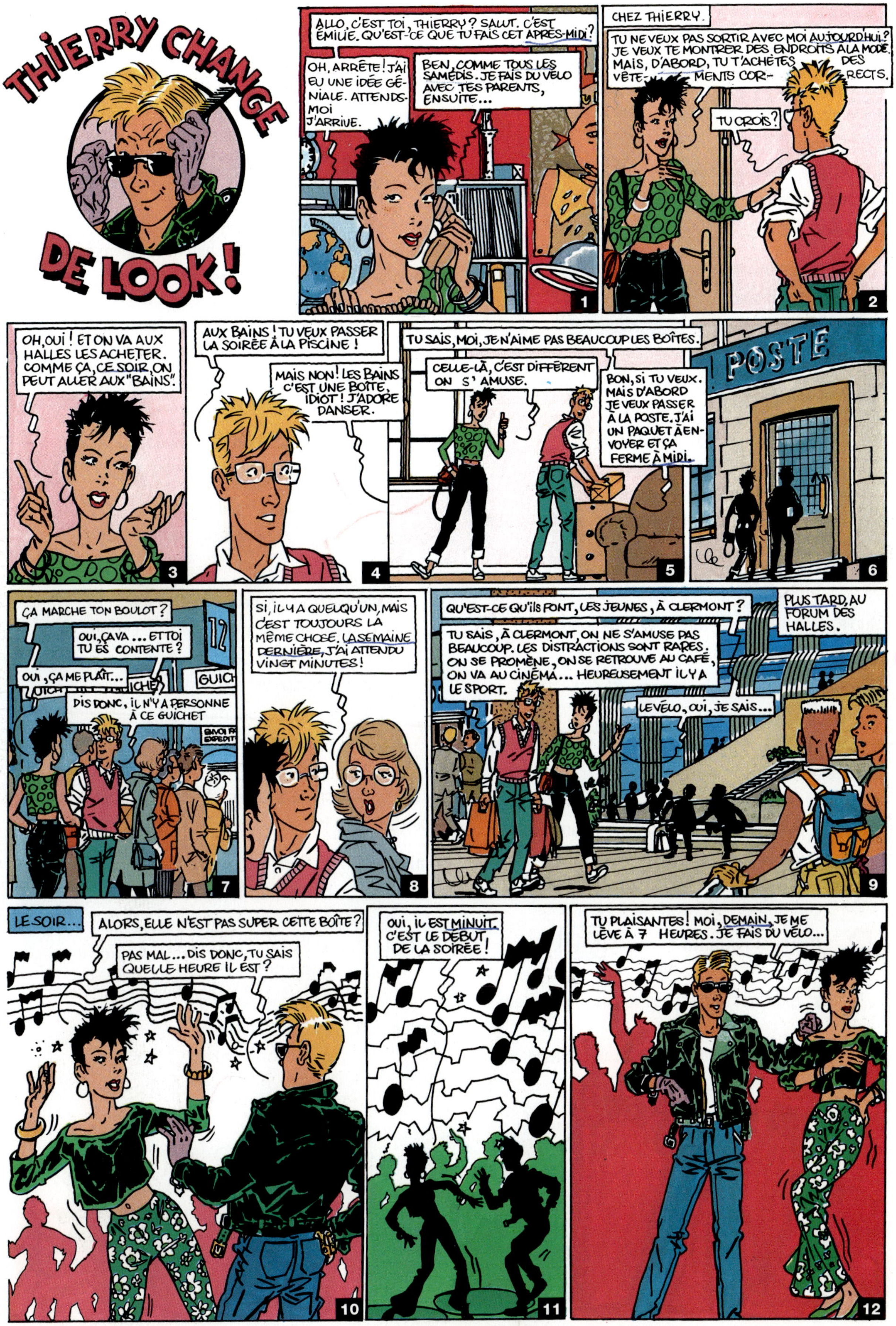

THIERRY CHANGE DE LOOK!
ALLO, C'EST TOI, THIERRY? SALUT. C'EST ÉMILIE. QU'EST-CE QUE TU FAIS CET APRÈS-MIDI?
BEN, COMME TOUS LES SAMEDIS. JE FAIS DU VÉLO AVEC TES PARENTS, ENSUITE...
OH, ARRÊTE! J'AI EU UNE IDÉE GÉNIALE. ATTENDS-MOI J'ARRIVE.
1
CHEZ THIERRY.
TU NE VEUX PAS SORTIR AVEC MOI AUJOURD'HUI? JE VEUX TE MONTRER DES ENDROITS À LA MODE. MAIS, D'ABORD, TU T'ACHÈTES DES VÊTEMENTS CORRECTS.
TU CROIS?
2
OH, OUI! ET ON VA AUX HALLES LES ACHETER. COMME ÇA, CE SOIR, ON PEUT ALLER AUX "BAINS".
3
AUX BAINS! TU VEUX PASSER LA SOIRÉE À LA PISCINE!
MAIS NON! LES BAINS C'EST UNE BOÎTE, IDIOT! J'ADORE DANSER.
4
TU SAIS, MOI, JE N'AIME PAS BEAUCOUP LES BOÎTES.
CELLE-LÀ, C'EST DIFFÉRENT ON S'AMUSE.
BON, SI TU VEUX. MAIS D'ABORD JE VEUX PASSER À LA POSTE. J'AI UN PAQUET À ENVOYER ET ÇA FERME À MIDI.
5
POSTE
6
ÇA MARCHE TON BOULOT?
OUI, ÇA VA... ET TOI TU ES CONTENTE?
OUI, ÇA ME PLAÎT...
DIS DONC, IL N'Y A PERSONNE À CE GUICHET
7
SI, IL Y A QUELQU'UN, MAIS C'EST TOUJOURS LA MÊME CHOSE. LA SEMAINE DERNIÈRE, J'AI ATTENDU VINGT MINUTES!
8
PLUS TARD, AU FORUM DES HALLES.
QU'EST-CE QU'ILS FONT, LES JEUNES, À CLERMONT?
TU SAIS, À CLERMONT, ON NE S'AMUSE PAS BEAUCOUP. LES DISTRACTIONS SONT RARES. ON SE PROMÈNE, ON SE RETROUVE AU CAFÉ, ON VA AU CINÉMA... HEUREUSEMENT IL Y A LE SPORT.
LE VÉLO, OUI, JE SAIS...
9
LE SOIR...
ALORS, ELLE N'EST PAS SUPER CETTE BOÎTE?
PAS MAL... DIS DONC, TU SAIS QUELLE HEURE IL EST?
10
OUI, IL EST MINUIT. C'EST LE DÉBUT DE LA SOIRÉE!
11
TU PLAISANTES! MOI, DEMAIN, JE ME LÈVE À 7 HEURES. JE FAIS DU VÉLO...
12

6

6

8 Quelles en sont les raisons ?

1. Pourquoi est-ce qu'Émilie a téléphoné à Thierry ?
2. Pourquoi est-ce qu'ils ont acheté des vêtements pour Thierry ?
3. Pourquoi est-ce que Thierry est allé à la poste ?
4. Pourquoi est-ce que Thierry a voulu quitter « la boîte » à minuit ?

LES VERBES PRONOMINAUX AU PRÉSENT

Je **me** lève	Nous **nous** regardons
Tu **t'**habilles	Vous **vous** amusez
Il / Elle / On **se** promène	Ils / Elles **s'**arrêtent

Est-ce que le pronom de la 3e personne est différent au masculin et au féminin, au singulier et au pluriel ?

9 Qu'est-ce qu'il fait le dimanche ?

Étudiez le tableau des verbes pronominaux et complétez les phrases.

1. Je ...... à 7 heures le dimanche. (se lever)
2. Ensuite, je ...... (s'habiller)
3. Puis, mes amis et moi, nous ...... vers 9 heures. (se retrouver)
4. Quand il fait beau, nous ...... (se promener)
5. On ...... dans des endroits agréables. (s'arrêter)
6. Et vous, est-ce que vous ...... le dimanche ? (s'amuser)

10 Quel est l'infinitif ?

1. Écoutez et donnez l'infinitif des verbes pronominaux entendus.
2. Avec quel auxiliaire est-ce qu'on forme le passé composé des verbes pronominaux ?

11 Donnez une bonne raison !

Vous proposez à un(e) ami(e) de sortir avec vous. Donnez une raison.

Tu viens te promener cet après-midi. Il fait beau.
—> J'ai envie de sortir.

1. Tu es libre ce soir ? (endroit à la mode)
2. Viens dans les magasins. (acheter des vêtements)
3. Allons au café. (retrouver des amis)
4. Tu veux aller dans cette boîte ? (super)
5. On peut aller aux « Bains ». (s'amuser)

12 Refusez !

Vous refusez une invitation et vous donnez une bonne raison pour ne pas vexer votre ami(e).

Tu n'as pas envie d'aller en boîte ce soir ?
—> Je ne peux pas. J'ai un examen demain matin.
—> Non, je n'aime pas danser.

1. On reste jusqu'à deux heures du matin ?
2. Il y a une belle exposition à Beaubourg. On va la voir ?
3. On part à la campagne samedi ?
4. Tu viens à la piscine cet après-midi ?

13 Que veut faire la personne ?

Écoutez chacun de ces trois dialogues et dites ce que veut faire la personne.

Dialogue 1. : **a.** Faire une proposition.
b. Demander de l'information.
c. Donner son accord.

Dialogue 2. : **a.** Exprimer sa déception.
b. Refuser.
c. Donner une information.

Dialogue 3. : **a.** Donner un ordre.
b. Proposer de l'aide.
c. Proposer une sortie.

se saluer

s'ennuyer

se promener

s'amuser

se séparer

NOTRE SÉLECTION DE LA SEMAINE

Opéra
Au théâtre de l'Opéra, *Carmen*, de Bizet. Les 25 avril et 1er mai à 18 heures.

Théâtre
À la Comédie-Française, *Le Malade imaginaire*, de Molière. Les 27 avril, 6 et 9 mai à 20 heures 30. Les 2 et 5 mai à 14 heures.

Cinéma
À l'Épée de bois, *Les Ailes du désir*, de Wim Wenders. Film à 14 heures, 16 heures 30, 19 heures, 21 heures 30.
Au 14-Juillet-Odéon, *Au revoir les enfants*, un film de Louis Malle. Film à 15 heures, 17 heures, 19 heures.

Musique
À la salle Pleyel, concert Debussy. Jeudi 4 mai à 20 heures 30.
Au Palais omnisports de Paris-Bercy, concert de rock. Vendredi 5 mai à 21 heures. Prix des places : 150 francs, 100 francs pour les étudiants.
Au Zénith, Bernard Lavilliers. Tous les jours à 20 heures 30, sauf dimanche à 16 heures.

Exposition
Au musée Picasso, *Pablo Picasso, la période bleue*. Tous les jours (sauf mardi) de 9 heures 15 à 17 heures 15, mercredi jusqu'à 22 heures.

Sport
Au Parc des Princes, Finale de la Coupe de France de football. Samedi 6 mai à 20 heures 30.

14 Jeu de rôle. Voulez-vous sortir avec moi ?

Étudiez cette sélection de spectacles et proposez à un(e) autre étudiant(e) de sortir avec vous. S'il / elle accepte, fixez l'heure et le lieu du rendez-vous.

- Demandez s'il / elle est libre.
- Faites votre proposition. Vous pouvez donner une raison.
- Votre partenaire peut accepter ou refuser. En cas de refus, il / elle donne une raison.

6

DES SONS ET DES LETTRES

Lettres muettes au présent

a) Verbes en **-er**
Une seule prononciation pour :

Je / Il / Elle / On	déjeun-	**e**
Tu		**es**
Ils / Elles		**ent**

b) Autres verbes (sauf « être, avoir, aller »)
Une seule prononciation pour les trois personnes du singulier :

Je / Tu fai**s**	Il / Elle fai**t**
Je / Tu pren**ds**	Il / Elle pren**d**
Je / Tu dor**s**	Il / Elle dor**t**

Changement de [ə] à [ɛ]

Se lever	—>	Je me lèv(e)
Nous nous levons	—>	Elles se lèv(ent)
S'appeler	—>	Tu t'appell(es)
Vous vous appelez	—>	Ils s'appell(ent)

❒ Écoutez et complétez le texte.

Elle se lève à sept heures et elle prend son petit déjeuner. Ensuite elle se lave. À neuf heures, elle va travailler. Entre midi et deux heures, elle mange un sandwich et elle fait ses courses. Vers cinq heures, elle rentre chez elle à pied. Le soir, elle se couche à dix heures et elle lit avant de dormir.

ANTICIPEZ

1 De quoi s'agit-il ?

1. Regardez les photos et le titre, dites quel est le métier d'Agnès.
2. Lisez rapidement le texte en entier et dites :
   a. quel âge a Agnès,
   b. à quelle heure elle se lève tous les matins,
   c. ce qu'elle a fait à 2 heures de l'après-midi,
   d. où elle est allée à 5 heures,
   e. qui a sonné à 8 heures.

Un défilé de mode (Louis Féraud).

METTEZ EN ORDRE

2 Quel est l'emploi du temps d'Agnès ?

Mettez ces événements dans le bon ordre.

1. Agnès prend un petit déjeuner léger.
2. Agnès attend avec sept autres jeunes filles.
3. Agnès fait sa gymnastique comme tous les jours.
4. Agnès et Laurent retrouvent leurs amis au restaurant.
5. Agnès se maquille avec soin et met une belle robe.
6. Agnès se couche tôt.

RECHERCHEZ LES FAITS

3 À quel moment ?

Cherchez les indications de temps dans le texte puis, en face de chaque indication, écrivez ce que fait Agnès.

Il est sept heures, Agnès se lève. Puis, à neuf heures...

4 Quels sont les infinitifs ?

Écrivez les infinitifs des verbes des phrases suivantes.

1. On se lève tôt.
2. Elle met une tenue décontractée.
3. Sept jeunes filles attendent déjà.
4. Elle s'assoit.
5. Elle lit un magazine.
6. On rit.
7. Elle ne peut pas se coucher tard.

5 À quoi se rapportent les « on » du texte ?

à la ligne 1, on = une personne, un mannequin

à la ligne 16	à la ligne 28	à la ligne 56
à la ligne 27	à la ligne 53	à la ligne 57

INTERPRÉTEZ

6 Qu'en pensez-vous ?

1. Pourquoi est-ce qu'Agnès se lève tôt ?
2. Où va-t-elle d'abord quand elle part de chez elle le matin ?
3. Que veut dire « c'est d'accord » à la ligne 18 ?
4. Pourquoi est-ce qu'elle doit sourire si elle a froid ?
5. Pourquoi est-ce qu'un mannequin doit se coucher tôt ?
6. Est-ce que la vie d'un mannequin est agréable ? Pourquoi ?

7 Interview.

Vous devez interviewer Agnès pour écrire un article sur le métier de mannequin dans un magazine. Préparez les questions que vous allez lui poser.
Si vous le pouvez, interviewez un(e) autre étudiant(e) dans le rôle du mannequin.

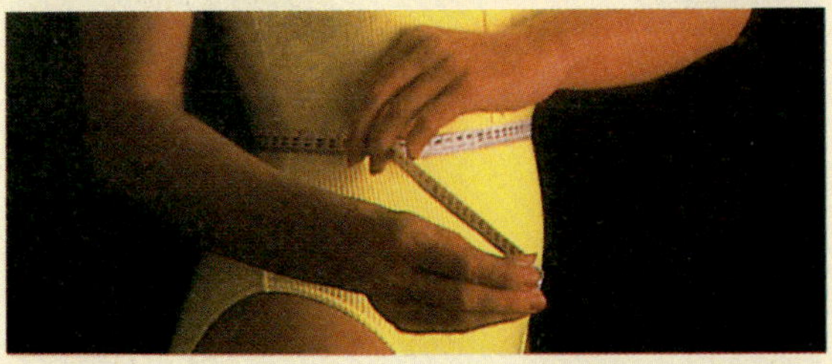

MANNEQUIN
Quel beau métier !

Sept heures. On se lève tôt quand on est mannequin. Agnès, 19 ans, prend un café sans sucre, puis elle se maquille et met une tenue décontractée : jean et sweat à fleurs.

Sa journée commence par une séance de gymnastique dans une salle de son quartier. Puis, à 9 heures, Agnès va à son premier rendez-vous. Sept jeunes filles attendent déjà. Ça va être long. Patience ! Elle s'assoit et lit un magazine. Enfin, on l'appelle. C'est pour présenter des tenues de tennis. C'est d'accord. Elle note la date et l'heure de la séance de photos.

Elle sort. Il est déjà midi. Aujourd'hui elle a le temps de déjeuner. Salade, jambon, biscotte : il faut faire attention à sa ligne !

À 14 heures, elle présente des robes d'été à Beaubourg. On la maquille. On est en février. Il faut sortir dans le froid et poser avec une jolie robe légère, comme au mois d'août. Et il faut sourire !

À 5 heures, elle a un autre rendez-vous, à l'autre bout de la ville. Une demi-heure de métro et un quart d'heure d'autobus. Au studio, elle écoute avec attention les explications du metteur en scène sur le scénario de la publicité à tourner. Est-ce qu'elle peut danser, se mettre en colère, dire un texte ? Oui ? Alors elle va faire un essai devant la caméra.

Elle rentre chez elle. Il est déjà tard. Elle est fatiguée. Elle dîne avec Laurent ce soir. Vite, elle a juste le temps de prendre un bain et de se préparer : maquillage sophistiqué et robe du soir.

Il est déjà 8 heures ! On sonne. C'est Laurent. Il est toujours à l'heure…

On rencontre des amis au restaurant. On parle, on rit, on s'amuse. C'est le moment agréable de la journée. Mais il est si vite 10 heures ! Il faut rentrer. Un mannequin ne peut pas se coucher tard. La mauvaise mine, c'est le chômage !

Comment se passent vos journées ?

8 Une journée ordinaire

Vous décrivez à un(e) correspondant(e) français(e) votre vie de tous les jours. Vous voulez montrer la régularité et la monotonie des jours de la semaine.

■ **Avant d'écrire votre texte...**

Faites la liste de vos activités quotidiennes.

■ **Écrivez votre texte.**

1. Utilisez des expressions de temps pour bien marquer les heures de la journée et la succession des actions : d'abord, ensuite, puis, après, enfin....
2. Utilisez des expressions pour marquer la régularité, la répétition, la monotonie : tous les matins, tous les jours, à la même heure, la même chose, les mêmes personnes, de la même manière....

■ **Critiquez et améliorez votre texte.**

9 Une vie extraordinaire...

Vous avez passé une semaine extraordinaire. Écrivez un texte pour souligner la variété et la fantaisie de votre dernière semaine.

Utilisez des expressions comme : « lundi dernier, jeudi soir, jamais la même chose, pas à la même heure... ».

COMMUNICATION

- **Demander et dire l'heure**
  Il est deux heures et quart.
  Il est trois heures et demie.
  Il est quatre heures moins le quart.
  Il est midi / minuit.
  Il est cinq heures dix de l'après-midi.
  Il est dix-sept heures dix.
- **Exprimer des états**
  Il fait chaud. Il fait froid.
- **Exprimer des actions habituelles**
  Elle fait ses courses tous les jours à six heures
- **Exprimer des actions en cours**
  Elle fait ses courses. (en ce moment)
- **Exprimer des événements passés**
  Elle a commencé à travailler à neuf heures.
  Elle est sortie à cinq heures.
- **Proposer de faire quelque chose**
  Tu ne veux pas sortir avec moi ce soir ?
  Tu es libre ce soir ? Qu'est-ce que tu veux faire ?
- **Hésiter à accepter**
  Tu crois ?
  Tu sais, moi, je n'aime pas beaucoup les boîtes.
- **Apprécier**
  Pas mal. Elle n'est pas super, cette boîte ?

GRAMMAIRE

Conjugaison

- **le présent des verbes en « -ir »** *(p. 83)*

Je **fin**is	Nous **finiss**ons
Tu finis	Vous finissez
Il / Elle finit	Ils / Elles finissent

⚠ Il existe deux types de verbes en «-ir» :

- les verbes comme « finir, blanchir... » sont réguliers (2e groupe).
  Le deuxième radical est toujours en « -iss » ;
- les verbes comme « partir, sortir, venir, mourir... » sont irréguliers (3e groupe).

- **les verbes pronominaux au présent**

Je **me** réveille	Nous **nous** habillons
Tu **te** lèves	Vous **vous** préparez
Il **se** rase	Elles **se** maquillent

Le verbe est accompagné d'un pronom réfléchi de même personne que le sujet.
On distingue deux sens.
- Le sujet fait l'action pour lui-même.
  L'enfant se lave les mains.
- L'action est réciproque. Ils se battent.

Les emplois du présent

On emploie le présent pour décrire :
- **des actions habituelles :**
  Elle part à sept heures (tous les jours).
- **des actions en cours :**
  Elle déjeune au restaurant (en ce moment).

La formation du passé composé

Le passé composé permet de rapporter des **événements passés.**

1. **La plupart des verbes** prennent l'auxiliaire **« avoir »** :
   avoir (au présent) **+ participe passé**

J'ai commencé.	Nous avons lu.
Tu as mangé.	Vous avez fini.
Elle a vu.	Ils ont travaillé.

⚠ On ne fait **pas l'accord** du participe passé avec le sujet.

2. **Quatorze verbes** (et leurs composés) prennent l'auxiliaire **« être »** :
   aller, venir, entrer, sortir, rester, arriver, partir, monter, descendre, passer, retourner, tomber, naître et mourir.
   être (au présent) **+ participe passé**

Je suis arriv**é(e)**.	Nous sommes sort**i(e)s**.
Tu es part**i(e)**.	Vous êtes reven**u(e)s**.
Elle est mont**ée**.	Elles sont pass**ées**.

⚠ On fait l'**accord** du participe passé **avec le sujet.**

Les expressions de temps

- **passé :** hier, hier matin / soir, la semaine dernière, le mois dernier...
- **présent :** aujourd'hui, ce matin, ce soir, cette semaine, ce mois-ci.

6 | e

1 Ce soir, on sort !

Écoutez le dialogue, puis choisissez **a**, **b** ou **c**.

1. Jean-Pierre
  a. invite Anne chez des amis.
  b. veut présenter son amie à ses parents.
  c. veut sortir ce soir.

2. À la soirée,
  a. il est interdit de porter des vêtements de soirée.
  b. il faut être habillé correctement.
  c. on s'habille comme on veut.

3. Anne lui donne rendez-vous :
  a. chez des amis.
  b. au café près de chez elle.
  c. à côté de chez ses amis.

2 Qu'est-ce qu'ils veulent faire ?

Complétez. Inventez chaque fois une phrase. Utilisez le verbe « vouloir » et un pronom complément.

leurs amis : Ils... —> Ils veulent les attendre.

1. le chemin : Elle...	**4.** les magazines : Tu...
2. les robes : Elles...	**5.** ce musée : Nous...
3. ce taxi : Ils...	**6.** sa sœur : Il...

DES MOTS ET DES FORMES

5 Complétez avec des pronoms personnels.

Je ne sais pas où est ma sœur. Je ...... cherche partout. Je ...... ai téléphoné souvent. Elle ne ...... répond pas. Elle n'est pas chez .... Elle n'est pas chez nos parents. Je ...... ai téléphoné pour vérifier.
Mais il ne faut pas s'inquiéter, ses amis ...... voient demain.

6 Complétez avec la forme correcte du verbe entre parenthèses.

Mes amis *se lèvent* à 7 heures, puis ils (se laver) et (prendre) leur petit déjeuner. À 8 heures, ils (aller) travailler. Ils (déjeuner) à 1 heure et (travailler) l'après-midi de 2 heures à 5 heures. Le soir, ils (dîner) tôt. Ils (ne pas sortir) beaucoup. Ce soir, ils (venir) chez moi.

3 Un(e) ami(e) passe un examen.

Donnez-lui des conseils (vêtements, arriver à l'heure...).

4 Qu'est-ce qu'il a fait hier ?

Dites ce qu'il a fait en 60 à 80 mots, où, quand...

7 Jamais content !

Complétez avec des pronoms compléments. Puis, écrivez les réponses. Utilisez des pronoms personnels dans vos réponses.

1. Tu aimes ma nouvelle voiture ? Je ...... ai depuis un mois ! —> trouver classique.
2. Et mon nouveau tapis ? Je ...... ai ramené de Turquie. —> ne pas voir.
3. Et mes tableaux ? Je ...... ai mis dans mon salon. —> ne pas aimer.
4. Dis-moi, tu as décidé de ...... dire des choses désagréables ! —> donner son avis.

DOSSIER 7

DE QUOI AVEZ-VOUS BESOIN ?

VOUS ALLEZ PARLER DE :
- la santé, l'alimentation, le restaurant
- l'organisation d'une randonnée

VOUS ALLEZ APPRENDRE À :
- exprimer la quantité
- exprimer des goûts et des préférences
- exprimer l'intention et la probabilité
- conseiller

VOUS ALLEZ UTILISER :
- les verbes en *-ger* et *-eter*, *boire*, au présent
- le futur simple
- le futur proche
- les articles partitifs
- des quantificateurs et le pronom *en*

Savez-vous manger ?

1 De quoi avons-nous besoin ?

Regardez la page 97. Étudiez les mots.

2 À quel groupe appartiennent-ils ?

Écoutez l'enregistrement et classez ces aliments sans regarder le tableau.

Le mouton —> C'est un aliment du premier groupe.

1. Le pain
2. Le veau
3. Les gâteaux
4. Le fromage
5. Les carottes
6. Le yaourt
7. la salade
8. Les œufs

L'ARTICLE DÉFINI

Sens général

J'aime / Je n'aime pas	**le**	poisson.
	la	viande.
	l'	eau.
	les	pâtes.

L'ARTICLE PARTITIF

Sens restrictif

Je veux	**du**	poisson.
	de la	viande.
	de l'	eau.
	des	pâtes.
Je ne veux pas	**de**	frites.
	d'	oranges.

3 Est-ce que vous aimez ça ?

Jouez à deux et comparez vos goûts.

Vous aimez le yaourt ?
—> Oui, j'aime ça. / Non, je n'aime pas ça.
Vous mangez du yaourt ? Non, je ne mange pas de yaourt.

1. Les oranges
2. Le fromage
3. Les pommes de terre
4. Le lait
5. Le porc
6. Les pâtes
7. Le riz
8. L'eau

4 Que mangez-vous ?

Demandez à un(e) autre étudiant(e) ce qu'il / elle a mangé et bu au petit déjeuner, à midi, et hier soir.

Tu as bu du café au lait hier matin ?
—> Non, je n'aime pas le café. J'ai pris du thé.

5 Qu'est-ce qu'il / elle prend aux trois repas ?

Complétez avec un article défini ou un article partitif.

Le matin, au petit déjeuner, je prends .... thé ou .... café au lait avec deux morceaux .... sucre et .... croissants. Je ne prends pas .... confiture.
À midi, au déjeuner, je mange .... viande ou .... poisson et .... légumes. Je prends souvent .... fromage. Je bois .... eau. Je n'aime pas .... vin.
Le soir, au dîner, je ne mange pas .... viande. Je prends .... œufs ou .... poisson. Je ne mange pas beaucoup .... pain.

NOTRE TEST

Regardez le document de la page 97.
Choisissez une des trois réponses proposées (A, B ou C).

1. Par jour un adulte a besoin de :
A – 3 000 calories. B – 1 800 calories. C – 2 400 calories.

2. Chaque jour il faut boire :
A – 2 verres de vin. B – 1 litre et demi d'eau. C – 1 litre de lait.

3. Un quart de baguette de pain est l'équivalent de :
A – 100 g de fromage. B – 100 g de pommes de terre.
C – 1 biscotte.

4. Entre les repas, vous pouvez manger :
A – du pain avec du fromage. B – des gâteaux secs.
C – un yaourt ou une pomme.

5. Le plat préféré des Français est le bifteck-frites. Est-ce que c'est un plat équilibré ?
A – Oui. B – Non.

Réponses :

1. C – 2. B – 3. A – 4. C – 5. B.

Savez-vous manger ?

Pour être en bonne santé nous avons besoin d'un régime alimentaire équilibré et de 2 000 à 2 500 calories environ par jour. Mais savez-vous ce que vous mangez ?

On peut classer les aliments en quatre grands groupes.

Groupe 1 La viande, le poisson, les œufs...

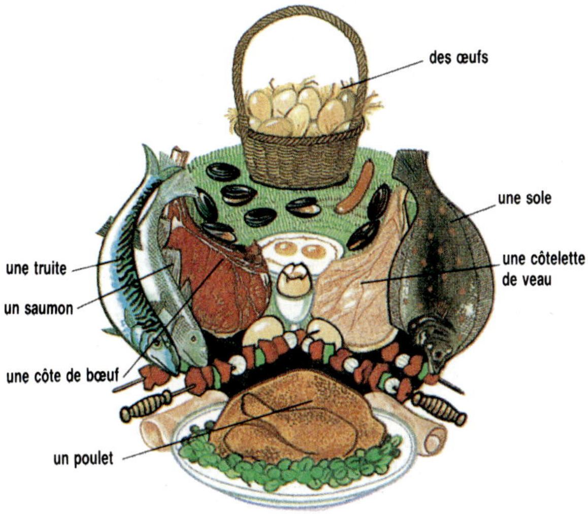

... sont riches en protéines.

Groupe 2 Les fruits et les légumes verts...

... contiennent beaucoup de vitamines.

Groupe 3 Le lait et le fromage...

... contiennent beaucoup de vitamines.

Groupe 4 Les céréales et les légumes secs...

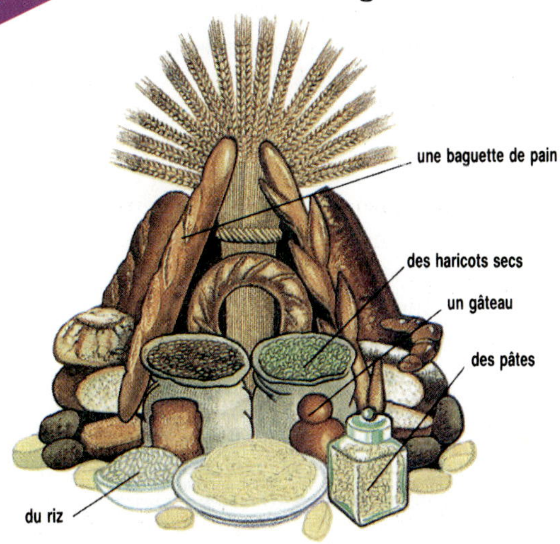

... sont riches en protéines.

7

– Tu bois de l'eau ? – Oui, j'en bois beaucoup.
– Prends du pain ! – Non, je n'en mange pas.
– Tu veux des frites ? – Non, merci, je n'en veux pas.
– Tu fais un régime ? – Oui, j'en fais un depuis hier.

LE PRONOM « EN »

• **en = de + nom**

– Tu veux du sel ? de l'eau ? des pâtes ?
—> Oui, j'**en** veux. = Je veux (du sel).
—> Non, je n'**en** veux pas. = Je ne veux pas (de sel).

6 Combien y a-t-il de calories ?

1. Dans 50 grammes de fromage ?
2. Dans 200 grammes de pommes de terre ?
3. Dans 2 verres de vin ?
4. Dans 2 œufs ?
5. Dans un verre d'eau ?

Quantité	**Nombre de calories**
100 g de viande	200 c.
100 g de poisson maigre (sole, truite)	90 c.
100 g de poisson gras (sardine, saumon)	200 c.
1 œuf	75 c.
100 g de pain	260 c.
100 g de pâtes	375 c.
100 g de légumes secs	350 c
1 biscotte	25 c.
1 litre d'eau	0 c.
1 tomate	24 c.
1 salade	20 c.
1 carotte	45 c.
100 g de pommes de terre	90 c.
1 banane	70 c.
1 orange / pomme / poire	60 c.
1 litre de lait	630 c.
100 g de fromage	350 c.
1 kilo de beurre	900 c.
1 litre d'huile	900 c.
1 verre de vin / champagne	100 c.

Les verbes en -ER : formes particulières

• Je mange, nous mang**e**ons
Et aussi : Nous chang**e**ons, nous boug**e**ons…
• J'ach**è**te [ɛ], nous ach**e**tons [ə]

7 Non, merci !

Dites poliment que vous n'en voulez pas.

Tu prends des frites ? —> Non, merci, je n'en prends pas.

1. Vous voulez du fromage ?
2. Vous buvez du vin ?
3. Tu veux des gâteaux secs ?
4. Prends du café.
5. Vous prenez du sucre ?
6. Bois un peu de thé.

8 Qu'est-ce que vous mangez ?

Est-ce que vous mangez des légumes avec votre viande ?
—> Oui, j'en mange. / Non, je n'en mange pas.

Est-ce que vous…
1. mettez du sucre dans votre café ?
2. mangez du pain avec des légumes ?
3. mettez du lait dans votre café ?
4. prenez de la salade avec votre fromage ?
5. mettez de l'eau dans votre vin ?
6. mangez de la viande avec du poisson ?
7. mangez du pain avec les pâtes ?

LE PRÉSENT DE « BOIRE »

Je **bois**	Nous **buv**ons
Tu bois	Vous buvez
Il / Elle / On boit	Ils / Elles **boiv**ent

Participe passé : **bu** —> Ils ont bu du cidre.

L'EXPRESSION DE LA QUANTITÉ

• Combien de... ?

Combien d'eau est-ce que tu bois par jour ?	—>	J'**en** bois **un** litre.
Combien de sucre est-ce que vous voulez ?	—>	J'**en** veux **deux** morceaux.
Combien de pommes est-ce que vous prenez ?	—>	J'**en** prends **trois** kilos.

• Un peu de lait / **d'**eau ≠ **Beaucoup de** lait / **d'**eau

Tu bois beaucoup d'eau ?	—>	Oui, (j'en bois) beaucoup. / Non, (je n'en bois) pas beaucoup.
Tu mets du lait dans ton café ?	—>	Oui, (j'en mets) un peu. / Non, je n'en mets pas.

9 Combien est-ce que vous en voulez ?

1. Écoutez la conversation.
Qu'est-ce qu'elle veut ?
Combien est-ce qu'elle en veut ?

2. Jouez la scène à deux.
Utilisez : beaucoup, un peu, combien...

a. 200 grammes de fromage
b. une livre de haricots (= un demi-kilo)
c. une bouteille de lait
d. un litre d'eau
e. trois paquets de biscottes

11 Jeu de rôle. Faites vos courses.

Vous invitez des amis.

1. Composez le menu, puis préparez votre liste de courses. Indiquez les quantités nécessaires.

2. Vous allez chez les commerçants pour acheter ce qu'il vous faut.
Jouez les scènes à deux. Changez de rôle chaque fois.

7

10 Au restaurant.

Écoutez le dialogue et répondez aux questions.

1. Pourquoi est-ce que la femme ne veut pas de poisson ?
2. Pourquoi est-ce qu'elle ne veut pas de viande ?
3. Qu'est-ce qu'elle veut ?
4. Quel est le problème ?

LA ROUE  TOURNE

7

1 De quoi discutent-ils ?

Regardez les dessins et essayez de deviner.

1. Où se passe la scène principale ? (dessins 3 à 8)
2. Qui sont les gens du dessin 3 ?
3. Qui est l'homme à la veste verte ?
4. Qu'est-ce que les membres du club préparent ?

2 Rétablissez la vérité.

Écoutez l'histoire et corrigez ces affirmations.

1. Émilie veut aller au club avec ses parents.
2. Thierry prend la parole pour donner des conseils aux autres.
3. Ils vont déjeuner tous les jours au restaurant.
4. Ils n'ont pas besoin d'emporter de nourriture.
5. Il faut prendre des couvertures parce qu'il fait froid.

LE FUTUR PROCHE

• **Aller + infinitif**
Demain, ils **vont faire** une randonnée.
Vite ! Le train **va partir**.

Le futur proche exprime une intention ou **un événement futur** considéré comme **presque certain**.

3 Qu'est-ce qui va se passer ?

Ajoutez une raison. Utilisez des futurs proches.

Prenez un sac de couchage, il... —> va faire froid.

1. Mettez un imperméable, il...
2. N'emportez pas de sandwichs, nous...
3. Ne mange pas trop de chocolat, tu...
4. N'oubliez pas votre guide, vous...
5. Ne roule pas trop vite, tu...

LE FUTUR SIMPLE

Le futur simple exprime **un événement probable**.

presque tous les verbes	mais	**une douzaine d'exceptions**
Je mang**erai**	Être	Je **ser**ai
Tu sort**iras**	Avoir	Tu **aur**as
Il pren**dra**	Pouvoir	Elle **pourr**a
	Pleuvoir	Il **pleuvr**a
Nous boi**rons**	Vouloir	Nous **voudr**ons
Vous mett**rez**	Aller	Vous **ir**ez
Elles parti**ront**	Faire	Ils **fer**ont
	Venir	Elles **viendr**ont

voir je verr

1. Quel est le radical du futur des verbes de la colonne de gauche ?
2. Regardez le radical du futur des verbes de la colonne de droite. Que remarquez-vous ?
3. Comparez les deux futurs :
   Je vais sortir. (J'en ai l'intention.)
   Je sortirai. (quand il fera beau / peut-être.)

4 Pour quelle raison ?

Complétez les phrases. Utilisez des verbes au futur.

Ils prendront des imperméables...
—> parce qu'il pleuvra peut-être.

1. Ils emporteront un sac de couchage...
2. Ils ne prendront pas d'eau...
3. Il ne faudra rien prévoir pour dîner...
4. Ils auront besoin de sucre et de chocolat...
5. Ils n'auront pas à porter les bagages...

5 Qu'est-ce qu'il leur conseille ?

Faites la liste des conseils donnés par l'animateur.
Utilisez : il faut, je vous conseille, l'impératif...

un imperméable

du chocolat

une couverture

un sac de couchage

QU'EST-CE QU'IL FAUT EMPORTER?
VOUS SORTEZ?
AH, C'EST VRAI! JE PEUX VENIR AVEC VOUS?
OUI, ON VA AU CLUB POUR PRÉPARER LA RANDONNÉE.
AU CLUB?
MAIS NON, EN RANDONNÉE.
TOI? TU T'INTÉRESSES AU VÉLO MAINTENANT?
TU NE SAIS PAS POURQUOI? DEVINE...
AU CLUB...
C'EST PEUT-ÊTRE VOTRE PREMIÈRE GRANDE SORTIE. N'HÉSITEZ PAS À NOUS POSER DES QUESTIONS ET À NOUS DEMANDER CONSEIL.
QU'EST-CE QU'IL FAUDRA EMPORTER POUR MANGER?
C'EST BIEN FRANÇAIS, ÇA! COMME VOUS LE SAVEZ, NOUS ALLONS MANGER LE SOIR AU RESTAURANT OU CHEZ L'HABITANT. MAIS, POUR LE DÉJEUNER, IL FAUT PRÉVOIR UN PIQUE-NIQUE.
QU'EST-CE QUE VOUS NOUS CONSEILLEZ D'ACHETER?
PRENEZ DU FROMAGE ET DES FRUITS. VOUS POURREZ AUSSI EMPORTER UN PEU DE CHARCUTERIE. PAS DE VIANDE, BIEN SÛR. AYEZ AUSSI UN PEU DE SUCRE OU DE CHOCOLAT. VOUS ALLEZ AVOIR DES EFFORTS À FAIRE ET ÇA PEUT VOUS ÊTRE UTILE!
COMBIEN D'EAU EST-CE QU'IL FAUDRA PRENDRE?
PAS BEAUCOUP. C'EST LOURD ET ON EN TROUVERA DANS TOUS LES VILLAGES. ET DU PAIN AUSSI.
ET DU VIN?
AH NON. LE VIN, SEULEMENT LE SOIR... ET ENCORE! CE N'EST PAS BON POUR VOUS. ÇA COUPE LES JAMBES.
EST-CE QU'IL FAUDRA EMPORTER DES COUVERTURES?
PRENEZ PLUTÔT UN SAC DE COUCHAGE. C'EST LÉGER ET IL PEUT FAIRE FROID LA NUIT, MÊME EN CETTE SAISON.
ET N'OUBLIEZ PAS DE PRENDRE UN IMPERMÉABLE LÉGER. IL PEUT PLEUVOIR...
EST-CE QU'UNE VOITURE VA NOUS SUIVRE PENDANT TOUTE LA RANDONNÉE?
NATURELLEMENT, IL Y AURA UNE VOITURE POUR PORTER LE MATÉRIEL ET LES BAGAGES.
UNE HEURE PLUS TARD.
ET MAINTENANT, PENSEZ À TOUT ÇA. ÉTUDIEZ BIEN LE PARCOURS ET LISEZ LE GUIDE. ET N'OUBLIEZ PAS NOTRE RENDEZ-VOUS! NOUS ALLONS NOUS RETROUVER VENDREDI SOIR À CINQ HEURES ET QUART À LA GARE D'AUSTERLITZ. ET... EN ROUTE POUR CAHORS!
AH BON! ON N'IRA PAS EN VÉLO?

7

7

6 À vous de décider !

Remplacez les infinitifs entre parenthèses par un futur proche ou par un futur simple.

– J'ai rendez-vous avec monsieur Delcour.
– Il (arriver) tout de suite. Je (vous donner) une fiche d'inscription. Vous (la remplir).
Vingt minutes plus tard.
– J'attends toujours monsieur Delcour. Il (venir) à quelle heure ?
– Je (lui téléphoner)... Je suis désolée. Monsieur Delcour ne (pouvoir) pas être là avant 4 heures.
– Je ne peux pas attendre. Je (repasser) la semaine prochaine. Je (vous appeler) pour prendre un autre rendez-vous.

7 Qu'est-ce qu'il faut acheter ?

Christian et Maryse font des courses au supermarché avant le départ.

1. Complétez les réponses de Maryse. Utilisez un futur proche ou un impératif.
 a. – Tu achètes un guide ? – Oui...
 b. – On a du chocolat ? – ... Ça peut être utile.
 c. – Et de l'eau ? – ...
 d. – Je prends de la viande ? – ... Ça se gâte.
 e. – Tu veux de la charcuterie ? – ...
 f. – Regarde. Ils ont de belles couvertures. – ... Nos sacs de couchage sont assez chauds.

2. Maintenant, jouez la scène au supermarché avec un(e) autre étudiant(e).

8 Vous allez partir en voyage !

Dites ce que vous ferez pour vous préparer.

D'abord, je... Puis... Ensuite... Enfin...

9 Interview.

Demandez à un(e) autre étudiant(e) quels sont ses projets ou ses intentions.

Qu'est-ce que tu vas / vous allez faire ce soir ? Demain ? Dimanche prochain ?...

10 Jeu de rôle. Vous êtes médecin.

Vous donnez des conseils de diététique à un garçon sportif, à une fille sportive, puis à un mannequin. Ils vous demandent ce qu'ils peuvent manger et boire...
Préparez les dialogues à deux avant de jouer les scènes . Changez de rôle.

11 Jeu de rôle. Vous invitez une amie au restaurant.

Votre amie ne sait pas quoi choisir.

1. Vous lui demandez ce qu'elle aime et ce qu'elle va prendre. Utilisez le menu de la page 103.
– Tu aimes le / la...
– Tu veux du / de la / des...
– Tu as envie de...
– Qu'est-ce que tu préfères ? La viande ou le poisson ?

2. Vous lui donnez des conseils.
– Je te conseille de...
– Essaie le / la / les...
– Prends du / de la / des...
– J'ai déjà pris du... C'est très bon.
– Goûte le... Tu aimeras.

LE BISTROT DES SPORTIFS

BUFFET CHAUD

Hot dog	28
Croque-Monsieur	25
Croque-Madame	28
Saucisses-frites	35
Œufs au plat	25
Œufs au plat jambon	32
Omelette nature	25
Omelette jambon	32
Omelette fromage	32
Omelette fromage	32
Pizza	25
Pizza Clara	28
Quiche lorraine salade	38
Crêpe berrichonne	25
Frisée aux lardons	28

ASSIETTES COMPLÈTES

Assiette du chef *(Salade, pain de campagne toasté, rosbif, mayonnaise)*	50
Assiette du berger *(Salade, pommes à l'huile, jambon cru, cantal)*	46
Assiette campagnarde *(Assortiment de charcuterie)*	42
Assiette du pêcheur *(Salade, fruits de mer, riz)*	42
Assiette aux deux jambons	42

FORMULE RAPIDE
80 F
Salade verte
Pavé au poivre
Salade de fruits frais

FORMULE MINCEUR
75 F
1/2 Pamplemousse
Darne de saumon poché
Épinards
1 Fromage blanc

FORMULE DES SPORTIFS
55 F
Au choix :
2 Entrées
2 Plats cuisinés
1 Fromage
ou
1 Dessert

Suggestion du jour

- Boudin noir aux pommes 54 F.
- Gratin dauphinois 42 F.

DESSERTS

Mousse au chocolat	20
Crème caramel	20
Ananas frais	23
Salade de fruits frais	23
Tarte aux pommes	25
Tarte du jour	28

7

DES SONS ET DES LETTRES

Le « e »

❑ Ne prononcez pas le « e » à la fin des mots.
Le « e » est caduc.

Tu n(e) prends pas d(e) lait.
Le deuxièm(e) group(e) comprend...

Mais s'il y a deux « e » dans les deux premières syllabes d'une phrase, prononcez le premier.

***Je** n(e) prends pas d(e) lait.*
***Le** p(e)tit garçon.*

❑ Prononcez [ɛ] dans :

les, des, mes, tes, ses, ces...

❑ Prononcez le « e » entre trois consonnes.

*Le **pre**mier group(e).*

❑ Prononcez :

[g] *guide – gare – grand*
[ʒ] *mangeons – fromage – léger – déjeuner – jouer – jaune – imaginer – déjà*

Intonation : montante-descendante

❑ Prononcez :

↗	↘
Au restaurant	ou chez l'habitant.
Pour le déjeuner	il faut prévoir un pique-nique.
Combien d'eau	est-ce qu'il faut prendre ?
C'est léger	et il peut faire froid la nuit.

L'Assiette au beurre.

Chez Maxim's.

METTEZ EN ORDRE

1 Lisez le texte de la page 105 et dites comment il est construit.

Le schéma ci-dessous représente les quatre paragraphes du texte. Donnez un des titres suivants à chacune des quatres cases.

a) Tendance à l'amélioration.

b) Habitudes alimentaires anciennes.

c) Nouvelles habitudes.

d) Importance de la table.

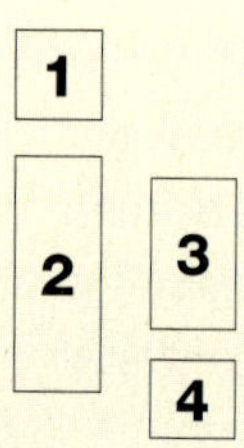

RECHERCHEZ LES FAITS

2 Comment mangent les Français ?

1. Quelles sont, statistiquement, les plats préférés des Français ?
2. Est-ce que tous les Français sans exception préfèrent le bifteck-frites ?
3. Qu'offrent les maîtres de maison à leurs invités ?
4. Combien y a-t-il de plats dans un repas traditionnel ?
5. Quelle habitude ont pris les cadres et les hommes d'affaires ?
6. Quelles sont les nouvelles habitudes des Français ?
7. À qui s'adresse ce texte ? (Quel est le pronom utilisé par l'auteur ?)

INTERPRÉTEZ

3 Résumez le texte.

1. Reprenez les titres de paragraphes donnés à l'exercice 1 et transformez-les en phrases.

Importance de la table. —> Les repas ont une place très importante dans notre vie.

2. Ajoutez quelques exemples ou quelques explications.

Les repas ont une place très importante dans notre vie : nous passons des années à table.

Ne reprenez pas les phrases du texte original.

4 Construisez un questionnaire.

Vous voulez faire une enquête sur les habitudes alimentaires des gens de votre pays.
Construisez un questionnaire et interrogez votre partenaire.
Posez des questions sur le moment et l'importance des repas, leur composition, les plats préférés, le temps passé à table, les repas traditionnels, les repas pris au restaurant, les boissons, l'intérêt pour la diététique, etc.

- *Combien de repas par jour est-ce que vous prenez ?*
- *Quel est votre repas principal ? À quel moment de la journée est-ce que vous le prenez ?...*

Êtes-vous un Français moyen à table ?

Un pot-au-feu bourbonnais.

Un plateau de self-service.

Dans une vie vous prenez environ 50 000 repas. Si vous comptez une moyenne d'une heure par repas, vous passez environ six ans de votre vie à manger. Il y a là de quoi réfléchir !

Est-ce que, comme 42 % des Français, vous préférez toujours le bifteck-frites ? Est-ce que comme eux, vous aimez la sole et le bœuf bourguignon ? Qu'est-ce que vous offrez à vos invités ? De la nouvelle cuisine légère ou, comme la majorité des maîtresses de maison françaises, un repas traditionnel avec une entrée, du poisson ou de la viande, de la salade, du fromage, un dessert et des vins ? Est-ce que vous faites encore, comme la plupart des cadres et des hommes d'affaires, des repas d'affaires riches en calories et souvent en alcool ?

Les Français ont deux records du monde : celui de la consommation de vin et celui de la consommation d'eau minérale !

Ou bien est-ce que votre repas de midi, souvent pris dans un self-service, se limite à un seul plat, suivi, quelquefois, d'un petit dessert et d'un café ? Est-ce que votre repas du soir, pris en famille, n'est pas trop lourd ? Est-ce que vous consommez moins de pain et de pommes de terre ? Est-ce que vous buvez moins de vin aux repas et plus d'eau minérale ?

Si vous vous reconnaissez dans ces dernières remarques, c'est que, comme le Français moyen, vous mangez moins (sauf peut-être pour les fêtes !), vous faites attention à votre ligne, vous lisez peut-être des articles sur la diététique, vous dépensez moins pour la nourriture, et vos artères se portent mieux ! ■

Une potée aux lentilles.

La nouvelle cuisine.

7

Quel est votre repas préféré ?

5 Un dîner en famille.

Recopiez le texte suivant et ajoutez la ponctuation et les majuscules.

mon repas préféré est le dîner nous le prenons toujours à huit heures et demie après le bulletin d'informations à la télévision
c'est tous les soirs un grand repas avec hors-d'œuvre viande ou poisson légumes fromage et dessert la cuisine de ma mère est toujours excellente
toute la famille est autour de la table nous parlons de notre journée nous discutons des nouvelles du jour nous faisons des projets nous restons longtemps à table ce repas du soir est très important pour nous tous et nous sommes toujours à l'heure

6 Comment est organisé le texte ci-dessus ?

Dans quel paragraphe est-ce qu'on trouve :

- les raisons de la préférence ;
- le moment de la journée ;
- les sujets de conversation ;
- la composition du repas.

7 Préparez un texte pour décrire votre repas préféré de la journée.

1. Donnez :
- les circonstances (moment de la journée, où, avec qui, durée) ;
- la composition du repas ;
- les raisons de votre préférence (ce que vous faites en même temps, les gens avec qui vous êtes, importance de ce moment dans vos journées...).

2. Écrivez votre texte, puis relisez-le. Critiquez-le et améliorez-le si possible.

8 Écrivez un court article sur les habitudes alimentaires de votre pays.

- Quelle est l'importance de la table dans votre pays ?
- Quelles sont les traditions et les habitudes alimentaires ?
- Quels sont les repas ? À quelles heures de la journée ?
- Est-ce que les habitudes changent ?...

Le banquet, dans « Astérix ».

Scène du film « la Kermesse héroïque », de Jacques Feyder.

7

Restaurant « Le Verre Bouteille ».

CONSEIL

Avant d'aller au restaurant, consultez un guide ou demandez autour de vous (à vos amis, à l'hôtel, à l'office du tourisme…).

L'addition, s'il vous plaît !

IL FAUT SAVOIR QUE :

- on peut manger des sandwichs, des omelettes et des pâtisseries dans beaucoup de cafés ;
- le service (15 %) est inclus dans l'addition. Aussi vous n'êtes pas obligé de laisser un pourboire.

EN FRANCE, VOUS POUVEZ TROUVER :

- **tous les types de restaurants :** les resto-pouces (équivalent français de fast-food), les petits bistrots de quartier, les crêperies (elles sont en général « bretonnes »), les brasseries, et les restaurants (de l'anonyme au grand restaurant quatre étoiles) ;
- **tous les types de cuisine :** de la cuisine bourgeoise traditionnelle à la « nouvelle » cuisine ;
- **toutes les spécialités :** françaises et étrangères, régionales, de poissons, etc. ;
- **à tous les prix :** de 50 à 500 francs… et plus, par repas !

Restaurant Lapérouse.

Un restaurant chinois.

« Le Bistrot d'André ».

Étal de fruits de mer.

COMMUNICATION

- **Exprimer la quantité**
  Je bois du café / de l'eau, le matin.
  Je mange du poisson, de la viande, des pâtes.
  Combien de morceaux de sucre est-ce que vous prenez ? – J'en prends deux.
  Du lait ? – Oui, mettez-en un peu.
  Un peu de lait et beaucoup d'eau.
  Donnez-moi 200 grammes de fromage.
- **Exprimer des goûts et des préférences**
  J'aime le chocolat. Je déteste les œufs.
  Je préfère le thé au café.
- **Conseiller**
  Je vous conseille d'emporter un duvet.
  Vous pourrez emporter du chocolat.
  Il faudra emporter des couvertures.
  N'oubliez pas de prendre votre imperméable.
- **Exprimer l'intention**
  Il pleut. Je vais prendre mon imperméable.
- **Exprimer la probabilité**
  Je prendrai mon imperméable, parce qu'il pleuvra peut-être.

GRAMMAIRE

Conjugaison

- **le présent des verbes en -er à formes particulières**

⚠ -ger : manger, ranger, bouger…
Nous mang**e**ons [ʒ]

⚠ -cer : placer, glacer, sucer…
Nous pla**ç**ons [s]

⚠ -eter : acheter…
J'ach**è**te [ɛ], nous ach**e**tons [ə].

- **le présent du verbe « boire »**
  Le verbe présente 3 radicaux :
  Je **bois**, nous **buv**ons, ils / elles **boiv**ent.

- **le futur simple**

– **la formation**

Infinitif + terminaisons proches du présent de « avoir »

Je manger**ai** — Nous boir**ons**
Tu partir**as** — Vous aimer**ez**
Elle prendr**a** — Elles sortir**ont**

– **les exceptions** = modification de radical

Elles concernent les verbes les plus fréquents.

Je **ser**ai, tu **aur**as, il **ir**a, nous **pourr**ons, vous **voudr**ez, ils **fer**ont, il **pleuvr**a, vous **viendr**ez, elles **tiendr**ont, je **saur**ai…

– **l'emploi**

Le futur simple, employé seul, exprime une **probabilité**.

Il pleuvra demain. *(Je le pense, je n'en suis pas sûr.)*

Un adverbe peut modifier le sens de probabilité :

Il pleuvra certainement demain.

- **le futur proche**

– **la formation**

Verbe « aller » au présent + infinitif

– **l'emploi**

Il peut signifier que l'événement est proche, mais il exprime surtout l'**intention ou la certitude**.

Je vais partir en voyage. *(J'en ai l'intention.)*
Il va pleuvoir. *(J'en suis presque certain.)*

Un adverbe peut toujours modifier le sens.

Il va peut-être pleuvoir. *(probabilité)*

Les articles partitifs

Ils désignent une partie d'un tout. Ils ont un sens restrictif.

Donne-moi **du** pain. *(= un morceau de pain)*
Bois **de** l'eau. Mange **des** confitures.

	Masculin	*Féminin*
Singulier	**du**	**de la**
	de l' devant voyelle et « h »	
Pluriel	**des**	

⚠ Il ne faut pas les confondre avec l'article défini qui désigne soit un objet particulier déjà connu, soit un ensemble entier.

Je veux **le** poisson. *(un poisson particulier, celui qui est sur la table par exemple)*
J'aime **le** poisson, mais pas **la** viande. *(sens général)*

Le pronom « en »

Il remplace un article partitif + un nom.

Je mange **des œufs**. J'**en** mange. *(en = des œufs)*

⚠ Je bois un litre d'eau. J'**en** bois **un** litre.

DOSSIER 8

ÇA SE PASSE COMMENT ?

VOUS ALLEZ PARLER :

- du Festival de Cannes
- d'une randonnée à vélo
- de films

VOUS ALLEZ APPRENDRE À :

- exprimer la durée
- décrire des événements
- distinguer les niveaux de langue dans l'interrogation
- indiquer la destination et la provenance

VOUS ALLEZ UTILISER :

- des questions avec *qui* et *que*
- l'inversion pronom sujet-verbe
- *combien de temps, dans, depuis, pendant*
- *être en train de...*
- les pronoms *y* et *en*
- les verbes *connaître* et *savoir*

Gérard Depardieu au Festival de Cannes.

8

Ici, Radio Côte d'Azur !

1 De quoi s'agit-il ?

Écoutez le reportage et dites :

1. Qui parle ?
2. De quoi et de qui ?
3. Pour qui ?
4. Où et quand ?
5. À quelle occasion ?
6. Pourquoi ?

2 Que se passe-t-il ?

1. Où le journaliste de la radio se trouve-t-il ?
2. Pour quelle radio travaille-t-il ?
3. Où les gens se trouvent-ils ?
4. Qu'est-ce que Gérard Depardieu va faire à 11 h 30 ?
5. Où va-t-il déjeuner ?
6. Pourquoi Gérard Depardieu monte-t-il le grand escalier ?

3 Quel est son programme pour la journée ?

Faites la liste de ce que Gérard Depardieu fera.
Imaginez ce qui n'est pas dit dans le reportage.

4 À quoi se rapportent ces mots ?

Retrouvez les mots suivants dans le texte (p. 111).
Dites à quoi ils renvoient.

En (ligne 6) —> du temps splendide

1. ici (ligne 9)
2. Ils (ligne 18)
3. le (ligne 24)
4. en (ligne 34)
5. lui (ligne 38)
6. nos (ligne 40)

5 Mots et expressions.

Relisez le texte et relevez :

- les mots associés à l'idée de vacances ;
- les mots associés au cinéma ;
- les expressions de temps ;
- les expressions de lieu.

6 Juste un mot pour nos auditeurs !

Vous êtes Olivier Lambert et vous posez quelques questions à Gérard Depardieu pour les auditeurs de Radio Côte d'Azur.
Jouez la scène avec un autre étudiant.

Une réception dans le cadre du Festival de Cannes.

8

Ici, Radio Côte d'Azur !

Ici, Radio Côte d'Azur, la radio du soleil et de la joie de vivre. Olivier Lambert vous parle du palais des Festivals. Il fait un temps splendide à Cannes. Comme vous le savez, ce n'est pas toujours vrai au mois de mai, pendant le Festival. Aussi, profitons-en !

Depuis un quart d'heure, je suis en haut du grand escalier, dans le groupe des journalistes. D'ici, nous pouvons voir la Croisette, les palmiers, la mer et aussi des centaines de personnes groupées autour du Palais, sur les trottoirs et même sur l'avenue. Tout ce monde attend, comme nous, l'arrivée de la vedette, de la grande vedette du jour, Gérard Depardieu.

Combien de temps encore allons-nous attendre ?... Eh bien, pas longtemps ! En effet, je vois deux motards de la police et, juste derrière eux, une grosse voiture noire. Ils avancent lentement. Les gens regardent dans la voiture pour voir leur vedette préférée. On entend d'ici les acclamations...

Il est déjà onze heures, mais la journée de Gérard Depardieu va être chargée. Dans quelques minutes, le président du Festival va le recevoir. À onze heures trente, il va répondre aux questions des journalistes. Espère-t-il avoir le prix d'interprétation cette année ? Quel film va-t-il tourner ? Combien de temps va-t-il rester à Cannes ?

Après la conférence de presse, le comité du Festival organise pour lui, à treize heures, un grand déjeuner à La Palme d'Or, le restaurant de l'hôtel Martinez...

Mais la voiture s'arrête. Gérard Depardieu en descend. Il monte les marches du grand escalier. Il serre des mains. Il sourit. Il signe des autographes. On le salue. Il salue. Il arrive près de nous. Voilà. Nous allons pouvoir lui parler.

– Gérard, arrêtez-vous un instant. Juste un mot pour nos auditeurs…

L'INTERROGATION AVEC L'INVERSION PRONOM SUJET-VERBE

Où travaille-t-il ? = Il travaille **où ?**
= **Où est-ce qu'**il travaille ?

Quand venez-vous ? = Vous venez **quand** ?
= **Quand est-ce que** vous venez ?

D'où viennent-ils ? = Ils viennent **d'où** ?
= **D'ou est-ce qu'**ils viennent ?

Que prend-elle ? = Elle prend **quoi** ?
= **Qu'est-ce qu'**elle prend ?

L'inversion est une forme du parler soigné ou de l'écrit. Elle est assez rare en conversation courante.

⚠ • Si le verbe à la 3e personne ne se termine pas par « t » ou « d », on ajoute « -t- ». Où va-**t**-il ?
• Si le sujet est un nom (et pas un pronom) on conserve le nom et on ajoute le pronom correspondant.
Quand **Gérard Depardieu** arrive-t-**il** ? Quand **l'acteur** repart-**il** ?

Dans le cas de l'inversion pronom sujet et verbe, quand ajoute-t-on un « t » ?

8

7 Que sait-il ?

Posez des questions à Olivier Lambert, en utilisant l'inversion et répondez.
Entraînez-vous à deux.

Demandez-lui...
...d'où vient Gérard Depardieu. —> D'où vient-il ?
Il vient de Paris.

1. ... pourquoi tous ces gens sont là.
2. ... pourquoi les motards accompagnent la voiture.
3. ... où va Gérard Depardieu.
4. ... quel avion il prendra.
5. ... ce qu'il dira aux journalistes.
6. ... s'il espère avoir le prix d'interprétation.
7. ... quand il repartira.
8. ... quand a lieu la conférence de presse.
9. ... où on présente le film.
10. ... si Gérard Depardieu va présenter le film.

8 Qu'est-ce qu'on va voir ?

Répondez.

1. Qui est-ce qui est en haut du grand escalier ?
2. Qui est-ce qu'on attend ?
3. Qu'est-ce que la personne va faire ?
4. Qu'est-ce que le président demande ?

9 Qui est-ce qui vous parle ?

Posez des questions sur les mots soulignés.

Depardieu vous salue. —> Qui est-ce qui vous salue ?

1. On attend la voiture de l'acteur.
2. La vedette arrive.
3. On entend des acclamations.
4. Le président va recevoir Gérard Depardieu.

L'INTERROGATION AVEC « QUI » ET « QUE »

Personne *Chose*	**Qui** **Qu'**	est-ce	*Sujet* **qui**	arrive ?	(C'est) Gérard Depardieu. (C'est) une grosse voiture.
Personne *Chose*	**Qui** **Qu'**	est-ce	*Objet* **que**	tu vois ?	(Je vois) Olivier Lambert. (Je vois) une grosse voiture.

INTERROGER SUR LA DURÉE : COMBIEN DE TEMPS... ?

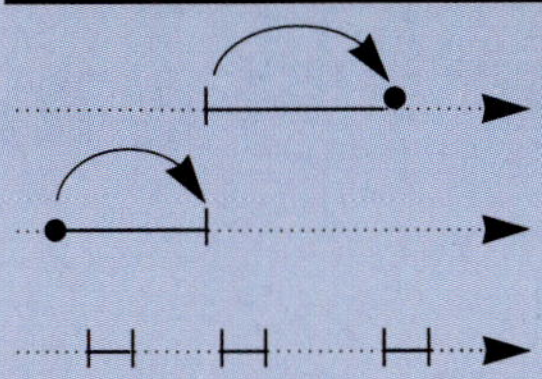

Dans	combien de temps	arrive-t-il ?	– Dans dix minutes.
Depuis	combien de temps	est-il à Cannes ?	– Depuis hier.
Pendant	combien de temps	va-t-il rester ?	– Pendant une journée.

10 Combien de temps ?

Posez les questions.

Olivier Lambert parle depuis dix minutes.
—> Depuis combien de temps Olivier Lambert parle-t-il ?

1. La vedette va arriver dans une heure.
2. Les gens attendent depuis des heures.
3. La conférence de presse aura lieu dans vingt minutes.
4. Depardieu répondra aux journalistes pendant une demi-heure.
5. Il reprendra l'avion dans deux jours.

Connaître et savoir

• Connaître + nom
Nous connaissons son adresse.
Ils connaissent Cannes.

• Savoir + infinitif
Tu sais faire un reportage ?

• Savoir + que / si / où...
Ils savent que c'est la vedette.
Savez-vous s'il fait beau ?

• Savoir + nom
Je sais ma leçon. (= savoir par cœur)

8

11 « Dans, pendant, depuis »

Complétez ces phrases.

1. Il ne fait pas toujours beau ...... le Festival.
2. La vedette va arriver ...... une heure.
3. Nous l'attendons ...... une heure.
4. La conférence de presse est ...... une demi-heure.
5. Les gens l'acclament ...... dix minutes.
6. Je ne veux pas rester debout ...... tout le film.

12 Ça fait lontemps ?

Complétez cette conversation téléphonique. Utilisez « dans, pendant » ou « depuis ». Faites attention au temps des verbes.

1. – Tu es là depuis longtemps, Nicolas ? – ......
2. – Et tu vas rester pendant combien de temps – ......
3. – Un mois, c'est super ! Depuis quand tu n'es pas venu ? – ......
4. – J'espère qu'on se verra pendant ton séjour ? – ......
5. – Oh, non ! Dans deux jours je serai chez ma grand-mère. – ......
6. – Pendant une semaine. – ......
7. – Bon, alors à dans dix jours ! –......

13 « Savoir » ou « connaître » ?

... son nom ? —> Tu connais son nom ?

1. ... son prénom ?
2. ... s'il vient au festival ?
3. ... la France ?
4. ... parler français ?
5. ... combien de temps ça dure ?

14 Vous avez la parole.

Interviewez un(e) autre étudiant(e) à propos de cinéma. (Le nom du film, l'endroit où on le donne, les noms des metteurs en scène et des acteurs, le sujet du film, sa qualité...)
Utilisez « savoir » ou « connaître » dans vos questions.
Tu connais... ? Tu sais... ?

LA ROUE TOURNE

8

1 Qu'est-ce qu'on voit ?

Regardez les dessins 2, 7, 10, 14 et essayez de deviner l'histoire.

2 Quels sont les événements ?

Écoutez et prenez des notes.
Donnez la liste des événements dans l'ordre du récit.

3 Qu'est-ce qu'ils sont en train de faire ?

Dites ce que font les personnages.

« ÊTRE EN TRAIN DE » + INFINITIF = action en cours

Charlotte est **en train de** réparer sa roue.
Charlotte répare sa roue.

– Viens prendre une glace, Marc !
– Attends. Je suis en train de réparer la voiture.

4 Pourquoi ?

1. Pourquoi est-ce que les randonneurs peuvent faire Cahors-Gourdon en une journée ?
2. Pourquoi est-ce que Thierry s'arrête ?
3. Pourquoi est-ce que Charlotte se fâche ?
4. Pourquoi est-ce que les randonneurs ont soif ?

LES PRONOMS « Y » ET « EN »

• « y » = « à, dans, en, sur, sous » + nom de lieu
Charlotte va **y** arriver avant eux. (= à Sarlat) *destination*

• « en » = « de » + nom de lieu
Ils **en** viennent par le train. (= de Paris) *provenance*

Quel autre « en » est-ce que vous connaissez ?

5 Que représentent « y » et « en » ?

Ils y vont en train. —> y = à Cahors
Ils en viennent à vélo. —> en = de Cahors

1. Ils vont y arriver à la fin de la première journée.
2. Ils vont y dormir jeudi soir.
3. Le fermier en remonte avec une bouteille de cidre.
4. Ils y mangent tous.
5. Ils en repartiront demain matin.

6 Destination ou provenance ?

Remplacez le complément de lieu par un pronom.

Ils sortent du restaurant. —> Ils en sortent.
Ils vont à Sarlat. —> Ils y vont.

1. Ils montent dans le train.
2. Ils descendent du train.
3. Ils vont à la ferme.
4. Ils vont dormir à la ferme.
5. Ils sortent de leur chambre.

ON FAIT LA COURSE?

8

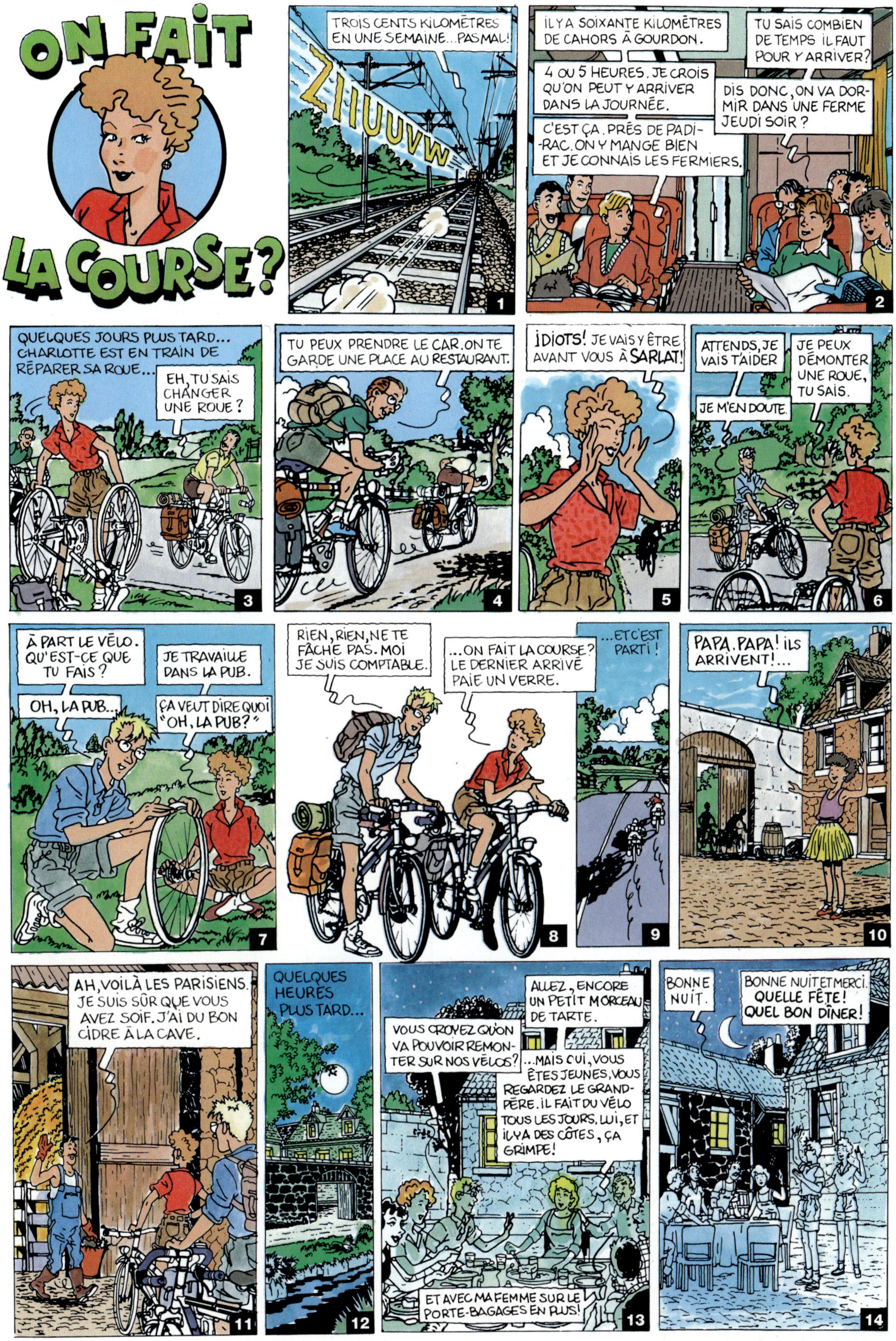

Rocamadour.

7 Ils y vont ! Ils en viennent !

Répondez en remplaçant les mots soulignés par un pronom.

Combien de temps faudra-t-il aux randonneurs pour aller à Sarlat ? —> Ils pourront y aller en une journée.

1. Quand Charlotte arrivera-t-elle à Sarlat ?
2. Que feront les randonneurs à la ferme ?
3. Quand est-ce qu'ils vont repartir de Sarlat ?
4. Comment les randonneurs vont-ils retourner à Paris ?
5. Qu'est-ce qu'ils rapporteront de leur randonnée ?

8 Qu'est-ce qu'ils expriment ?

Écoutez les six phrases enregistrées. Dites ce qu'elles expriment. Choisissez chaque fois une des possibilités suivantes :

- demande d'information,
- doute,
- appréciation,
- irritation,
- confirmation,
- offre d'aide.

9 Interview. Qu'allez-vous faire ?

Vous allez partir en randonnée dans la région de Cahors-Souillac. Vous ne connaissez pas l'itinéraire. Vous interrogez un des randonneurs sur les endroits à visiter, les distances, le temps qu'il faudra...
Étudiez la carte ci-contre avec votre voisin(e).
Jouez la scène à deux.

D'après le Guide Vert Michelin, « Périgord-Berry-Limousin », 13e édition.

Ruines	∴
Curiosité	▲
Église	+
Château	⌘
Point de vue	⋞

10 Jeu de rôle. Une bonne surprise.

Un(e) ami(e) vous téléphone pour venir passer quelques jours chez vous pendant les vacances. Vous êtes content(e). Vous lui demandez quand il / elle arrive, combien de temps il / elle reste, ce qu'il / elle veut faire, voir...

Saint-Cirq-Lapopie.

Le pont Valentré à Cahors.

11 On les attend !

Des Français viennent en excursion dans votre pays. Préparez un circuit touristique. Choisissez un itinéraire. Travaillez en groupes. Écoutez-vous.

Proposez : Ils peuvent partir de / aller à / manger à / coucher à / visiter...

Discutez : Tu crois vraiment qu'ils peuvent...

DES SONS ET DES LETTRES

Pas de liaisons entre les groupes rythmiques mais des enchaînements obligatoires.

Trois cents kilomètres en une semaine.

On te garde une place au restaurant.

Je vais y être avant vous à Sarlat.

J'ai du bon cidre à la cave.

Tout le monde est assis autour d'une table.

Pas de liaisons avec « et ».

... et ils rient.

Et il y a des côtes.

Et avec ma femme sur le porte-bagages !

Intonation : l'exclamation appréciative.

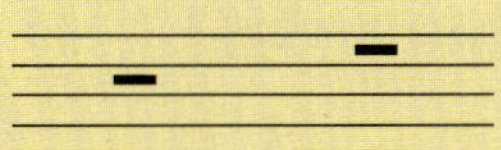

Quelle fête !

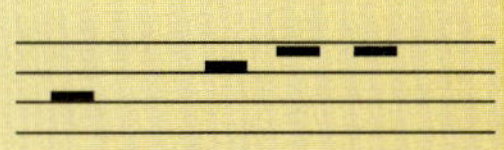

Quel bon dîner !

Marquez votre appréciation.

Vous venez de :
- voir un beau film ;
- boire du bon cidre ;
- rencontrer un homme sympathique ;
- voir une jolie femme ;
- visiter une belle ville.

Auguste Rodin,
Le Baiser, *1886.*

ANTICIPEZ

1 Regardez les illustrations et les textes de la page 119.

1. De quoi parlent ces quatre textes ?
2. Qui est l'héroïne (le personnage principal) ?

METTEZ EN ORDRE

2 Faites une fiche sur le film.

1. Titre du film : ....
2. Date de sortie : ....
3. Nom du metteur en scène : ....
4. Acteurs principaux : ....
5. Genre (comédie, aventure, policier, drame psychologique, fantastique...) : ....
6. Thème : ....
7. Commentaires critiques : ....

RECHERCHEZ LES FAITS

3 Comment est organisé le premier texte ?

Ce texte comprend une présentation du film, un résumé de l'histoire et des commentaires du critique. Retrouvez ces trois éléments dans le texte.

INTERPRÉTEZ

4 Pouvez-vous résumer l'histoire ?

Préparez un résumé pour un programme de spectacles. Vous n'avez droit qu'à quarante mots au maximum !

1. Éliminez tous les mots qui ne sont pas essentiels.
Le grand sculpteur Rodin, Gérard Depardieu, prend la jeune Camille Claudel, Isabelle Adjani, comme élève, puis comme maîtresse. —> Rodin prend Camille Claudel comme élève puis comme maîtresse.

2. Réécrivez les phrases si c'est nécessaire et liez-les entre elles.
Camille Claudel devient l'élève, puis la maîtresse de Rodin.

3. Faites la liste des critiques positives et négatives sur le film, les acteurs, l'histoire, la photographie... dans les quatre textes.

Isabelle Adjani et Gérard Depardieu dans le film Camille Claudel.

Autour d'un film

Voici quatre opinions sur un même film. À vous de juger !

Un film à voir

Camille Claudel est un film de Bruno Nuytten, sorti en 1988.
Le grand sculpteur Rodin, Gérard Depardieu, prend la jeune Camille Claudel, Isabelle Adjani, comme élève, puis comme maîtresse. Pendant plusieurs années, Camille sculpte pour Rodin, comme Rodin. Elle l'aide à réaliser ses *Bourgeois de Calais*. Mais, Rodin ne veut pas abandonner sa femme et son fils, et Camille le quitte. Seule, elle lutte pendant de longues années pour affirmer son talent et prouver qu'elle n'imite pas Rodin. Mais, loin de sa famille, de son frère Paul, elle perd peu à peu la raison. On finit par l'enfermer dans un asile en 1913. Elle y meurt trente ans plus tard.
Les images sont belles, mais le film est un peu long – près de trois heures – et le tragique un peu théâtral. L'interprétation d'Adjani est cependant excellente.

Le film de la semaine

Camille Claudel *de Bruno Nuytten avec Isabelle Adjani et Gérard Depardieu. Une grande artiste perd la raison dans sa passion pour Rodin et sa lutte désespérée pour affirmer son talent. Une tragédie longue de trois heures. Peu de pensées sublimes ou de révélations sur l'art et l'amour. La vérité historique n'est pas garantie.*

Courrier des lecteurs

- Quel film ! Il dure près de trois heures, mais on ne voit pas le temps passer. Adjani est sublime dans le rôle de Camille Claudel. Elle joue la passion à la perfection. Depardieu est égal à lui-même, un bon Rodin, sans fausses notes, mais quelquefois sans éclat. Il faut dire qu'il n'a pas le beau rôle. Paul Claudel non plus : sa sœur va passer trente ans dans un asile et il ne fait rien pour l'aider [...]

- Je viens de voir le film sur les amours tragiques de Camille Claudel et d'Auguste Rodin. Mais la tragédie est trop noire – que peut faire Camille avec un père faible, une mère hostile, un frère lointain et un amant jaloux de son très grand talent ? – et le film traîne en longueur – il dure près de trois heures ! Il y a de belles images, mais ça ne suffit pas. Pour moi, ce n'est qu'une tragédie triste et sans véritable émotion.

Camille Claudel,
La Valse, *1893.*

Faites la critique d'un film.

5 **Définissez votre texte.**

1. De quel film allez-vous parler ?
2. Pourquoi choisissez-vous ce film ?
3. Pour qui écrivez-vous ?
   a. Pour les lecteurs d'un magazine ?
   b. Pour un(e) ami(e) ?
   c. Pour les lecteurs d'un programme de spectacles ?

6 **Établissez la fiche technique du film.**

Reportez-vous à la fiche de l'exercice 2, page 118.

7 **Quel est le thème du film ?**

1. Écrivez quelques lignes sans vous arrêter pour réfléchir.
2. Relisez ces lignes. Éliminez ce qui n'est pas important et réorganisez votre texte si nécessaire.

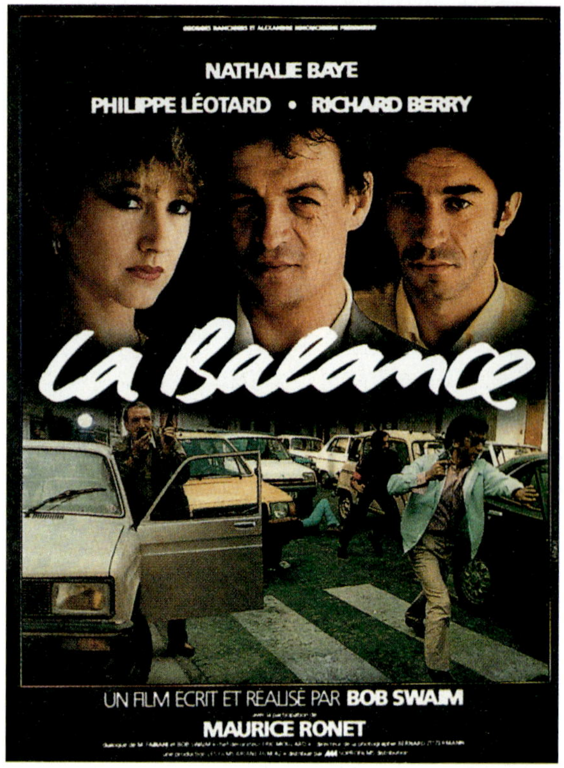

8 **Écrivez un commentaire critique.**

Quels sont vos commentaires sur le film, les acteurs, le metteur en scène, la photographie, l'histoire ?
L'histoire est-elle intéressante, bien construite, vraie ?
Les acteurs sont-ils de grandes vedettes ?
Comment jouent-ils ?
Est-ce un grand film ? Pourquoi ?
Faut-il aller le voir ?

9 **Rédigez une lettre** (au courrier des lecteurs, à un(e) ami(e)...) ou un article critique pour un journal, à partir de vos productions précédentes.

10 **Échangez votre texte** avec celui d'un(e) autre étudiant(e). Essayez de les améliorer.

COMMUNICATION

- **Exprimer la durée**
  Pendant combien de temps allons-nous attendre ?
  – Pas longtemps.
  Il est là depuis un quart d'heure.
  Il sera là dans une demi-heure.
  J'ai pris / Je prends / Je prendrai mes vacances pendant le mois de mai / en mai.

- **Distinguer trois niveaux de langue dans l'interrogation**
  Il vient d'où ? (niveau familier)
  D'où est-ce qu'il vient ?
  D'où vient-il ? (niveau soigné)
  D'où Depardieu vient-il ?
  D'où l'acteur arrive-t-il ?

GRAMMAIRE

L'interrogation

- **l'interrogation avec inversion du pronom sujet et du verbe**
  Quand venez-vous ?
  – On insère un « **-t-** » si la forme du verbe se termine par une voyelle.
  D'où arrive-**t**-il ? Où ira-**t**-il ?
  – On reprend le pronom si le sujet est un nom.
  D'où **Gérard Depardieu** vient-**il** ?
  Quand **l'acteur** repart-**il** ?
- **l'interrogation avec les pronoms « qui » et « que »**
  Le premier pronom est interrogatif et indique la **personne (qui)** ou **la chose (que)**.
  Le deuxième indique la fonction : **sujet (qui)** ou **complément d'objet direct (que).**
  Qui est-ce **qui** travaille ? *(personne-sujet)*
  Qu'est-ce **qui** arrive ? *(chose-sujet)*
  Qui est-ce **que** tu vois ? *(personne-COD)*
  Qu'est-ce **que** tu vois ? *(chose-COD)*

⚠ « **Que** » ou « **Qu'** » est la forme de « quoi » quand il est placé en tête de phrase.

- **l'interrogation sur la durée**
  Combien de temps faudra-t-il pour y aller ?
  – Dix minutes.
  Dans combien de temps va-t-il arriver ?
  – Dans dix minutes.
  Depuis combien de temps est-il là ?
  – Depuis dix minutes.
  Pendant combien de temps va-t-il rester ?
  – Pendant dix minutes.

L'action en cours

- Pour insister sur le fait que l'action est en cours, on utilise : **être en train de + infinitif**
  Ils sont en train de rouler.

Les pronoms adverbiaux « y » et « en »

- « **y** » remplace **une préposition de lieu** *(à, dans, sur, sous, devant, à côté de..., chez...)* **+ un nom** qui indique le lieu où on va, ou le lieu où on est.
  Ils vont **à Sarla**t. = Ils **y** vont.
  Ils sont **dans le jardin** / **en France**. = Ils **y** sont.
- « **en** » remplace **de + un nom** qui indique le lieu d'où on vient.
  Ils viennent **de** Sarlat. = Ils **en** viennent.
  Ils sortent **de** chez moi. = Ils **en** sortent.

⚠ « **en** » peut aussi être pronom et remplacer un article partitif + un nom.
Tu veux **du chocolat**. Oui, j'**en** veux bien !

« Connaître » et « savoir » : la différence d'emploi

- **« connaître »** a une seule construction :
  – connaître + nom   Il connaît l'Espagne.
- **« savoir »** a trois constructions :
  – « savoir » + nom
  Elle sait l'espagnol. *(= Elle l'a appris.)*
  – « savoir » + infinitif
  Elle sait réparer une roue. *(= Elle a appris à le faire.)*
  – « savoir que / si / où / quand / pourquoi / comment »
  Je ne sais pas si on arrivera à temps.

⚠ Dans certains cas, « connaître » et « savoir » peuvent s'employer devant le même nom avec des sens voisins.
Il connait mon numéro de téléphone. *(en avoir connaissance)*
Il sait mon numéro de téléphone. *(savoir par cœur)*

8 | 8

1 Que se passe-t-il ? DELF

Écoutez la secrétaire du Bicyclub et François Dutilleul et répondez aux questions.

1. Qui a appris à François Dutilleul que le Bicyclub va organiser une randonnée à vélo ?
2. Qui pourra y participer ?
3. Qu'est-ce que la secrétaire va envoyer à François ?
4. Que fera François ?
5. Que fera la secrétaire ?

2 Rencontre avec un acteur célèbre.

Vous allez interviewer un grand acteur français pour un journal de votre pays. Préparez dix questions sur lui, sur ses films et ses projets.

3 Qu'est-ce que vous dites dans ces situations ?

1. Vous offrez votre aide à une amie.
2. Vous avez vu un beau film. Vous exprimez votre appréciation.
3. Un ami vous propose d'aller au théâtre. Vous refusez et vous lui donnez une excuse.
4. Il pleut. Un de vos amis va sortir. Donnez- lui des conseils.

4 Que s'est-il passé ? DELF

Racontez une semaine de vos vacances : préparation, lieu, activités, retour (80 à 100 mots).

8

8

DES MOTS ET DES FORMES

5 Mangez-vous équilibré ?

Répondez aux questions. Utilisez des pronoms.

1. Du lait, vous en buvez combien ?
2. Des œufs, vous en prenez souvent ?
3. Vous aimez le fromage ? Vous en mangez beaucoup ?
4. De la viande, vous en mangez tous les jours ?
5. Vous préférez la viande ou le poisson ?

6 Associez trois mots ou plus à chacun des mots suivants.

roue —> démonter, réparer, bicyclette, rouler...

1. viande
2. soif
3. petit déjeuner
4. randonnée
5. presse
6. festival

7 Qu'est-ce qu'ils veulent faire ?

Mettez les verbes au futur proche ou au futur simple selon les cas.

Maryse : – Viens, Christian, on (prépare) les valises.
Christion : – Je ne peux pas, je (sortir). Mais quand je (rentrer), je les (faire) avec toi. Tiens, on a sonné ! Je (ouvrir).
Émilie : – Bonjour Papa ! Qu'est-ce que on (manger) ce soir ?
Maryse : – Le dîner n'est pas prêt... Tu (faire) une omelette. Moi, je (ranger) l'appartement avant de partir.
Émilie : – Ah, vous partez ! J'ai écouté la météo. Le temps (être) chaud dans le sud de la France mais il (pleuvoir) dans le nord.

8 Qu'est-ce qu'ils ont fait ?

Mettez les verbes au passé composé.

Leur randonnée (durer) une semaine. Ils (partir) un vendredi soir et ils (revenir) le dimanche de la semaine suivante. Les femmes du groupe (rouler) comme des championnes. Elles (arriver) les premières aux étapes. Le groupe (explorer) une région pittoresque.

DOSSIER 9

QU'AVEZ-VOUS FAIT ?

VOUS ALLEZ PARLER DE :
- la mode, Coco Chanel
- Jacques Cousteau
- spectacles à Paris

VOUS ALLEZ APPRENDRE À :
- rapporter des événements passés
- exprimer des vérités générales
- inviter et refuser poliment
- exprimer une restriction
- mettre en valeur

VOUS ALLEZ UTILISER :
- le passé composé
- des adjectifs accordés
- *ne ... que ...*
- *c'est ... que ...*
- les pronoms indéfinis : *quelqu'un, quelque chose*

9

La première dame de la haute couture.

1 Quels sont les événements principaux ?

Lisez le résumé biographique. Puis, écoutez l'histoire de la vie de Mademoiselle Chanel et complétez les phrases ci-dessous.

1. Elle est née en…
2. Elle est arrivée à Paris en…
3. Elle a vendu des chapeaux…
4. Elle a ouvert une première maison de couture…
5. Elle a lancé…
6. Elle a créé son parfum…
7. Elle est partie pour la Suisse… Elle y est restée…
8. Elle est revenue à Paris…
9. Elle est morte…

2 Qu'est-ce qu'elle a fait ?

1. À vingt-cinq ans ?
2. À partir de 1911 ?
3. En 1912 ?
4. En 1921 ?
5. De 1919 à 1939 ?
6. Pendant quinze ans, à partir de 1939 ?
7. À soixante et onze ans ?

3 Qu'est-ce qui caractérise le style Chanel ?

1. Quel style Coco Chanel a-t-elle créé ?
2. À quel moment de sa vie est-ce qu'elle l'a imposé ?
3. En quoi Coco Chanel a-t-elle contribué à la libération de la femme ?
4. Est-ce que vous aimez le style Chanel ? Pourquoi ?

4 Comment est-elle habillée ?

Accordez les adjectifs avec les noms.

Elle porte une (beau) robe (long) de forme (nouveau) mais (classique) avec de (faux) perles. C'est une robe (difficile) à porter mais sa ligne est très (jeune) et elle ressemble aux (premier) créations de la (fameux) Mademoiselle Chanel, la (grand) dame de la (haut) couture (français).

MASCULIN ET FÉMININ DES ADJECTIFS

Masculin	Féminin	De l'écrit ...	à l'oral
un style jeun**e**	une silhouette jeun**e**	= 1 seule forme	
un tailleur noir	une robe noir**e**	+ e	1 seule forme
un petit village	une petit**e** ville	+ e	+ consonne
un fameu**x** tailleur	une fameu**se** silhouette	x —> se	+ consonne [z]
un premi**er** succès	une premi**ère** création	er —> ère	[e] —> [ɛr]
un style nouv**eau**	une forme nouv**elle**	eau —> elle	[o] —> [ɛl]
un succès mond**ain**	une plage mond**aine**	ain —> aine	[ɛ̃] —> [ɛn]

Considérez les adjectifs qui ont une forme différente au masculin et au féminin.
Le masculin se termine-t-il par un son de consonne ou de voyelle ? Et le féminin ?

La première dame de la haute couture :

Gabrielle CHANEL

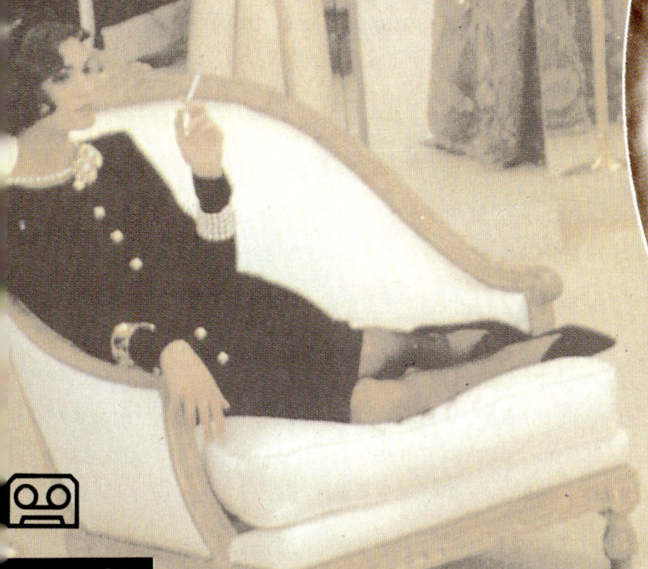

9

Biographie

1883	Naissance de Gabrielle Chanel.
1908	Départ de Moulins et arrivée à Paris à 25 ans.
1911	Création et vente des chapeaux.
1912	Ouverture d'une maison de couture à Deauville.
1914-1918	Arrêt des activités à cause de la guerre.
1919	Lancement d'une maison de couture, rue Cambon, à Paris.
1921	Création de son célèbre parfum, le « N° 5 ».
1939	Départ pour la Suisse.
1954	Retour à Paris et lancement de ses fameux tailleurs en tweed.
1971	Mort de Coco Chanel.

« Mademoiselle Chanel » a eu une enfance et une jeunesse difficiles. Orpheline très jeune, elle a passé de nombreuses années dans un couvent à Moulins, une petite ville du centre de la France. En fait, elle n'a connu Paris qu'à vingt-cinq ans, en 1908 ! C'est à partir de 1911 qu'elle a commencé à créer des chapeaux pour les vendre à des amies et c'est en 1912 qu'elle a ouvert sa première maison de couture à Deauville, la grande plage mondaine.

Mais la guerre de 1914 a vite arrêté ses activités et ce n'est qu'en 1919 qu'elle a pu enfin ouvrir une maison de couture à Paris, rue Cambon. Pendant vingt ans, jusqu'en 1939, elle a été une des célébrités du Tout-Paris, l'amie des artistes et des grands personnages de ce monde. C'est alors que « Coco » Chanel a créé un style nouveau pour les femmes, un style inspiré des vêtements d'homme, et a contribué par son exemple à l'émancipation des femmes.

Au début de la Seconde Guerre mondiale, elle est partie pour la Suisse et elle y est restée pendant quinze ans, de 1939 à 1954.

C'est à l'âge de soixante et onze ans qu'elle est revenue à Paris et qu'elle a réussi à imposer la fameuse silhouette, devenue classique : tailleur de tweed, longs colliers de fausses perles, chaînes dorées, souliers de deux couleurs, beige et noir. Ce style est resté celui de la simplicité dans le luxe et beaucoup de femmes veulent encore maintenant porter un « chanel ».

Grâce à son célèbre parfum, le « N° 5 », créé en 1921, et à ses tailleurs, Coco Chanel n'est pas vraiment morte en 1971. Elle est toujours la première dame de la haute couture.

Dire la date

Deux prononciations : 1912 : dix-neuf cent douze
= mille neuf cent douze

milliers	*centaines*	*dizaines*	*unités*
1	9	9	5
mille	neuf cent	quatre-vingt	-quinze

5 Caractérisez-les.

une femme (intelligent, beau, doux, sportif)
—> C'est une belle femme intelligente, douce, sportive.

1. une silhouette (fin, élégant, long)
2. des pièces (petit, froid, sombre)
3. une maison (neuf, grand, chaud, clair)
4. une randonnée (intéressant, mais long, difficile, fatigant)
5. des gens (gentil, prudent, mais triste, ennuyeux)

LE PASSÉ COMPOSÉ (rappel)

Il s'emploie pour rapporter des événements passés.

- **avoir + participe passé**
  Elle a été une célébrité.
  Elle a ouvert une maison de couture.

- **être + participe passé**
  (accord du participe avec le sujet)
  a. 14 verbes et leurs composés :
  aller, venir, entrer, sortir, arriver, partir, monter, descendre, passer, rester, tomber, devenir, naître, mourir.
  Elles sont parti**es**, puis revenu**es**.
  b. tous les verbes pronominaux :
  Elles se sont promen**ées**. **Ils se** sont rencontr**és**.

⚠ L'accord du participe avec le sujet ne se fait que si le pronom est COD.
Ils se sont téléphoné. **Elles se** sont écri**t**.

6 Classez-les.

1. Relevez les participes passés du texte sur Coco Chanel et classez-les selon la terminaison de leur participe passé : -é, -i, -u, -rt.
2. Classez les participes passés du texte en deux catégories :
   a. les participes passés de verbes conjugués avec « avoir » ;
   b. les participes passés de verbes conjugués avec « être ».
3. Dans quels cas a-t-on fait l'accord sujet-participe ?

7 Retrouvez sa biographie !

Complétez le texte suivant avec les passés composés des verbes entre parenthèses.

Yves Saint Laurent (naître) en 1936 en Algérie. Il ne (venir) à Paris qu'en 1954. Très vite, il (devenir) l'assistant de Christian Dior. Dior (mourir) en 1957 et Yves Saint Laurent (présenter) sa première collection l'année suivante. Elle (avoir) un succès immédiat.

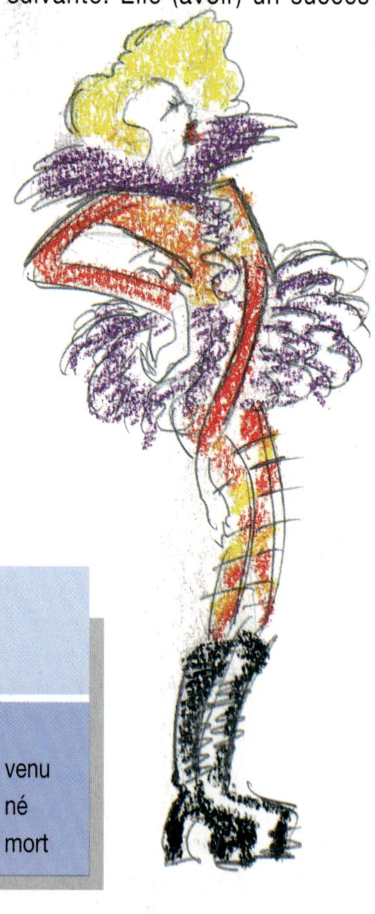

LA FORMATION DES PARTICIPES PASSÉS

1. Réguliers :

- **en « -é » :** lanc**er** —> lancé
- **en « -i » :** part**ir** —> parti

2. Irréguliers :

être —> été	dire —> dit	vendre —> vendu	venir —> venu
avoir —> eu	voir —> vu	mettre —> mis	naître —> né
faire —> fait	tenir —> tenu	ouvrir —> ouvert	mourir —> mort

EXPRIMER UNE RESTRICTION

• **ne... que... = seulement**

Mademoiselle Chanel **n'**est venue à Paris **qu'**à vingt-cinq ans. = C'est **seulement** à vingt-cinq ans **qu'**elle est venue à Paris.

Depuis 1961 Saint Laurent **n'**a connu **que** le succès.

8 Quelques dates clés !

Écoutez la biographie d'Yves Saint Laurent. Repérez les dates et les événements de sa vie et reconstituez sa biographie.

En 1960... Depuis 1961... En 1964... En 1983... En 1986...

Vérifiez vos réponses avec le texte, ci-dessous.

En 1960, Yves Saint Laurent est parti faire son service militaire. Quand il est revenu de l'armée, il s'est installé rue de la Boétie pour fonder sa propre maison de couture. Depuis 1961, il n'a connu que des succès avec ses collections inspirées de Mondrian, du Pop Art, des ballets russes...
C'est en 1964 qu'il a lancé son premier parfum « Y ».
« Opium » n'est venu que bien après. En 1983, le Metropolitan Museum de New York a organisé une exposition rétrospective de ses créations. Paris a suivi en 1986, avec une exposition au musée des Arts de la Mode. Depuis, Yves Saint Laurent continue de créer...

9 C'est arrivé bien tard !

Exprimez une restriction.

Commencer à créer des chapeaux à vingt-huit ans.
—> Coco Chanel n'a commencé à créer des chapeaux qu'à vingt-huit ans.

1. Connaître Paris en 1908.
2. Ouvrir sa première maison de couture à vingt-neuf ans.
3. Devenir célèbre à Paris en 1919.
4. Revenir en Suisse en 1954.
5. Imposer ses tailleurs de tweed à soixante et onze ans.

METTRE EN VALEUR

• **C'est...** + lieu, temps, cause, manière + **que...**

C'est en 1919 **que** Coco Chanel a pu créer sa maison de couture à Paris. *(temps)*

C'est à Paris **qu'**elle est revenue après la guerre. *(lieu)*

9

10 Des informations à souligner.

Mettez les groupes de mots soulignés en valeur comme dans le tableau ci-dessus.

1. Coco Chanel a passé son enfance à Moulins.
2. Elle a connu Paris à vingt-cinq ans.
3. Elle a créé des chapeaux à partir de 1911.
4. Elle a créé un style nouveau pour les femmes après la guerre de 1914-1918.
5. Elle est restée en Suisse à cause de la guerre.
6. Son célèbre parfum, le « N° 5 », est créé en 1921.

11 Une interview imaginaire.

Interviewez Coco Chanel ou Yves Saint Laurent pour un journal. Préparez six questions.
Jouez la scène à deux.

– Mademoiselle Chanel, quand avez-vous créé... ?

LA ROUE  TOURNE

9

1 Qu'est-ce qu'on voit ?

1. Avant d'écouter, regardez les dessins.
Dessin 1 : Où sont les personnages ?
D'où reviennent ils ?
Dessin 2 : Où sont-ils ? Qui pose les questions ?
Dessin 6 : À qui s'intéresse Émilie ?
Dessin 9 : Qui sont les invités de Maryse et Christian ?

2. Regardez le titre.
Qui n'a pas voulu venir ? À qui pense Émilie ?

2 Dans quel ordre ?

Écoutez et mettez ces événements dans l'ordre.

1. Les Delcour sont rentrés chez eux.
2. Les randonneurs se sont quittés sur le quai de la gare.
3. Émilie a entendu le nom de Charlotte pour la première fois.
4. On a raconté des histoires de randonnées.
5. Émilie a interrogé ses parents sur ce qui s'est passé pendant le voyage.

3 Qu'est-ce qui s'est passé ?

1. Quel parcours les randonneurs ont-ils fait ?
2. Quel temps ont-ils eu ?
3. Comment sont-ils revenus ? En forme ?
4. Quels problèmes Thierry a-t-il rencontrés en Bretagne ?
5. Qu'est-ce qui est arrivé à un autre randonneur dans les Alpes ?

4 C'est dans le dialogue !

Trouvez dans le dialogue :

1. une façon de faire une offre ;
2. l'expression d'un refus poli ;
3. des demandes d'information ;
4. l'expression de vérités générales.

5 Qu'est-ce qu'ils ont pu faire (ou ne pas faire) ?

Terminez ces phrases.

1. Il a fait très chaud mais...
2. Ils sont partis en forme mais...
3. La chaleur c'est pénible mais...
4. Il a voulu faire le tour de la Bretagne mais...
5. Il est allé faire une randonnée dans les Alpes mais...
6. Thierry a bien roulé dans les côtes mais...

LES PRONOMS INDÉFINIS

- tout le monde, tous, toutes, quelqu'un ≠ personne
- tout, quelque chose ≠ rien

sujet	COD
Personne ne l'aide.	Il **n'**aide **personne**.
Personne n'est venu.	Je **n'**ai vu **personne**.
Rien ne l'intéresse.	Il **ne** voit **rien**.
	⚠ Il **n'**a **rien** vu.

Est-ce que « personne » et « rien » occupent la même place dans la phrase ?
Que se passe-t-il au passé composé ?

6 Ce n'est pas ça du tout !

Rétablissez la vérité. Utilisez des pronoms indéfinis.

1. À la gare, il n'y a personne sur le quai.
2. Quand ils rentrent, Émilie ne demande rien à ses parents.
3. Émilie n'a rien fait en leur absence.
4. Les invités veulent tous du café.
5. Personne n'a fait de randonnée dans les Alpes.
6. Quelqu'un a pu suivre Thierry dans les côtes.

7 À quoi pense-t-elle ?

Dites tout ce à quoi Émilie peut penser dans le huitième dessin.

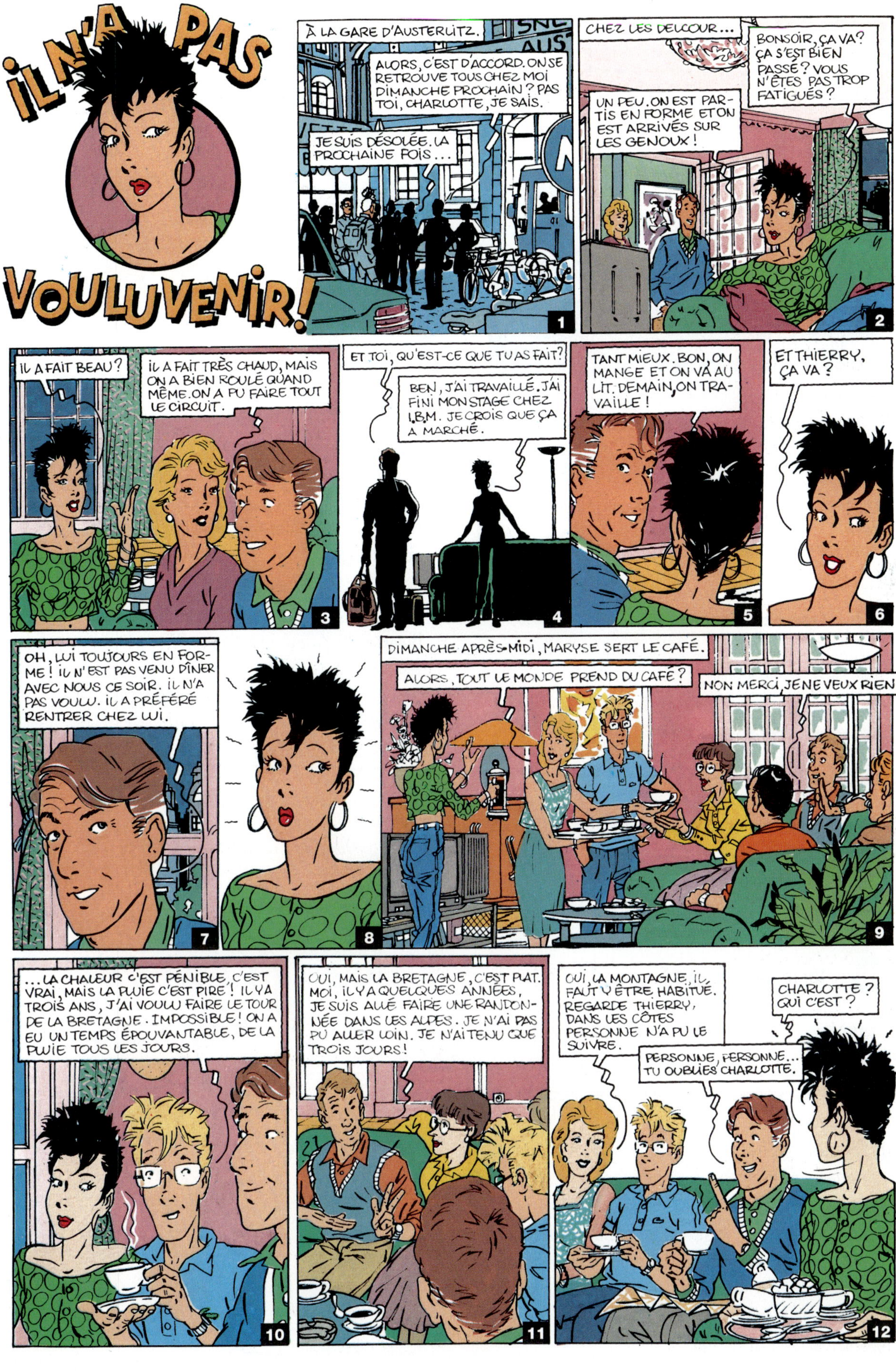
IL N'A PAS VOULU VENIR!
À LA GARE D'AUSTERLITZ.
ALORS, C'EST D'ACCORD. ON SE RETROUVE TOUS CHEZ MOI DIMANCHE PROCHAIN? PAS TOI, CHARLOTTE, JE SAIS.
JE SUIS DÉSOLÉE. LA PROCHAINE FOIS...
CHEZ LES DELCOUR...
BONSOIR, ÇA VA? ÇA S'EST BIEN PASSÉ? VOUS N'ÊTES PAS TROP FATIGUÉS?
UN PEU. ON EST PARTIS EN FORME ET ON EST ARRIVÉS SUR LES GENOUX!
IL A FAIT BEAU?
IL A FAIT TRÈS CHAUD, MAIS ON A BIEN ROULÉ QUAND MÊME. ON A PU FAIRE TOUT LE CIRCUIT.
ET TOI, QU'EST-CE QUE TU AS FAIT?
BEN, J'AI TRAVAILLÉ. J'AI FINI MON STAGE CHEZ I.B.M. JE CROIS QUE ÇA A MARCHÉ.
TANT MIEUX. BON, ON MANGE ET ON VA AU LIT. DEMAIN, ON TRAVAILLE!
ET THIERRY, ÇA VA?
OH, LUI TOUJOURS EN FORME! IL N'EST PAS VENU DÎNER AVEC NOUS CE SOIR. IL N'A PAS VOULU. IL A PRÉFÉRÉ RENTRER CHEZ LUI.
DIMANCHE APRÈS-MIDI, MARYSE SERT LE CAFÉ.
ALORS, TOUT LE MONDE PREND DU CAFÉ?
NON MERCI, JE NE VEUX RIEN.
... LA CHALEUR C'EST PÉNIBLE, C'EST VRAI, MAIS LA PLUIE C'EST PIRE! IL Y A TROIS ANS, J'AI VOULU FAIRE LE TOUR DE LA BRETAGNE. IMPOSSIBLE! ON A EU UN TEMPS ÉPOUVANTABLE, DE LA PLUIE TOUS LES JOURS.
OUI, MAIS LA BRETAGNE, C'EST PLAT. MOI, IL Y A QUELQUES ANNÉES, JE SUIS ALLÉ FAIRE UNE RANDONNÉE DANS LES ALPES. JE N'AI PAS PU ALLER LOIN. JE N'AI TENU QUE TROIS JOURS!
OUI, LA MONTAGNE, IL FAUT Y ÊTRE HABITUÉ. REGARDE THIERRY, DANS LES CÔTES PERSONNE N'A PU LE SUIVRE.
PERSONNE, PERSONNE... TU OUBLIES CHARLOTTE.
CHARLOTTE? QUI C'EST?

9

8 Dites le contraire.

1. Tout le monde est venu.
2. Ils ont tout vu.
3. Ils n'ont rien mangé.
4. Quelqu'un a raconté des histoires.
5. Tout les a intéressés.
6. Ils ne se souviennent de rien.

ACCORD DES VERBES PRONOMINAUX AU PASSÉ COMPOSÉ

Elles se sont bien habill**ées** pour la soirée.
Tous les invités sont arriv**és** en même temps.

On s'est bien amus**és**. **On** est parti**s** à minuit.

Comment se termine le participe passé quand on utilise « on » ?

9 Trouvez les questions.

Émilie / aller en randonnée
—> Est-ce qu'Émilie est allée en randonnée ?
Émilie est-elle allée en randonnée ?

1. Thierry / rester chez lui.
2. Charlotte et Thierry / devenir amis.
3. Les randonneurs / rentrer par le train.
4. On / tous arriver à la ferme.
5. Les membres du club / faire une randonnée dans les Alpes.

10 Un mauvais départ !

Complétez le texte. Mettez les verbes entre parenthèses au passé composé.

Ils (partir) en vacances en voiture. Ils (aller) jusqu'à Lyon sans problèmes.
Ils (continuer) leur route vers le sud. À Valence,, ils (s'arrêter) pour se reposer.
Puis, ils (repartir). Tout (se passer) bien jusqu'à Avignon. Avant d'arriver à Aix, ils (avoir) un accident : la voiture (sortir) de la route. D'autres automobilistes (s'arrêter). On (téléphoner) à l'hôpital. On (venir) les chercher. Heureusement, ils n'(avoir) rien de grave. Ils (pouvoir) repartir tout de suite !

11 Émilie est-elle jalouse ?

Complétez le dialogue entre Émilie et Thierry, puis jouez-le à deux.

- Alors, tu .... Charlotte où ?
- Eh bien ! au club. On .... du vélo ensemble.
- Qu'est-ce qui .... pendant la randonnée ?
- Rien. J' .... une roue avec elle et on .... bons copains.
- Vous .... ensemble ?
- Si, on .... un soir au cinéma.
- Pourquoi tu .... l'autre soir ? Tu .... avec elle ?
- Non, je .... chez moi ! Mais, dis donc, tu es jalouse !
- Moi ? Certainement pas !

12 Charlotte raconte.

1. Une collègue de bureau demande à Charlotte de lui raconter ses vacances. Continuez le récit de Charlotte.
– Alors, tu as passé de bonnes vacances ?
– Oh, oui. Nous sommes partis…
2. À votre tour, racontez un de vos voyages.

13 Jeu de rôle. Que s'est-il passé ?

Regardez le dessin. Imaginez que vous êtes le père ou la mère et racontez l'histoire à un(e) ami(e). Vous montrez votre intérêt et votre compréhension.
– Alors, ces vacances, ça s'est bien passé ?…

9

DES SONS ET DES LETTRES

■ Les voyelles « centrales » : [y], [ø], [œ]

	Langue à l'avant		Langue à l'arrière
de plus	[i]	[y]	[u]
en plus	[e]	[ø]	[o]
ouvertes	[ɛ]	[œ]	[ɔ]
	lèvres tirées	lèvres arrondies	

[y] = position de langue de [i]
et position de lèvres de [u].
[ø] = position de langue de [e]
et position de lèvres de [o].
[œ] = position de langue de [ɛ]
et position de lèvres de [ɔ].

❑ Prononcez, puis écoutez. Articulez bien !

1. Tu lis. – Tu as lu.
2. Donne-les. – Donne-le.
3. Tu appelles. – Tu as peur.
4. Vous avez vu. – Tu as tout.
5. Donne l'eau. – Donne-le.
6. Alors. – À l'heure.

■ Les semi-voyelles

[j] *rien*, *premier*, *Thierry*
[w] *crois*, *moi*, *au revoir*
[ɥ] *suis*, *lui*, *pluie*

❑ Prononcez :

nuit / suivre / circuit / habitué
revoir / toi / moi / trois
bien travaillé / mieux / il y a la télévision

ANTICIPEZ

1 **Lisez le texte et écrivez le curriculum vitae** (C.V.) du commandant Cousteau.

Nom : ....
Prénom(s) : ....
Âge : ....
Situation de famille : marié en 1937
2 enfants
Adresse(s) :
• Musée océanographique, avenue Saint-Martin, Monaco-Ville, Principauté de Monaco.
• Centre océanique Cousteau,
....
Études et diplômes : ....
Carrière : ....
Œuvres et travaux : ....
Distinctions : ....

METTEZ EN ORDRE

2 **Mettez ces événements dans l'ordre chronologique** et donnez les dates.

1. Il a pris le commandement de *la Calypso*.
2. Il a obtenu un grand prix pour son film, *Le Monde du silence*.
3. Il est entré à l'Académie française.
4. Il a inventé un scaphandre autonome.
5. Il a publié son premier livre.
6. Il est devenu directeur du Musée océanographique.

RECHERCHEZ LES FAITS

3 **Résumez** la vie du commandant Cousteau en quelques lignes.

Il est né...
À vingt ans...
À trente-trois ans...
En 1946...
En 1956...
Depuis plus de 40 ans...
Pendant 50 ans...
Depuis quelques années...

INTERPRÉTEZ

4 **À quels paragraphes du texte s'appliquent les titres suivants ?**

1. Premières années.
2. Cinquante années de recherches.
3. Introduction.
4. Une carrière d'explorateur des mers.
5. Conclusion.
6. Œuvres (films et publications).

5 **Qu'est-ce que vous en pensez ?**

1. Quel rêve de jeunesse a-t-il réalisé ?
2. Quelle est la spécialité du commandant Cousteau ?
3. Comment est-il devenu célèbre ?
4. Comment est-il devenu membre de l'Académie française ?
5. Pourquoi sa vie a-t-elle été exemplaire ?

9

UNE VIE EXEMPLAIRE

Qui n'a pas vu sur son écran de télévision apparaître le visage énergique du commandant Cousteau ? Qui n'a pas suivi une de ses nombreuses explorations sous-marines ou lu ses récits sur les requins, les dauphins ou les baleines ? L'officier de marine Jacques-Yves Cousteau, nommé directeur du Musée océanographique de Monaco en 1957 et, en 1968, membre de l'Académie des Sciences des États-Unis, est depuis longtemps connu et populaire dans le monde entier.

Jacques-Yves Cousteau est né il y a plus de quatre-vingts ans près de Bordeaux, dans le sud-ouest de la France, mais c'est à Paris qu'il a fait ses études. Très jeune, à vingt ans, il a pu réaliser sa première ambition : il est devenu officier de marine.

Ensuite, sa carrière de marin l'a mené sur tous les océans, mais les profondeurs des mers l'ont toujours fasciné : en 1943, il invente un scaphandre autonome pour l'exploration sous-marine, et c'est à partir de 1952 qu'il prend le commandement de *la Calypso*, un bateau spécialement équipé pour la recherche au fond des mers. Depuis cette date, découvertes, livres et films ont marqué les étapes de sa carrière : de *Par 18 mètres de fond*, paru en 1946, à *Cousteau en Amazonie*, publié en 1985, et du *Monde du silence*, film de 1954 primé au Festival de Cannes en 1956, à la série télévisée *L'Équipe Cousteau en Amazonie* de 1984.

Pendant cinquante ans le commandant Cousteau a inspiré la recherche océanographique et collectionné les succès et les distinctions. En novembre 1988, il est devenu membre de l'Académie française.

Sa vie exemplaire a été une série d'aventures exceptionnelles, une leçon et un beau livre d'images pour la jeunesse.

Racontez-nous.

6 Vous êtes devenu(e) célèbre !

Pourquoi attendre d'être célèbre pour parler de votre vie aux autres ?
Choisissez l'âge de votre célébrité (40 ans, 50 ans…) et inventez votre curriculum vitae (C. V.) en répondant aux questions suivantes.

1. Quand êtes-vous né ? Où ?
2. Où avez-vous fait vos études ?
3. À quelle université êtes-vous allé(e) ?
4. Vous avez obtenu quels diplômes ?
5. Vous avez choisi quelle carrière ?
6. Vous avez occupé quels postes ?
7. Quels ont été les moments importants de votre carrière ?
8. Vous avez rencontré quels personnages célèbres ?
9. Quels événements ont marqué votre vie ?
10. Vous avez écrit des livres ? Vous avez réalisé des films ? Quel succès ont-ils eu ? … Etc.

Roger Hanin… l'auteur dédicace son livre.

7 À partir de vos réponses à l'exercice précédent :

1. Préparez votre C.V. Précisez les études, la carrière, les œuvres, les distinctions.
2. Écrivez une biographie de 20 à 25 lignes destinée à présenter un de vos livres ou une de vos réalisations. Choisissez les informations intéressantes pour vos lecteurs.
3. Dans une lettre à un de vos nouveaux amis français, vous racontez quelques événements de votre vie.

Brigitte Bardot… l'actrice des années 1950 – 1960.

Un directeur d'entreprise.

Une colonne Morris.

La Comédie Française.

Allons au spectacle !

D'abord il faut s'informer.
Il existe trois magazines spécialisés : *Pariscope*, *7 à Paris* et *l'Officiel des spectacles*. On les trouve dans tous les kiosques à journaux. On peut aussi consulter les pages spécialisées des hebdomadaires ou des journaux.
En général, pas de location préalable pour les cinémas et les expositions... et il faut souvent faire la queue !

Pour le théâtre et les concerts, on peut louer au théâtre, dans les grands hôtels et, le jour même, avec réduction, aux kiosques de la place de la Madeleine et du Forum des Halles.

À Paris il y a environ :

- ***100 théâtres et cafés-théâtres ;***
- ***400 salles de cinéma ;***
- ***200 salles d'exposition et galeries de tableaux ;***
- ***80 musées.***

L'Institut du monde arabe.

L'escalier de la pyramide du Louvre.

Le toit du Palais Garnier.

Le centre Pompidou (Beaubourg).

COMMUNICATION

- **Rapporter des événements passés**
  Gabrielle Chanel est née en 1883.
  Elle a vécu longtemps en Suisse.
- **Inviter**
  On se retrouve tous chez moi ?
- **Refuser poliment**
  Non, merci. Je ne veux rien.
- **Exprimer des vérités générales**
  La Bretagne, c'est plat.
  La chaleur, c'est pénible.
- **Dire la date**
  1996 = mille neuf cent quatre-vingt seize
  = dix-neuf cent quatre-vingt-seize

GRAMMAIRE

Conjugaison

- **le passé composé (rappel)**
  - avec l'auxiliaire « avoir » :
    la plupart des verbes.
    Elle **a** ouv**ert** une maison de couture.
    Il n'y a pas accord entre le sujet et le participe.
  - avec l'auxiliaire « être » :
    a. 14 verbes et leurs composés
    Elle **sont** part**ies** pour la Suisse.
    Il y a accord entre le sujet et le participe.
    b. les verbes pronominaux
    Ils **se sont** retrouv**és** chez les Delcour.
    Chanel **s'est** inspir**ée** des vêtements d'homme.

⚠ Si le pronom n'est pas un COD, on ne fait pas l'accord entre le participe et le sujet.
Ils **se** sont écri**t**. *(écrire à quelqu'un, COI)*

La formation des participes passés

- réguliers :
  en **-é :** verbes du 1er groupe en *-er* + été, allé et né
  en **-i :** verbes réguliers du 2e groupe en *-ir* : fini, choisi
- irréguliers :
  en **-is :** mis, permis, pris, compris
  en **-it :** fait, dit
  en **-u :** attendu, eu, pu, répondu, tenu, vécu, vendu, venu, voulu, vu

La mise en valeur d'une circonstance

c'est... lieu, temps, cause, manière... que...
C'est **à Paris** que Coco Chanel est revenue. *(lieu)*
C'est **en 1919** qu'elle est a créé sa maison à Paris. *(temps)*
C'est **par son énergie** qu'elle s'est imposée. *(manière)*
C'est **à cause** de la guerre qu'elle est partie. *(cause)*

Le genre des adjectifs

Les adjectifs s'accordent avec les noms.
La formation du féminin consiste, en général, à ajouter un *e* au masculin (sauf si le masculin se termine déjà par e).

- le *e* fait prononcer la consonne finale
  petit [pəti], petite [pətit]
- dans plusieurs cas, l'ajout du *e* entraîne des changements :
  - de prononciation : américain [ɛ̃], américaine [ɛn]
  - d'orthographe :

faux	– fau**sse**	premier	– premi**è**re
doux	– dou**ce**	italien	– italie**nne**
heureux	– heureu**se**	nouveau	– nouve**lle**

⚠ Une exception : vieux, vieil, vieille

La restriction : ne... que

Elle n'y est venue qu'à 25 ans.
= *seulement à 25 ans.*

Les pronoms indéfinis

On les appelle ainsi car ils ne font pas référence à des personnes ou des objets précis.

Ils peuvent désigner :
- une quantité nulle : **personne, rien**
- des quantités non précises : **quelque chose**, **quelqu'un**, **quelques-uns**, **quelques-unes**
- une totalité : **tout**, **tous**, **toutes**

Ils peuvent être sujets ou compléments.
Personne n'est venu. Quelqu'un est venu. Tous sont venus.
Il ne voit rien. Il voit quelque chose. Il voit tout.

⚠ Avec « personne » et « rien » on utilise **ne** devant le verbe.

⚠ Au passé composé, rien se place entre le verbe et le participe passé.
Je **n'**ai **rien** acheté.

DOSSIER 10

LAQUELLE PRÉFÉREZ-VOUS ?

VOUS ALLEZ PARLER DE :
- voitures
- la vie en province et à Paris
- les vacances

VOUS ALLEZ APPRENDRE À :
- comparer
- exprimer l'accord et le désaccord
- donner des raisons pour et contre
- prendre une décision

VOUS ALLEZ UTILISER :
- des adjectifs antéposés
- la comparaison
- le pronom interrogatif *lequel*
- les pronoms démonstratifs
- le passé récent : *venir de* + infinitif

Au Mondial de l'automobile.

1 C'est une bonne voiture ?

Écoutez la description de la Peugeot 306.
Que pouvez-vous dire sur :

1. la date de sortie,
2. le confort,
3. la tenue de route,
4. la consommation,
5. le prix,
6. les avantages (points positifs),
7. les inconvénients (points négatifs).

2 Qu'en pensez-vous ?

Écoutez la description de la Fiat Punto.
Quels sont ses avantages et ses inconvénients ?

Exprimer : l'accord - le désaccord	
• après une déclaration affirmative	• après une déclaration négative
J'aime la 306. **Moi aussi. —> Pas moi.**	Je n'aime pas la Clio. **Moi non plus. —> Moi si.**

3 Quelles voitures est-ce que vous aimez ?

Comparez vos goûts avec ceux d'un(e) autre étudiant(e) et justifiez-les. Respectez ses opinions et ses arguments.

- *Tu aimes la Peugeot 306 ?*
- *Oui, parce qu'elle est confortable et qu'elle a une bonne tenue de route.*
- *Pas moi, parce qu'elle est trop chère. Etc.*

LA PLACE DES ADJECTIFS

• **La plupart** des adjectifs se placent **après le nom.**

• Mais certains adjectifs se placent **avant le nom.**
Ils expriment souvent un jugement, une appréciation.
Ce sont : grand / petit ; jeune / vieux (vieil) ; beau (bel) ; nouveau (nouvel) / ancien ; bon / mauvais ; vrai / faux ; joli ; dernier.
une belle maison, un vieil ami, une mauvaise plaisanterie

• **Le sens peut changer selon la place de l'adjectif.**
un grand homme (célèbre) ≠ un homme grand (par la taille)
Cette année est ma dernière année d'études.
L'année dernière, j'ai fait des études à Paris.

Comparez les formes : un bel homme / un beau tableau

4 Ils sont mieux installés.

Complétez le texte en plaçant les adjectifs suivants avant ou après les noms soulignés. Accordez-les.

dernier – nouveau – beau – grand – ancien – joli – petit – commode – jeune – grand – mauvais – bon

Le mois, mes amis ont acheté un appartement. Il est situé dans un immeuble.
Ils ont un salon plein de meubles. Ça fait une pièce agréable à vivre. Malheureusement, l'appartement ne possède que deux chambres et ce n'est pas une disposition pour eux car ils ont deux enfants. Mais ils vont transformer une pièce en chambre avec salle de bains. Ce n'est pas une idée et ce sera une solution pour le confort de la famille.

5 Des mots pour en parler.

1. Trouvez l'adjectif correspondant.
puissance —> puissant (masc.) / puissante (fém.)
a. économie **b.** facilité **c.** confort **d.** silence
e. rapidité **f.** bruit **g.** originalité

2. Trouvez le verbe correspondant.
a. équipement **b.** transport **c.** conduite **d.** vente

3. Trouvez le nom correspondant.
a. accélérer **b.** consommer **c.** éclairer **d.** suspendre

Au Mondial de l'automobile.

Renault Clio.

Peugeot 306.

Fiat Punto.

10

La Peugeot 306 XN1 est sortie en 1994. Sa présentation est plus modeste et plus simple que celle des autres modèles de la série, mais elle est spacieuse et peut transporter cinq passagers. Elle est facile à conduire et possède une excellente tenue de route : elle est sûre par tous les temps. Sa consommation à 90 kilomètres à l'heure est de 5,2 litres : elle est assez économique et assez rapide. Elle n'a qu'un inconvénient : elle est un peu plus chère que ses concurrentes.

La Fiat Punto date de 1994 et ne manque pas d'originalité. C'est une voiture très spacieuse pour sa taille, 3,76 mètres. Sa présentation intérieure est très soignée avec des sièges de bonne qualité et un joli tableau de bord. C'est une voiture amusante à conduire grâce à son bon confort de suspension. Mais son coffre arrière n'est pas assez grand. De plus, si le moteur est silencieux quand on ne va pas vite, il est plus bruyant à grande vitesse. On peut ajouter que le freinage manque un peu d'efficacité.

6 Quel genre de voiture est-ce ?

1. Complétez le texte de présentation de la Clio RN 1. 2. Écrivez les mots manquants sur une feuille.

2. Écoutez pour vérifier vos réponses.

Tous les .... de la série Clio ont connu un grand succès depuis leur .... en 1991. La Clio a même été en tête des ventes en France. C'est une 5 CV de 3,71 m de .... C'est une voiture très .... pour sa taille. Elle a un bon comportement sur .... et peut atteindre 175 km .... Sa ...., basse à faible vitesse, 4,8 litres aux 100 ...., monte cependant assez vite à l' accélération . La direction assistée rend sa .... aisée, mais ses freins n'ont pas encore toute l'........... souhaitable. Son .... , 74 800 francs, reste très compétitif parmi les voitures de sa catégorie.

10

LA COMPARAISON

• avec les adjectifs

La Clio est { **plus** rapide / **aussi** bonne / **moins** chère } **que** la 306.

• avec les adverbes

\+ Il va **plus** vite **que** moi.

= Elle conduit **aussi** sûrement **que** son mari.

– Cette voiture freine **moins** bien **que** l'autre.

⚠ bien —> mieux

Travailler c'est **bien**, être en vacances c'est **mieux**.

• avec des noms

Il y a { **plus d'**avantages **que d'**inconvénients. / **autant de** problèmes **que** dans une autre ville. / **moins de** choix **qu'**au Mondial de l'automobile. }

• avec des verbes

La Citroën ZX { consomme **plus** / intéresse **autant** / se vend **moins** } **que** la Clio.

7 Vous voulez l'acheter ?

Essayez de vendre une voiture à un(e) autre étudiant(e). Préparez des arguments, pour le vendeur et pour l'acheteur, sur : le prix, le confort, la sécurité, la tenue de route, la consommation...
Comparez-la avec d'autres voitures.

– J'ai une voiture à vendre.

– Ah, oui ! Comment est-elle ?

8 Comparez-les !

Faites deux comparaisons avec chaque couple de voitures.

La 306 n'est pas aussi rapide que la Fiat mais elle consomme moins.

9 De quelles voitures s'agit-il ?

Écoutez les deux textes et aidez-vous du tableau de présentation des voitures.

10 Quel hôtel allez-vous choisir ?

Écoutez et aidez la personne à choisir son hôtel.

1. Quels sont les avantages et les inconvénients de l'hôtel du Nord ?
2. Quels sont les avantages et les inconvénients de l'hôtel du Midi ?
3. Dites lequel de ces deux hôtels elle va préférer et pourquoi.

Marques	Peugeot 306 XN1.1	Renault Clio RN1.2	Citroën ZX1.4i	Fiat Punto 75 ELX
Puissance en CV	5 CV	5 CV	7 CV	6 CV
Vitesse maximum	155 km / h	175 km / h	172 km / h	170 km / h
Longueur	3,99 m	3,71 m	4,07 m	3,76 m
Largeur	1,69 m	1,63 m	1,70 m	1,62 m
Consommation aux 100 km	5,2 litres	4,8 litres	5,4 litres	5,3 litres
Prix (en francs)	78 900 F	74 800 F	77 900 F	72 800 F

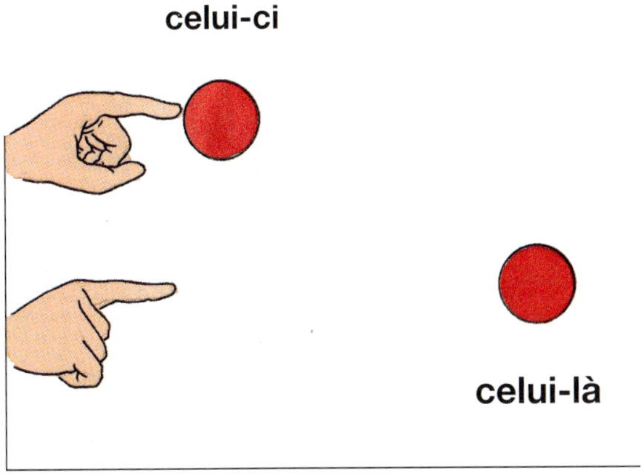

PRONOMS

	interrogatifs	démonstratifs	
Masc. sing.	**lequel ?**	**celui-ci** celui de / de la / du /d'	**celui-là**
plur.	**lesquels ?**	**ceux-ci** ceux de / de la / du / d'	**ceux-là**
Fém. sing.	**laquelle ?**	**celle-ci**, celle-là, celle de...	
plur.	**lesquelles ?**	**celles-ci**, celles-là, celles de...	

Est-ce que «celui, celle, ceux, celles» s'emploient seuls ?
À quoi servent les terminaisons «-ci» et «-là» ?

11 Choisissez.

Remplacez les mots soulignés par un pronom interrogatif ou démonstratif.

Quelles places préfères-tu ? Les places du premier rang ou les places de derrière ? —> Lesquelles préféres-tu ? Celles du premier rang ou celles de derrière ?

1. Quelles chaussures voulez-vous ? Les chaussures de droite ou les chaussures de gauche ?
2. Quels skis allez-vous acheter ? Ces skis sont excellents mais chers, ces skis sont moins bons mais ils sont meilleur marché.
3. Quelle idée préfères-tu, l'idée d'Alain ou l'idée de Michèle ?
4. Quel train allez-vous prendre, le train de 8 h 27 ou le train de 9 h 56 ?
5. Quel film désirez-vous voir ? Ce film est triste et ce film est gai.

12 Quelle compagnie préférez-vous ?

Regardez le tableau de comparaison des trois compagnies aériennes : la TAC (Transports aériens continentaux), la TAI (Trans-air international) et l'AET (Air Europe transcontinental).

1. Préparez trois questions. Utilisez des pronoms.
   Laquelle propose le meilleur service ?
2. À deux, répondez à vos questions et comparez les compagnies.
   L'AET a un meilleur service que la TAI, mais les prix de celle-ci sont plus élevés.

Compagnie	TAC	TAI	AET
Service	++	+	+++
Menus	+++	+	+++
Espace	+	++	++
Nombre d'aéroports	+	+++	++
Prix	++	+++	+

+++ = excellent ++ = bon + = correct

13 Lesquels veulent-ils ?

Complétez les phrases avec un pronom interrogatif ou démonstratif.

1. Cette voiture est rapide et ...... est confortable.
   ...... est-ce que tu préfères ? Je préfère ......
2. Ce film est français et ...... est américain.
   ...... est-ce que tu veux voir ?......
3. Ces chaussures ont des talons hauts et ...... des plats.
   ...... est-ce que tu veux mettre ?......
4. Ces croissants sont au beurre et ...... ne le sont pas.
   ...... est-ce que tu prends ?......
5. Cette voiture est neuve et ...... est une voiture d'occasion.
   ...... est-ce que tu veux acheter ? ......

10

LA ROUE TOURNE

1 Rétablissez la vérité.

Écoutez le dialogue et corrigez ces affirmations si nécessaire.

1. L'entreprise n'a pas pu obtenir le contrat.
2. Il y a moins d'un an de travaux.
3. Les ingénieurs peuvent emmener leur famille.
4. Les salaires sont moins élevés en province.
5. Les travaux ne vont pas commencer avant un an.
6. Maryse adore vivre en province.
7. Les hôpitaux d'Albertville ont trop d'infirmières.
8. Émilie préfère travailler en province.

10

2 Un choix difficile !

1. Que propose le directeur à ses ingénieurs ?
2. Quels arguments met-il en avant pour les décider à partir ?
3. Quels renseignements complémentaires demandent les ingénieurs ?
4. Les Delcour en discutent. Quels sont les arguments, pour et contre, de Christian, Maryse et Émilie ?

3 Qu'est-ce que vous en pensez ?

Comparez la vie à Paris et à Albertville. Pensez aux avantages et aux inconvénients.

- Vie : chère / agréable / facile / intéressante.
- Salaire : élevés / bas.
- Logement : cher / gratuit / confortable.
- Travail : ......
- Magasins : ......
- Sport : ......

4 Qu'est-ce qu'ils expriment ?

Trouvez dans le dialogue :

- une demande d'information,
- une objection,
- un refus,
- un argument pour justifier un refus.

5 Le directeur nous propose de partir...

Christian Delcour rentre chez lui et parle de la proposition de son directeur à Maryse et à Émilie. Elles lui posent des questions. (Pourquoi Albertville ? Pour y faire quoi ? Combien de temps ? Qui part ?...)

ALORS, ON Y VA ?
COMME VOUS LE SAVEZ, NOTRE ENTREPRISE VIENT DE SIGNER UN CONTRAT POUR LA CONSTRUCTION D'UN SUPER COMPLEXE SPORTIF À ALBERTVILLE. PLUS GRAND QU'À GRENOBLE ! TOUT EST À CONSTRUIRE : HÔTELS, PARKINGS, ROUTES ET STADES BIEN SÛR. ÇA FAIT PLUS DE QUATRE ANS DE TRAVAUX...
ALBERTVILLE
C'EST POURQUOI IL NOUS FAUT DES INGÉNIEURS LÀ-BAS... VOUS ?
MOI, JE SUIS D'ACCORD. J'AIME BOUGER. J'AI CHOISI CE MÉTIER UN PEU POUR ÇA.
MOI AUSSI, ÇA ME TENTE, MAIS JE VEUX EN SAVOIR PLUS. ON PEUT EMMENER NOS FAMILLES ? QUELS SONT LES AVANTAGES ?
POUR LES FAMILLES, PAS DE PROBLÈME. LES AVANTAGES ? MEILLEURS SALAIRES, LOGEMENT GRATUIT ET VIE MOINS CHÈRE...
VOUS, DELCOUR, VOUS N'ÊTES JAMAIS PARTI ?
NON, MA FEMME NE VEUT PAS QUITTER SON TRAVAIL. ET PUIS, IL Y A MA FILLE.
DITES DONC, ELLE A PLUS DE DIX-HUIT ANS VOTRE FILLE ! RÉFLÉCHISSEZ. MAIS PAS TROP LONGTEMPS. ON COMMENCE LES TRAVAUX DANS DEUX MOIS.
TU SAIS BIEN QUE MOI, LA VIE EN PROVINCE, JE N'AIME PAS ÇA.
MOI NON PLUS, JE N'AIME PAS ÇA...
MAIS IL NE FAUT PAS EXAGÉRER. ALBERTVILLE, CE N'EST PAS LE BOUT DU MONDE ! ON PEUT VENIR À PARIS DE TEMPS EN TEMPS ET LA VIE EN PROVINCE A BEAUCOUP D'AVANTAGES : LE SPORT, LA NATURE ... ET PUIS IL Y A PLUS D'ARGENT. DEUX MILLE FRANCS DE PLUS PAR MOIS, C'EST À CONSIDÉRER ! POUR MOI, IL Y A PLUS D'AVANTAGES QUE D'INCONVÉNIENTS.
ET SI JE NE TROUVE PAS DE TRAVAIL ?
IL Y A DES HÔPITAUX À ALBERTVILLE. ILS ONT BESOIN DE BONNES INFIRMIÈRES.
DE TOUTE FAÇON, MOI, C'EST SÛR, JE N'Y VAIS PAS.
COMMENT ÇA, TU N'Y VAS PAS ?
NON, MOI, JE SUIS COMME MAMAN. LA PROVINCE, C'EST L'ANGOISSE...
ET PUIS, JE SUIS MAJEURE, NON ? ICI, J'AI UN BON TRAVAIL. J'AI MIS ASSEZ LONGTEMPS À LE TROUVER ! JE NE VEUX PAS ME RETROUVER AU CHÔMAGE.
ÉMILIE N'A PAS TORT. POUR UNE SECRÉTAIRE, C'EST MOINS FACILE EN PROVINCE QU'À PARIS.
ALORS, QU'EST-CE QU'ON DÉCIDE ?

10

10

LE PASSÉ RÉCENT

• **venir de + infinitif**

L'entreprise **vient de** signer un contrat.
Nous avons discuté longtemps mais nous **venons de** nous mettre d'accord.
Les ingénieurs ont beaucoup hésité mais ils **viennent d'**accepter de quitter Paris.

Quelle différence de sens voyez-vous entre le passé composé et le passé récent ?

6 Qu'est-ce qu'ils viennent de faire ?

Répondez en utilisant le passé récent et un pronom complément.

Le directeur a-t-il parlé à ses ingénieurs ?
—> Oui, il vient de leur parler.

1. Les ingénieurs ont-ils accepté la proposition ?
   – Oui, ils…
2. Le second ingénieur a-t-il posé des questions ?
3. Et vous, Christian, vous en avez parlé à votre femme ?
4. Émilie a-t-elle accepté de partir ?
5. Et vous, vous avez signé le contrat ?

7 Vous n'aimez pas la province.

Trouvez des arguments contre la vie en province.

On peut faire plus de sport.
—> Oui, mais il y a moins de cinémas.

1. La vie est moins chère.
2. On est plus près de la nature.
3. Les logements sont moins chers.
4. Le travail est plus agréable.
5. Il y a moins de magasins.

8 Défendez votre position !

Cherchez trois arguments pour défendre, chaque fois, les choix suivants :

1. Avoir un animal à la maison.
2. Avoir une voiture en ville.
3. Voyager à l'étranger.

Exprimer l'accord et le désaccord

• **L'accord**

Je suis d'accord. Ça me va. Ça, c'est vrai. Vous avez raison.
C'est bien. Ça me plaît. C'est ce qu'il faut faire.
Je suis de votre avis. Sans aucun doute.

• **Le désaccord**

Je ne suis pas de votre avis.
Ah, non ! Je ne suis pas d'accord. Je ne veux pas.
Ce n'est pas possible.
Pas du tout ! Mais non ! / Mais si !
Absolument pas !

9 Hôtel ou camping ?

Quels sont pour vous les avantages et les inconvénients du séjour en hôtel et du camping ?

Jouez à deux. Chacun défend un point de vue. Pensez aux thèmes suivants : prix, sensation de liberté, être près de la nature, se faire des amis, se reposer… Écoutez les arguments de votre ami avant de donner les vôtres.

10 **Jeu de rôle.**
Quelle décision prendre ?

Vous avez la possibilité de partir travailler ou d'aller étudier le français dans un pays francophone (Canada, pays d'Afrique, France). Vous hésitez. Vous ne savez pas quel pays choisir.
Vous en discutez avec un étudiant et vous tenez compte de ses arguments.

11 **Jeu de rôle.**
Lequel choisir ?

Un ami français vient dans votre ville. Comparez des hôtels, des restaurants, des magasins ou des monuments de votre ville et dites-lui lesquels vous préférez et pourquoi (prix, confort, situation, accueil, intérêt...).

10

DES SONS ET DES LETTRES

La prononciation des voyelles moyennes : « E, EU, O »

Règle :
- En syllabe ouverte (terminée par un son de voyelle), la voyelle moyenne est fermée.
  assez, peu, bureau. [e, ø, o]
- En syllabe fermée (terminée par un son de consonne), la voyelle moyenne est ouverte.
  chef, peur, accord. [ɛ, œ, ɔ]

	lèvres tirées langue en avant	**lèvres arrondies langue en avant**	**lèvres arrondies langue en arrière**
Voyelles fermées	[e] *trouver*	[ø] *deux*	[o] *travaux*
Voyelles ouvertes	[ɛ] *chère*	[œ] *meilleur*	[ɔ] *bonne*

❑ Trouvez des exemples de ces voyelles dans le dialogue de la bande dessinée.

Articulation montante-descendante

Pour les familles, pas de problèmes.

❑ Prononcez :
Et puis, il y a ma fille.
On ouvre les chantiers dans deux mois.
Il y a plus d'avantages que d'inconvénients.
De toute façon, je n'y vais pas.
Paris ou Albertville ?

ANTICIPEZ

1 Un séjour en Martinique.

Regardez la page 147.

1. Où est situé l'hôtel Le Caraïbe sur la carte ? Est-ce qu'il est loin de Fort-de-France ? À combien de kilomètres ? Au nord ? Au sud ?
2. Quelle mer est-ce qu'on voit de l'hôtel ?

METTEZ EN ORDRE

2 Comment faire ?

Où se trouvent :

- les renseignements sur l'hôtel et le séjour ?
- les informations générales ?
- les commentaires publicitaires ?
- les suggestions pour prolonger le séjour ?
- les informations sur les prix ?

3 Quels sont les avantages et les inconvénients ?

1. Où sont indiqués les avantages ? Quels sont-ils ?
2. Où sont indiqués les inconvénients ? Quels sont-ils ?
3. Est-ce qu'on dit tout ? Pouvez-vous penser à d'autres inconvénients (climat, suppléments à payer, saison de l'année...) ?

RECHERCHEZ LES FAITS

4 Qu'est-ce qu'on vous propose ?

1. Quelle est la catégorie de l'hôtel ?
2. Vous voulez écrire. Où se trouve l'adresse de l'hôtel ?
3. Combien y a-t-il de chambres dans l'hôtel ?
4. Quel genre de cuisine pouvez-vous y trouver ?
5. Quel confort y a-t-il dans les chambres ?
6. Où peut-on se baigner ?
7. Quels sports peut-on faire gratuitement ?
8. Comment peut-on aller à Fort-de-France ?
9. Si vous partez de Paris combien payez-vous pour neuf jours ?
10. Si vous partez d'une ville de province, est-ce que vous payez plus cher ou moins cher ?

INTERPRÉTEZ

5 Pouvez-vous trouver la solution à ces problèmes ?

1. Vous voulez prolonger votre séjour d'une semaine. Que faut-il faire ?
2. Vous voulez payer moins cher. À quel moment de l'année faut-il partir ? Pourquoi ?
3. Vous habitez la province. Avez-vous les mêmes avantages que les Parisiens ?
4. À qui devez-vous vous adresser pour les renseignements et les inscriptions ?
5. Sur place vous voulez manger de la cuisine créole authentique. Où allez-vous ?

Sélection-voyage de la semaine
SÉJOUR EN MARTINIQUE

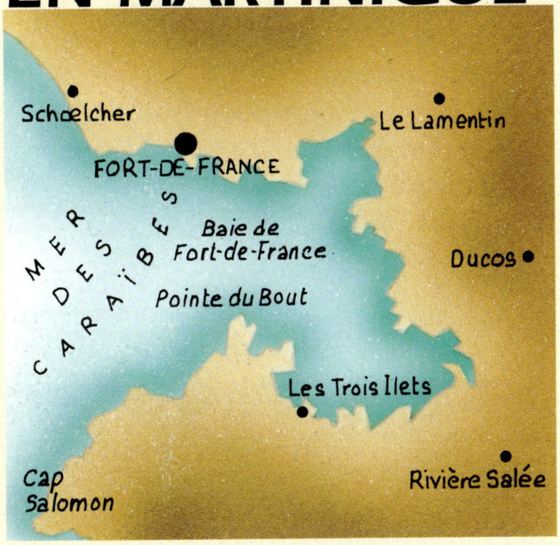

9 jours / 7 nuits

4 910 F

Départ de Paris
(Exemple de prix, les 1er et 2 novembre)

Autres départs de

Bordeaux .... **4 980 F***
Lyon .... **4 980 F***
Marseille .... **4 980 F***
Mulhouse .... **4 980 F***
Toulouse .... **4 980 F***

*** 8 jours / 6 nuits**
(Exemples de prix, les 2 et 4 novembre)

10

HÔTEL LE CARAÏBE ■■■□ catégorie supérieure

5 180 F
de Paris

Portrait
- Adresse : 92700 Fort-de-France.
- Tél. : (19 596) 61 49 69.
- À 1,5 km de Fort-de-France.
- Sur une colline au bord de la mer, entouré d'un grand jardin exotique près du bourg de Schoelcher.
- Belle terrasse sur la mer ou les jardins, ambiance cosmopolite.
- 200 chambres, 3 étages.
- Belle plage de sable fin.
- Piscine.
- Bar, snack-bar à la plage.
- Boutiques, salon de coiffure et d'esthétique.
- Casino (roulette, baccara, black jack, craps).

Votre chambre
- Avec terrasse donnant sur la mer des Caraïbes.
- Air conditionné, radio, télévision couleur, téléphone direct, salle de bains complète.

La table
- Petit déjeuner-buffet.
- Cuisine française et créole.
- Un restaurant en terrasse et un au bord de la piscine.

Gratuit
- Chaises longues, matelas, serviettes.
- Planches à voile, initiation à la plongée avec bouteille, plongée libre, 6 courts de tennis.

Payant
- Ski nautique, plongée, sorties en mer.
- Tennis la nuit

Idéalement situé pour les plaisirs de la mer et de la plage. À 10 minutes de Fort-de-France.

Nous avons aimé
- Le panorama splendide sur la baie de Fort-de-France.
- La proximité de Fort-de-France avec ses marchés, ses rues coloniales, son musée, ses restaurants et sa place de la Savane.
- L'animation du petit village de l'Anse Mitan, à quelques minutes à pied de la Pointe du Bout.
- La marina de la Pointe du Bout. Des vedettes assurent la navette avec Fort-de-France.

Information-vérité
- Nourriture internationale dans les hôtels ; seuls les restaurants extérieurs servent de la cuisine créole authentique. Poissons excellents. Langouste très chère et parfois rare.
- Artisanat charmant, pas toujours d'origine locale.
- En général, la vie est plus chère qu'en France.

Suggestions
Prolongez votre séjour à la Martinique par une semaine ou quelques nuits dans une autre île des Caraïbes.

Des prix exceptionnels
du 1er novembre au 14 décembre et à certaines dates en juin et septembre.

Décrivez vos vacances en Martinique.

Vous avez lu la publicité de la page précédente et vous êtes allé(e) passer une semaine à l'hôtel Le Caraïbe. Maintenant, imaginez !

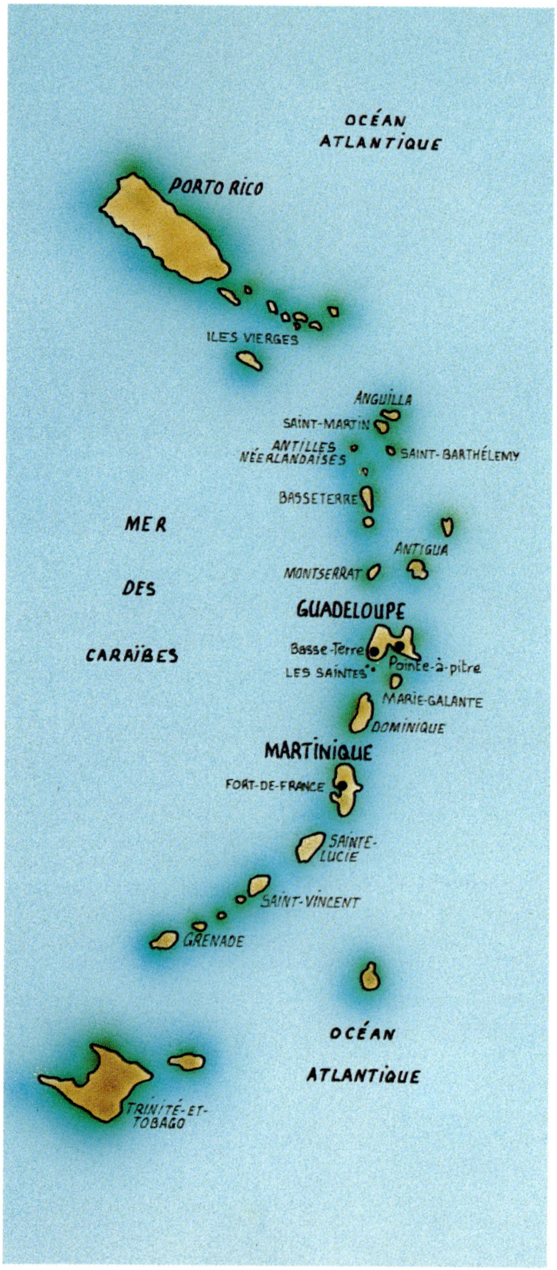

6 Qu'est-ce que vous avez choisi ?

1. Comment avez-vous eu l'idée de partir en Martinique ?
2. À quel moment de l'année êtes-vous parti(e) ? Pourquoi ?
3. Étiez-vous seul(e) ou accompagné(e) ?
4. Combien de temps êtes-vous resté(e) ?
5. Avez-vous envisagé la possibilité de louer une voiture ?

7 Qu'est-ce que vous avez fait ?

1. Comment vous a-t-on reçu(e) ?
2. Comment sont les chambres ? La nourriture ?
3. Est-ce que vous avez nagé ? Dans la piscine de l'hôtel ou dans la mer ?
4. Quels sports avez-vous pratiqués ? Avec qui ?
5. Qu'est-ce que vous avez fait d'autre (promenades, lectures, visite de l'île...) ?
6. Est-ce qu'il a fait beau ?

8 Qu'est-ce que vous en avez pensé ?

1. Qu'est-ce que vous avez aimé ?
2. Qu'est-ce que vous n'avez pas apprécié ?
3. Est-ce que vous avez envie d'y retourner en vacances ? Pourquoi ?
4. Quels conseils pouvez-vous donner aux autres ?

9 **Écrivez une lettre** à un(e) de vos ami(e)s pour décrire vos vacances en Martinique.

COMMUNICATION

- **Comparer**
  Cette voiture est plus facile à conduire que l'autre.
  Elle freine moins bien. Elle accélère plus vite.
  Elle est aussi chère, mais elle est mieux équipée.
  Celle-ci consomme plus d'essence que celle-là.
  Celle-ci est petite, celle-là est plus grande.

- **Exprimer l'accord et le désaccord**
  D'accord. Mais oui. C'est ça. Vous avez raison.
  Ah, non ! C'est faux. Je ne suis pas d'accord.
  Je ne suis pas de votre avis.
  Émilie a raison. ≠ Émilie a tort.
  Moi aussi. ≠ Pas moi.
  Moi non plus. ≠ Moi, si.

- **Demander des informations complémentaires**
  Je veux en savoir plus.
  Quels sont les avantages ?

- **Faire des objections**
  Et si je ne trouve pas de travail ?
  La province, c'est l'angoisse.

- **Donner des raisons, argumenter**
  Il ne faut pas exagérer.
  Alberville, ce n'est pas le bout du monde !
  Le salaire est bien meilleur.

GRAMMAIRE

Le passé récent

- **venir de** *(au présent)* **+ infinitif**
  Ils **viennent de** discut**er**.
  Le passé récent exprime un événement passé, comme le passé composé, mais très proche du présent.
  Ils ont réfléchi et ils **viennent d'**accept**er** la proposition.

La place des adjectifs

- La plupart des adjectifs se placent **après le nom**.
  Ils ont acheté une voiture **rouge** et **noire.**

- Quelques adjectifs se placent **avant le nom** :
  grand / petit, jeune / vieux (vieil, vieille), vrai / faux (fausse), bon (bonne) / mauvais, joli, beau (bel, belle), nouveau (nouvel, nouvelle), dernier (dernière).
  Leur **nouvelle** voiture est un **beau** modèle.

- Quelques adjectifs peuvent changer de sens selon leur place.
  Un **grand** homme (célèbre) ≠ un homme **grand** (taille)
  L'année **dernière**, leurs **derniers** amis les ont quittés.

⚠ Ne confondez pas :
un **nouvel** appartement (un de plus) et
un appartement **neuf** (où personne n'a encore habité.)

Le pronom interrogatif « lequel »

Il prend le genre du nom qu'il remplace.
Voici **des livres**. **Lesquels** voulez-vous lire ?

Les pronoms démonstratifs

- celui-ci / celui-là / celui de... ceux-ci (-là / de)

- celle-ci / celle-là / celle de... celles-ci (-là / de)
  Ils s'emploient comme « voici » et « voilà » pour distinguer entre deux choses.
  -ci = très proche **-là** = plus éloigné
  Vous voyez ces maisons ? Celle-ci me plaît beaucoup. C'est celle de Luc. Celle-là me plaît moins.

⚠ Les formes « voilà » et « celui-là / celle-là » sont les plus employées dans la langue parlée.

La comparaison

- **avec les adjectifs : plus, aussi, moins.**
  Cette voiture est **plus** chère **que** celle-là.

⚠ bon —> meilleur mauvais —> pire
Celle-ci a une **meilleure** tenue de route (**que** celle-là).

- **avec les adverbes : plus, aussi, moins.**
  Elle se conduit **aussi** facilement **que** la première.

⚠ bien —> mieux
Cette voiture est **mieux** équipée **que** l'autre.

- **avec les noms : plus de, autant de, moins.**
  Il y a **moins** de trains **que** d'avions.

- **avec les verbes : plus, autant, moins.**
  Celle-ci consomme **autant que** l'autre.

10

1 Répondez à la proposition. DELF

Vous recevez cette lettre.

> Monsieur,
>
> Notre compagnie vient d'obtenir un contrat pour la construction de plusieurs usines au Moyen-Orient. Si vous êtes intéressé par un séjour de deux ans à l'étranger, écrivez aux services de notre direction et nous vous convoquerons pour une prochaine réunion.
> Veuillez agréer, monsieur, l'assurance de nos sentiments distingués.
>
> Le directeur

Vous êtes intéressé par cette offre. Dans votre lettre de réponse, dites pourquoi et posez votre candidature. Pensez à parler de vos expériences, vos qualités, etc. (80 à 100 mots)

2 Les vacances, c'est un problème ! DELF

Écoutez le dialogue et dites si les affirmations suivantes sont vraies ou fausses.

1. Sophie veut aller en Espagne.
2. Pendant l'été, Isabelle part à la mer.
3. Les enfants d'Isabelle n'aiment que la piscine.
4. Sophie n'a pas décidé de son lieu de vacances.
5. Pour Isabelle, il est normal que les enfants décident.

3 Qu'est-ce que vous avez préféré ? DELF

Pendant vos vacances, vous avez visité deux pays / régions / villes. Dites lequel vous avez préféré et pourquoi. (80 à 100 mots)

DES MOTS ET DES FORMES

4 Complétez avec l'adjectif accordé.

1. un fameux tailleur	une ...... silhouette
2. son premier chapeau	ses ...... créations
3. des souliers noirs	des chaussures ......
4. un parfum nouveau	une idée ......
5. un grand magasin	une ...... maison
6. le mois prochain	l'année ......

5 Quels sont les participes passés?

Trouvez les participes passés correspondant à ces infinitifs.

1. vendre	**4.** sortir	**7.** partir
2. porter	**5.** arriver	**8.** vouloir
3. ouvrir	**6.** finir	**9.** prendre

6 Complétez les phrases...

avec des pronoms interrogatifs et démonstratifs.

1. Regarde ces tableaux de Picasso. ...... tu préfères ? ...... de la période bleue ou ...... des années 1920-1930 ?
2. Ces robes sont magnifiques ! ...... est-ce que tu choisis ? ...... de la vitrine ou ...... du mannequin ?
3. Tu as reçu deux très beaux cadeaux. Lequel est ...... de tes parents ? ...... est ...... de ton oncle ?

7 Comparez ces deux maisons.

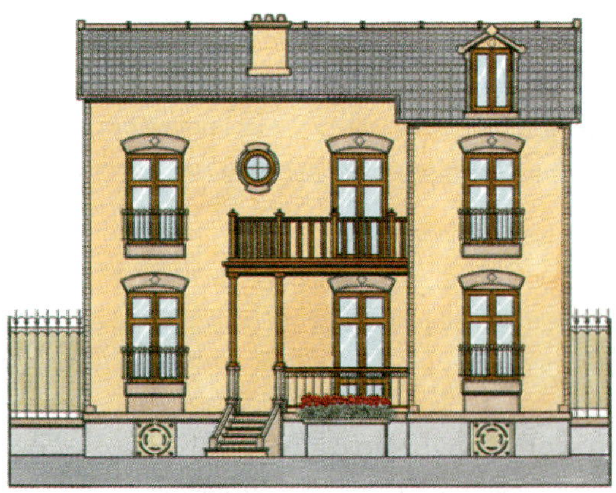

DOSSIER 11

IL FAUT QUE ÇA CHANGE !

VOUS ALLEZ PARLER DE :
- la nature et l'écologie
- souhaits pour l'humanité
- espoirs et inquiétudes

VOUS ALLEZ APPRENDRE À :
- exprimer des souhaits
- exprimer la volonté, le désir, le doute et la crainte
- exprimer le besoin et la nécessité
- exprimer le but
- persuader

VOUS ALLEZ UTILISER :
- le subjonctif présent
- *pour que* + subjonctif
- *il faut que* + subjonctif
- l'infinitif

11

Quels sont vos vœux pour le XXIe siècle ?

1 Quels vœux vous suggèrent ces dessins ?

Écoutez puis faites correspondre chacun de ces dessins à un souhait de la page 153.

2 À quoi ça correspond ?

Écoutez et classez les vingt souhaits dans les catégories suivantes :

1. Éducation
2. Nature
3. Politique
4. Santé
5. Sécurité
6. Social

Éducation : 3, ...

3 Êtes-vous réaliste ?

1. Quels souhaits vous semblent irréalisables ? Pourquoi ?
Il est impossible qu'il n'y ait plus de catastrophes naturelles parce que l'homme ne peut pas contrôler la nature.

2. Quels souhaits vous semblent réalisables ? Pourquoi ?
Il est possible que... parce que...

4 Les formes du subjonctif

1. Retrouvez, dans les souhaits de la page 153, les infinitifs de ces subjonctifs de formation régulière :

a. parte
b. mette
c. s'unisse
d. construise
e. dise
f. comprennent
g. détruise
h. meure

À quelle forme du présent de l'indicatif est-ce qu'elles vous font penser ?

2. Reliez ces subjonctifs de formation irrégulière à l'infinitif correspondant.

1. ait
2. puisse
3. fasse
4. aillent
5. soient
6. sache

a. être
b. avoir
c. savoir
d. pouvoir
e. aller
f. faire

5 Que souhaitez-vous pour votre pays ?

1. Quels sont les trois souhaits qui conviennent plus spécialement à votre pays ? Pourquoi ?

2. Votre voisin(e) a-t-il /elle choisi les mêmes que vous ? Interrogez-le / la et discutez. Respectez ses arguments, même si vous n'êtes pas d'accord.

Notre grande enquête-concours

CLASSEZ LES VINGT SOUHAITS CI-DESSOUS PAR ORDRE D'IMPORTANCE.

Je souhaite :

1 qu'il n'y ait plus de catastrophes naturelles ;
2 que tout le monde ait du travail, qu'il n'y ait plus de chômage ;
3 que tous les jeunes puissent aller à l'université ;
4 que tout le monde parte en vacances deux fois par an ;
5 qu'on mette fin aux inégalités entre les hommes ;
6 qu'on découvre d'autres sources d'énergie que le nucléaire ;
7 qu'on sache guérir des maladies comme le cancer et le sida ;
8 que tous les pays d'Europe s'unissent et qu'un état d'esprit solidaire se fasse sentir ;
9 que tous les pays s'entendent pour qu'il n'y ait plus de guerres ;
10 que tous les enfants aillent à l'école ;
11 qu'on ne dise plus de mal des autres ;
12 qu'on élimine la faim dans le monde pour que personne ne meure plus de faim ;
13 qu'on puisse contrôler l'énergie nucléaire ;
14 qu'on ne construise plus d'usines atomiques ;
15 qu'on ne détruise plus les plantes et les espèces animales ;
16 que la sélection se fasse sur le mérite et non sur l'argent ;
17 que les parents et les enfants se comprennent mieux ;
18 que les gens soient plus tolérants ;
19 qu'on mette fin au terrorisme ;
20 qu'on limite le nombre des naissances.

AJOUTEZ CINQ SOUHAITS PERSONNELS.

Pour gagner un des nombreux prix, il faut :
a) que votre liste soit semblable à la liste type (la liste type est la moyenne statistique de toutes les réponses reçues) ;
b) que vos cinq souhaits soient différents des vingt souhaits ci-dessus et différents également des souhaits personnels exprimés par les autres participants au concours.

Envoyez vos réponses avant le 30 juin
au secrétariat de la rédaction, 58, rue Jean-Bleuzen, 92170 Vanves,
avec la mention :
« CONCOURS DES SOUHAITS *le Nouvel* ESPACES »

LE SUBJONCTIF

LA FORMATION

• **Le radical** de la 3e personne du pluriel du présent	• **Les terminaisons**		
Ils **limit**ent	Je	**-e**	(que) je limit**e**
Ils **construis**ent	Tu	**-es**	(que) tu construis**es**
Ils **prenn**ent	Il / Elle / On	**-e**	(qu') il prenn**e**
Ils **boiv**ent	Ils / Elles	**-ent**	(qu') ils boiv**ent**
• **Le radical** de la 1re personne du pluriel du présent	• **Les terminaisons**		
Nous **pren**ons	Nous	**-ions**	(que) nous pren**ions**
Nous **buv**ons	Vous	**-iez**	(que) vous buv**iez**

LES IRRÉGULARITÉS

Être (que) je **soi**s, tu sois, il soit,
nous **soy**ons, vous soyez, ils soient

Avoir (que) j'**ai**e, tu aies, il ait,
nous **ay**ons, vous ayez, ils aient

Faire (que) je fasse... nous fassions...
Savoir (que) je sache... nous sachions...
Aller (que) j'aille... nous allions...
Pouvoir (que) je puisse... nous puissions...
Vouloir (que) je veuille... nous voulions...

⚠ Il faut —> qu'il faille

11

6 **Affirmez vos opinions.**

Complétez les phrases suivantes avec les verbes conjugués au subjonctif.

1. Nous voulons que tous les jeunes (avoir) du travail.
2. Nous souhaitons que tout le monde (partir) en vacances.
3. Nous ne voulons pas que les bombes atomiques (détruire) le monde.
4. Nous faisons le vœu que tous les hommes (être) égaux.
5. Nous ne croyons pas qu'on (pouvoir) éliminer la faim.
6. Il faut que les hommes ne se (faire) plus la guerre.
7. Il est souhaitable qu'on (guérir) un jour le cancer.
8. Il faut que tous les peuples (s'entendre) un jour.

7 **À vous !**

Donnez la première personne du singulier et du pluriel du subjonctif des verbes suivants :

– apprendre	– venir	– suivre
– dire	– croire	– voir
– sortir	– finir	– connaître

LES EMPLOIS DU SUBJONCTIF ET DE L'INDICATIF

Le subjonctif s'emploie :

1. après les verbes exprimant :

• **le souhait, la volonté, la nécessité**

Je souhaite / Je veux / Il faut } **qu'il vienne.**

• **le doute, la crainte**

Je ne { crois / pense } pas **qu'il vienne** demain.

J'ai peur qu'**il vienne.**

2. après « **pour que** », pour exprimer le but.

Il faut se battre **pour qu'on** ne **détruise** plus les forêts.

L'indicatif s'emploie pour exprimer :

• **ce qui existe, le réel, les faits**

Il **vient.**

Il **est venu** hier.

• **la certitude**

Je { crois / pense } qu'**il va** venir.

8 C'est certain ? Vous le pensez ?

Vous n'êtes pas d'accord. Dites-le.
Utilisez la forme négative.

– Je crois qu'on peut donner du travail à tous.
Moi, je ne crois pas qu'on puisse donner du travail à tous.

1. Je pense que tous les gens sont tolérants.
2. Je suis certain que le nucléaire est sans danger.
3. Je crois que la sélection se fait sur le mérite.
4. Je pense que les parents et les enfants se comprennent bien.
5. Je crois qu'on sait contrôler l'énergie nucléaire.

9 Dans quel but ?

Exprimez un souhait et son but avec « pour que ».

Je souhaite que les peuples s'entendent pour qu'il n'y ait plus de guerres.

Je souhaite que...

1. il y (avoir) beaucoup de travail ...... n'y (avoir) plus de chômage.
2. tous les gens (être) égaux ...... n'y (avoir) plus d'injustice.
3. on (guérir) le cancer ...... ne plus (mourir) de cette maladie.
4. l'Europe (s'unir) ...... (être) plus forte.
5. on (contrôler) l'énergie nucléaire ...... ne pas (détruire) la Terre.

10 Que souhaitez-vous ?

Formulez dix suggestions pour améliorer la vie dans votre ville sur les thèmes suivants :

– la sécurité routière, – la propreté,
– les écoles, – les loisirs,
– les centres sportifs, – les transports...

Je souhaite que les voitures ne roulent pas à plus de 20 kilomètres à l'heure. Il est nécessaire que... Etc.

LA ROUE  TOURNE

11

1 Qu'est-ce qu'on voit ? Qu'est-ce qu'on peut dire ?

Regardez les dessins 1 et 11, commentez-les et faites des hypothèses sur le sujet de la discussion. Quel est l'état d'esprit d'Émilie et de Thierry ?

2 Rétablissez la vérité.

Écoutez la conversation et corrigez les affirmations suivantes si nécessaire.

1. Les parents d'Émilie veulent qu'elle reste à Paris.
2. Thierry ne croit pas qu'Émilie soit capable de se débrouiller seule à Paris.
3. Thierry a l'impression qu'Émilie veut le quitter.
4. Émilie veut que Thierry aille avec elle à Albertville.
5. Thierry ne sait plus quoi faire.
6. Thierry est d'accord avec les parents d'Émilie.
7. Thierry propose à Émilie d'aller au cinéma.

3 Comment est-ce qu'ils l'expriment ?

Relevez dans le dialogue une façon d'exprimer...

1. l'indifférence.
2. l'obligation.
3. la volonté.
4. le souhait.
5. la crainte.

4 Qu'est-ce qu'il disent ?

5 Elle est indépendante.

Que dit Émilie pour montrer qu'elle est indépendante ?

Relevez ses phrases dans le dialogue.
Trouvez d'autres arguments.

6 Qu'en pensez-vous ?

1. Pourquoi est-ce que ses parents lui compliquent la vie ?
2. Pourquoi est-ce que Thierry parle à Émilie comme ses parents ?
3. Pourquoi est-ce qu'Émilie ne sait plus ce qu'il faut qu'elle fasse ?
4. Pourquoi est-ce que Thierry refuse d'aller au cinéma avec elle ?
5. Pourquoi Émilie dit-elle : « J'ai compris. » ?

7 Comment cela va-t-il se terminer ?

Imaginez une fin à l'histoire.

Quelle décision Émilie va-t-elle prendre ?
Que pense Thierry ?

8 Jeu de rôle. Elle lui dit tout !

Émilie raconte à sa mère sa conversation avec Thierry.
Sa mère lui pose des questions.
Jouez à deux.

– Tu sais, j'ai vu Thierry au café hier soir.
– Vous avez parlé de notre départ ?...

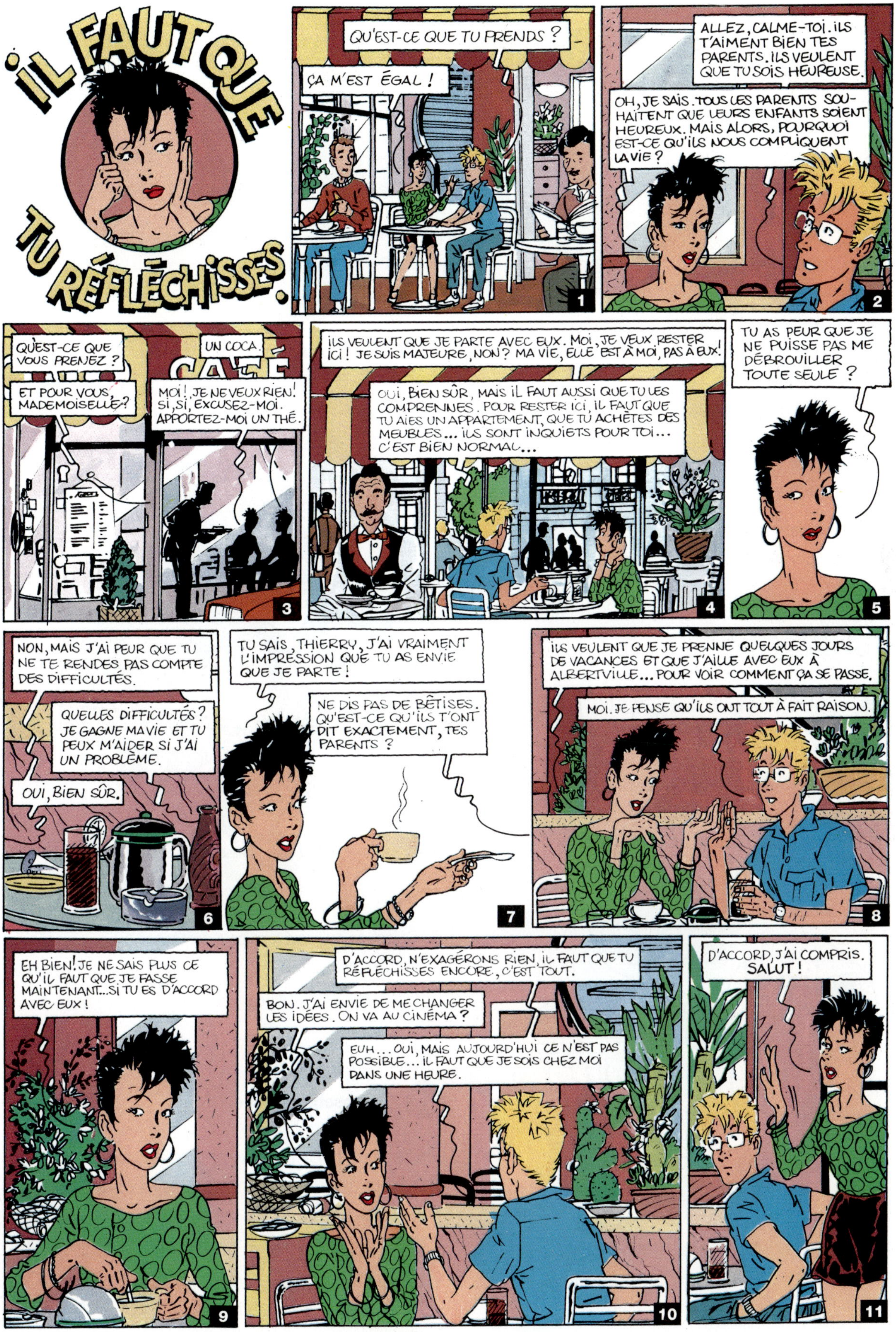
IL FAUT QUE TU RÉFLÉCHISSES.
QU'EST-CE QUE TU PRENDS ?
ÇA M'EST ÉGAL !
ALLEZ, CALME-TOI. ILS T'AIMENT BIEN TES PARENTS. ILS VEULENT QUE TU SOIS HEUREUSE.
OH, JE SAIS. TOUS LES PARENTS SOUHAITENT QUE LEURS ENFANTS SOIENT HEUREUX. MAIS ALORS, POURQUOI EST-CE QU'ILS NOUS COMPLIQUENT LA VIE ?
QU'EST-CE QUE VOUS PRENEZ ?
UN COCA.
ET POUR VOUS, MADEMOISELLE ?
MOI ! JE NE VEUX RIEN ! SI, SI, EXCUSEZ-MOI. APPORTEZ-MOI UN THÉ.
ILS VEULENT QUE JE PARTE AVEC EUX. MOI, JE VEUX RESTER ICI ! JE SUIS MAJEURE, NON ? MA VIE, ELLE EST À MOI, PAS À EUX !
OUI, BIEN SÛR, MAIS IL FAUT AUSSI QUE TU LES COMPRENNES. POUR RESTER ICI, IL FAUT QUE TU AIES UN APPARTEMENT, QUE TU ACHÈTES DES MEUBLES... ILS SONT INQUIETS POUR TOI... C'EST BIEN NORMAL...
TU AS PEUR QUE JE NE PUISSE PAS ME DÉBROUILLER TOUTE SEULE ?
NON, MAIS J'AI PEUR QUE TU NE TE RENDES PAS COMPTE DES DIFFICULTÉS.
QUELLES DIFFICULTÉS ? JE GAGNE MA VIE ET TU PEUX M'AIDER SI J'AI UN PROBLÈME.
OUI, BIEN SÛR.
TU SAIS, THIERRY, J'AI VRAIMENT L'IMPRESSION QUE TU AS ENVIE QUE JE PARTE !
NE DIS PAS DE BÊTISES. QU'EST-CE QU'ILS T'ONT DIT EXACTEMENT, TES PARENTS ?
ILS VEULENT QUE JE PRENNE QUELQUES JOURS DE VACANCES ET QUE J'AILLE AVEC EUX À ALBERTVILLE... POUR VOIR COMMENT ÇA SE PASSE.
MOI, JE PENSE QU'ILS ONT TOUT À FAIT RAISON.
EH BIEN ! JE NE SAIS PLUS CE QU'IL FAUT QUE JE FASSE MAINTENANT... SI TU ES D'ACCORD AVEC EUX !
D'ACCORD, N'EXAGÉRONS RIEN, IL FAUT QUE TU RÉFLÉCHISSES ENCORE, C'EST TOUT.
BON. J'AI ENVIE DE ME CHANGER LES IDÉES. ON VA AU CINÉMA ?
EUH... OUI, MAIS AUJOURD'HUI CE N'EST PAS POSSIBLE... IL FAUT QUE JE SOIS CHEZ MOI DANS UNE HEURE.
D'ACCORD, J'AI COMPRIS. SALUT !

11

L'INFINITIF

- **un seul sujet**

Nous voulons travaill**er**.
J'ai envie de réuss**ir**.
Il a peur de rest**er** seul.
Elle est triste de part**ir**.

- **avoir peur de...**

Ils ont peur de ne pas pouvoir vivre sans elle.

ou

LE SUBJONCTIF

- **deux sujets différents**

Nous voulons qu'**ils** travaill**ent.**
J'ai envie que **tu** réussiss**es.**
Il a peur que **tu** rest**es** seul.
Elle est triste que **tu** part**es**.

- **avoir peur que...**

Ils ont peur qu'**elle** ne puisse pas vivre seule.

11

9 Que veulent-ils ? De quoi ont-ils peur ?

Dites ce que les personnages veulent et de quoi ils ont peur.
Pensez à : se débrouiller seul(e), trouver un appartement, gagner sa vie, se marier...

Émilie veut rester à Paris. Elle a peur que Thierry ne l'aide pas. Elle veut que... Elle a peur de...

1. Émilie .
2. Thierry.
3. Les parents d'Émilie.

10 Qu'est-ce qu'il faut qu'Émilie fasse ? Qu'est-ce qu'il faut faire ?

1. Émilie veut rester à Paris. Qu'est-ce qu'il faut qu'elle fasse ?

2. Qu'est-ce qu'il faut faire pour habiter à Paris ? Trouvez cinq idées.
Il faut aimer les grandes villes...

3. Qu'est-ce qu'il faut qu'Émilie fasse pour aller habiter à Albertville ?

4. Qu'est-ce qu'il faut faire pour déménager en province ? Trouvez cinq idées.
Il faut avoir un travail...

11 Conseillez Émilie.

Émilie vous parle de ses problèmes : ses parents, Thierry, la décision à prendre. Vous lui dites ce qu'il faut qu'elle fasse.
Jouez la scène à deux.

– Qu'est-ce qui se passe, Émilie ? Tu as des problèmes ?
– Oui, j'ai beaucoup de problèmes...

12 Jeu de rôle. Ce n'est pas si grave !

Un(e) de vos camarades est en colère parce que son ami(e) n'est pas venu(e) à un rendez-vous et ne lui a pas téléphoné. Il / elle ne veut plus le / la voir. Vous essayez de le / la calmer, en lui montrant votre intérêt et votre compréhension.

13 Jeu de rôle. Il faut que tu réfléchisses !

Un(e) de vos ami(e)s a pris une décision : changer de travail, vivre seul(e), partir à l'étranger. Vous pensez que sa décision n'est pas bonne. Vous essayez de comprendre ses raisons mais vous donnez des arguments pour qu'elle réfléchisse.

La Halle de glace, Albertville.

11

DES SONS ET DES LETTRES

■ Les groupes de consonnes

On a souvent deux consonnes écrites, et prononcées, à la suite :

*Je **pr**ends, le **tr**avail, ça com**pl**ique, elle se dé**br**ouille, c'est e**xc**ellent...*

Quand le « e » caduc n'est pas prononcé, on entend beaucoup de groupes de consonnes nouveaux :

[dm] *mad(e)moiselle*
[ʃs] *mais j(e) suis majeure*
[kt] *qu(e) tu les comprennes*
[np] *que je n(e) puisse*
[ʃpl *que j(e) parte. Etc.*

❑ Écoutez et écrivez ces groupes.

❑ Cherchez d'autres exemples de groupes de consonnes dans les textes. Écrivez-les et prononcez-les.

■ Intonation

L'intonation donne le sens.

1. On impose une idée définitive, sans discussion possible :

D'accord. J'ai compris. Salut.

2. On propose, on suggère une idée, une explication :

Ils sont inquiets pour toi... C'est bien normal...

11

ANTICIPEZ

1 **Avant de lire, regardez la page 161.**

1. Que rappelle l'illustration ?
2. Identifiez le type de document :
   a. publicité   b. manifeste   c. article de presse
3. Qu'est-ce qui justifie votre réponse :
   a. dans le titre ?
   b. dans les dernières lignes du texte ?
   c. dans les paragraphes ?
4. Lisez le texte rapidement. Quels mots reviennent souvent ?

METTEZ EN ORDRE

2 **Choisissez une phrase** pour résumer chacun des trois paragraphes.

a. Ce que notre association a l'intention de faire.
b. La Terre est en danger.
c. Il faut en prendre conscience pour la sauver.

3 **Cherchez le verbe** correspondant à chacun des noms suivants dans le texte du manifeste.

1. La destruction.
2. La pollution.
3. Une invention.
4. La nourriture.
5. L'épuisement.
6. La vie.
7. La mort.
8. Une information.
9. Un choix.
10. Le stockage.

4 **Regroupez les mots** du texte autour de ces deux extrêmes.

1. Mourir.
2. Vivre.

5 **Quels sont les modes** (infinitif, indicatif ou subjonctif) **utilisés ?**

1. Le premier paragraphe décrit la situation actuelle, la réalité. À quel mode et à quel temps sont les verbes ?
2. Le deuxième paragraphe indique les buts à atteindre et ce qu'il est nécessaire de faire. À quel mode sont les verbes ?
3. Le troisième paragraphe exprime la volonté de l'association. À quel mode est le verbe principal ? Les autres verbes ?

RECHERCHEZ LES FAITS

6 **Que faire pour sauver la Terre ?**

1. Quelles sont les causes de danger ? En voyez-vous d'autres ?
2. Que peuvent et doivent faire les gens ?
3. Que veut faire l'association ?
4. Que pensez-vous de ces moyens d'action ?

INTERPRÉTEZ

7 **Rédigez votre manifeste.**

1. Les dangers sont-ils réels d'après vous ? Pourquoi ? Choisissez un danger contre lequel vous vous battrez.
2. Est-ce que les gens ont conscience de ce danger dans votre pays ? Qu'est-ce qui leur en a fait prendre conscience ?
3. Faits la liste des moyens d'action que vous proposez.
4. Rédigez votre manifeste.

Pour que la Terre ne meure pas !

Nous reproduisons ici le manifeste de l'association « Terre vivante ».

LES RESSOURCES DE LA TERRE S'ÉPUISENT. L'atmosphère perd son ozone. Les gens brûlent les forêts et les détruisent avec les gaz de leurs voitures.
Les industriels polluent la terre, l'air et l'eau avec leurs produits toxiques.
Les militaires stockent les bombes atomiques.
Les savants inventent sans cesse de nouveaux moyens de destruction.
NOTRE PLANÈTE TERRE EST EN DANGER MORTEL. Le danger devient plus grand de jour en jour !

Pour que la Terre puisse nourrir nos enfants, pour que son air soit respirable, pour que les arbres et les plantes ne meurent pas, pour que cesse la pollution des usines, pour que les bombes atomiques ne détruisent pas notre planète, pour que les savants n'inventent que des moyens de mieux vivre, il faut que vous vous informiez !
IL EST NÉCESSAIRE QUE VOUS PRENIEZ CONSCIENCE DU DANGER !
Il est indispensable que vous choisissiez des dirigeants responsables !

C'est pourquoi nous voulons rappeler à tous que Tchernobyl n'est pas un cas isolé, créer un grand mouvement d'opinion international, faire pression sur les dirigeants du monde entier pour qu'ils prennent, enfin, les mesures indispensables,

MAINTENANT ou JAMAIS !

NOUS VOULONS QUE LA TERRE VIVE !

Écrivez-nous pour nous donner votre soutien ou, mieux, devenez membre actif de notre mouvement.

11

Écrivez pour mettre les choses au point.

Voici une façon de schématiser le texte du manifeste de « Terre vivante ».

Premier paragraphe : Situation actuelle.

Deuxième paragraphe : But à atteindre.

Troisième paragraphe : Mesures à prendre.

8 On peut toujours améliorer une situation.

En ce moment, vous étudiez le français. Est-ce que tout se passe selon vos désirs et les désirs du groupe ? Analysez votre situation et proposez des améliorations et des moyens d'action.
Discutez d'abord en groupes.

11

9 Décrivez les problèmes de la situation actuelle.

1. Combien y a-t-il d'étudiants dans le groupe ?
2. Combien d'heures de cours avez-vous ?
3. Combien de temps avez-vous pour étudier chez vous ?
4. Quel livre utilisez-vous ? Y a-t-il assez d'explications ? Etc.

10 Qu'est-ce qu'on peut améliorer ?

1. Est-ce qu'il est important qu'il y ait plus ou moins d'étudiants dans le groupe ?
2. Est-ce qu'il est nécessaire que vous ayez plus ou moins d'heures de cours ?
3. Est-ce que vous souhaitez qu'on vous donne plus ou moins de travail ?
4. Est-ce que vous souhaitez avoir plus ou moins d'explications ?
5. Est-ce que vous souhaitez qu'on traduise des textes, qu'on fasse plus de grammaire... ?

11 Qu'est-ce que le groupe veut faire pour améliorer la situation ?

1. Discuter des problèmes ?
2. Parler au professeur ?
3. Négocier le programme ?
4. Arrêter les cours ?
5. Écrire un manifeste ? Etc.

Pour que la Terre ne meure pas !

Nous reproduisons ici le manifeste de l'association « Terre vivante ».

LES RESSOURCES DE LA TERRE S'ÉPUISENT. L'atmosphère perd son ozone.
Les gens brûlent les forêts et les détruisent avec les gaz de leurs voitures.
Les industriels polluent la terre, l'air et l'eau avec leurs produits toxiques.
Les militaires stockent les bombes atomiques.
Les savants inventent sans cesse de nouveaux moyens de destruction.
NOTRE PLANÈTE TERRE EST EN DANGER MORTEL. Le danger devient plus grand de jour en jour !

Pour que la Terre puisse nourrir nos enfants, pour que son air soit respirable, pour que les arbres et les plantes ne meurent pas, pour que cesse la pollution des usines, pour que les bombes atomiques ne détruisent pas notre planète, pour que les savants n'inventent que des moyens de mieux vivre, il faut que vous vous informiez !
IL EST NÉCESSAIRE QUE VOUS PRENIEZ CONSCIENCE DU DANGER !
Il est indispensable que vous choisissiez des dirigeants responsables !

C'est pourquoi nous voulons rappeler à tous que Tchernobyl n'est pas un cas isolé, créer un grand mouvement d'opinion international, faire pression sur les dirigeants du monde entier pour qu'ils prennent, enfin, les mesures indispensables,

MAINTENANT ou JAMAIS !

NOUS VOULONS QUE LA TERRE VIVE !

Écrivez-nous pour nous donner votre soutien ou, mieux, devenez membre actif de notre mouvement.

12 Écrivez votre texte.

13 Dans chaque groupe comparez vos textes, combinez-les et essayez de produire un texte unique, puis comparez les textes des différents groupes.

Pour que vive la nature...

Le Parc national des Cévennes : grange et châtaigniers.

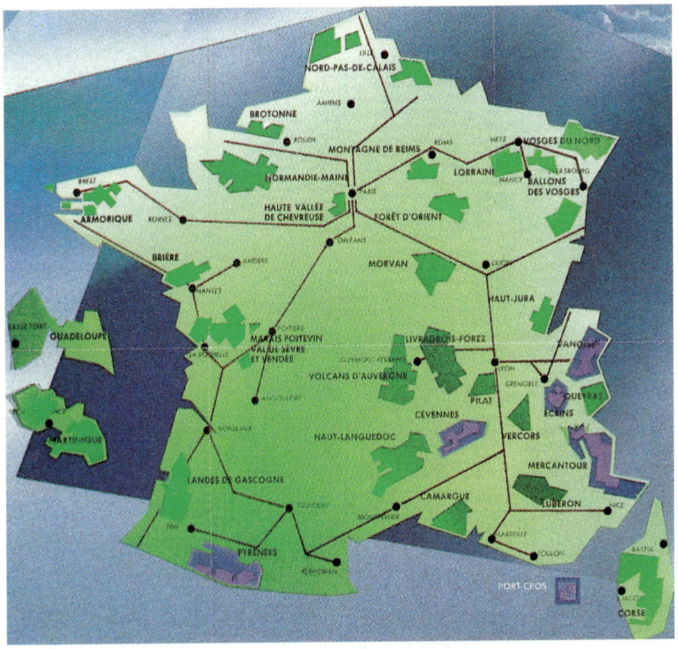

La France possède actuellement plus de quarante réserves naturelles. Grâce à elles, des espèces menacées de disparition ont pu survivre.

Les rhododendrons.

Lac de Valompierre dans les Alpes.

Le promeneur attentif peut apercevoir des ours dans le Parc national des Pyrénées occidentales, des chamois dans le Parc de la Vanoise et des aigles royaux dans le Parc du Mercantour. Et, s'il n'a pas la chance de voir un de ces animaux, il peut toujours admirer des paysages d'une beauté exceptionnelle, couverts d'une flore aussi belle que rare.

Bouquetins des Alpes dans le Parc de la Vanoise.

Port-Cros.

COMMUNICATION

- **Exprimer le souhait, la volonté**
  Je veux que vous veniez avec moi.
  Nous voulons que tous les jeunes aient du travail.
  Ils veulent aller vivre à Albertville.
- **Exprimer le doute**
  Je ne crois pas qu'on puisse mettre fin aux guerres.
  Je doute qu'on guérisse un jour toutes les maladies.
- **Exprimer la crainte**
  J'ai peur / Je crains que la bombe atomique détruise un jour le monde.
  J'ai peur / Je crains de ne pas trouver de travail.
- **Exprimer la nécéssité, l'obligation**
  Il faut que tu réfléchisses encore.
  Il faut que je sois chez moi dans une heure.
  Il faut comprendre tes parents.
- **Exprimer l'indifférence**
  Ça m'est égal.
- **Hésiter**
  Je ne sais plus ce qu'il faut que je fasse.

GRAMMAIRE

Le subjonctif

- **la formation**
  - Quatre personnes se forment sur le **radical de la 3e pers. du pluriel du présent** :
    (que) je construis**e**, tu prenn**es**, qu'il boiv**e**, ils voi**ent**.
  - Les deux autres se forment sur le **radical de la 1re pers. du pluriel du présent** :
    (que) nous contrô**lions**, (que) vous **part**iez

Les terminaisons sont régulières :
-e, -es, -e, -ions, -iez, -ent (sauf pour « être » et « avoir »).

- **quelques formations irrégulières :**

Être (que)	je sois	tu sois	il soit
	nous soyons	vous soyez	ils soient
Avoir (que)	j'aie	tu aies	il ait
	nous ayons	vous ayez,	ils aient
Aller (que)	j'aille	tu ailles	il aille,
	nous allions	vous alliez	ils aillent
Faire	(que) je fasse	(que) nous fassions	
Pouvoir	(que) je puisse	(que) nous puissions	
Savoir	(que) je sache	(que) nous sachions	
Vouloir	(que) je veuille	(que) nous voulions	

- **l'emploi**

Le subjonctif s'emploie après les verbes qui expriment :
- **le souhait et la volonté** ; Je veux qu'ils partent.
- **la nécessité et le besoin** ; Il faut qu'ils viennent me voir.
- **le doute** ; Je ne crois pas qu'il puisse le faire.
- **la crainte** ; J'ai peur que le monde devienne invivable.

Il s'emploie aussi après **pour que** qui exprime le but.
Il faut que les peuples s'entendent **pour qu**'il n'y ait plus de guerres.

- **subjonctif ou infinitif**
  - Si les **deux sujets** sont **les mêmes** (celui du verbe de la principale et celui de la subordonnée), le deuxième verbe est à l'**infinitif**.
    Ils ont peur de ne pas **pouvoir** sauver la nature.
    Il achète un billet pour **prendre** le train.
  - Si les deux verbes ont des **sujets différents,** le deuxième verbe est au **subjonctif.**
    Ils ont peur qu'**on** ne **puisse** pas sauver la nature.
    Il achète un billet pour qu'**elle prenne** le train.

DOSSIER 12

ÇA SE PASSAIT QUAND ?

C'ÉTAIT LE PRINTEMPS ! P. 166

LA ROUE A TOURNÉ P. 170

LA CONSTRUCTION DE L'EUROPE P. 174

VOUS ALLEZ PARLER DE :
- Mai 68, en France
- l'Union européenne
- la paix

VOUS ALLEZ APPRENDRE À :
- distinguer entre circonstances et événements passés
- rapporter des faits passés
- exprimer l'indifférence
- exprimer l'étonnement
- exprimer la cause et la conséquence

VOUS ALLEZ UTILISER :
- l'imparfait
- le passé composé
- la conjonction *donc*

C'était le printemps !

1 De quoi s'agit-il ?

Regardez les photographies.

1. Qu'est-ce qu'on voit sur les photos ?
2. Est-ce qu'il s'agit d'événements récents ?
3. Où ces événements ont-ils eu lieu ?
4. Qu'est-ce qui s'est passé et à quelle date ?

2 Elle y était !

Écoutez le récit de Caroline Sauton.
Prenez des notes pour situer les personnages, les événements et les circonstances de son récit.

1. Qui ?	**3.** Quand ?	**5.** Pourquoi ?
2. Quoi ?	**4.** Où ?	**6.** Comment ?

12

3 Quel est le temps des verbes ?

1. Il y a dans ce récit un certain nombre de formes verbales nouvelles pour vous. Faites-en la liste.
2. Pouvez-vous reconstituer les formes de la conjugaison de « être » et de « vouloir » à l'imparfait ?
   a. J'étais, tu… **b.** Je voulais…

4 Qu'est-ce qui s'est passé ?

1. Faites la liste des événements rapportés dans les paragraphes 1 et 2 (lignes 1 à 18).
   On a frappé à la porte. Loïc a crié…
2. Quelles informations supplémentaires donnent les verbes à l'imparfait ? Relevez les exemples fournis par le texte.
   a. Expression de l'heure au passé.
   b. Description des lieux, de l'ambiance.
   c. État d'esprit des participants.
3. Ces imparfaits sont-ils indispensables à la progression de l'histoire ?

5 Qu'en pensez-vous ?

1. Combien d'heures ce récit couvre-t-il ?
2. Par qui la « révolution » de 1968 a-t-elle été menée ?
3. Pourquoi les étudiants manifestaient-ils ?
4. Pourquoi cette journée du 10 mai a-t-elle été déterminante pour la suite des événements ?

C'était le printemps !

12

Caroline Sauton raconte...

Il était 6 heures du soir, le vendredi 10 mai 1968, quand on a frappé à ma porte. C'était mon ami Loïc, étudiant à la Sorbonne, comme moi. « Dépêche-toi », m'a-t-il crié dès que j'ai ouvert la porte. « Il y a déjà plus de 10 000 personnes place Denfert-Rochereau ! » Je n'ai pas eu le temps de lui répondre. Il était déjà en bas de l'escalier.

Dix mille personnes ! Il exagérait sans doute ! Quelques minutes plus tard, j'étais dans la rue. J'habitais porte d'Orléans, à quelques centaines de mètres de la place Denfert-Rochereau. Quand j'ai vu cette foule, j'ai eu le souffle coupé. C'est vrai qu'ils étaient des milliers ! Il faisait un temps superbe et il y avait une ambiance de fête. Vers 6 heures et demie d'autres groupes sont arrivés. Nous sommes restés là environ une heure à attendre les consignes.

À 7 heures et demie, le cortège s'est formé et on a commencé à descendre le boulevard Arago. Nous voulions passer devant la prison de la Santé. Des étudiants y étaient enfermés depuis le 3 mai. Les CRS* nous y attendaient et nous avons dû faire demi-tour. Mais la police nous bloquait et ne nous laissait qu'une seule issue, le boulevard Saint-Michel. C'est là que nous nous sommes dirigés.

Nous étions tous pleins d'espoir. Nous nous sentions très forts tous ensemble. Nous étions certains que les choses allaient changer. Moi, j'avais l'impression que nous faisions l'Histoire et, quand on nous a dit qu'il fallait occuper le Quartier latin, je me suis vraiment prise pour Gavroche**!

Il était 9 h 15 quand Loïc et moi, et des centaines d'autres, nous sommes arrivés rue Soufflot. Les CRS occupaient la place du Panthéon et nous empêchaient de passer. C'est alors que les étudiants ont commencé à arracher des pavés, à renverser des voitures et à construire la première barricade rue Le Goff...

C'est là que j'ai pris peur et que je me suis sauvée. Je manifestais pour que la Sorbonne rouvre ses portes et que les choses changent, mais mon courage s'arrêtait là. Je ne voulais pas me retrouver en prison ou à l'hôpital !

Ce n'est que le lendemain, par la radio, que j'ai appris la suite des événements : « Violentes bagarres entre policiers et étudiants jusqu'à 5 h 30 du matin, 367 blessés, 460 étudiants arrêtés, 188 voitures détruites »...

---

* CRS : Compagnies républicaines de sécurité ; police anti-émeute.

** Gavroche : jeune garçon mort sur les barricades pendant l'émeute révolutionnaire de 1832, un des héros du grand roman de Victor Hugo, *les Misérables*.

L'IMPARFAIT

• **Le radical** de la 1re personne du pluriel du présent	+	• **Les terminaisons**
Nous **av**ons		J'av**ais**
voulons		Tu voul**ais**
allons		Il / Elle / On all**ait**
faisons		Nous fais**ions**
changeons		Vous chang**iez**
sauvons		Ils / Elles se sauv**aient**

⚠ Une seule exception :
Vous êtes —> J'étais, tu étais...

6 Quelle était la situation ?

1. Combien y avait-il d'étudiants place Denfert-Rochereau ?
2. Qu'est-ce qu'ils voulaient faire ?
3. Où était la police ?
4. Pourquoi les étudiants se sentaient-ils forts ?
5. Qui occupait la place du Panthéon ?

7 Circonstances ou événements ?

Mettez les verbes entre parenthèses au passé composé ou à l'imparfait, selon le sens. Justifiez votre choix.

1. À 6 heures, Loïc (venir) chercher son amie.
2. Ils (aller) jusqu'à la place Denfert-Rochereau.
3. Des milliers de jeunes (attendre).
4. Le temps (être) très beau.
5. À 7 heures et demie un grand cortège (se mettre) en marche.
6. Mais la police (obliger) les étudiants à faire demi-tour.
7. Ils (repartir) par le boulevard Saint-Michel.
8. Ils (se sentir) pleins d'espoir.
9. Au Panthéon les CRS (bloquer) les issues.
10. Alors les étudiants (arracher) des pavés et (renverser) des voitures. Ils (construire) des barricades.
11. Loïc et son amie (rentrer) chez eux ainsi que beaucoup d'autres.
12. Mais de très nombreux étudiants (faire face) à la police pendant la nuit.

EMPLOI DE L'IMPARFAIT ET DU PASSÉ COMPOSÉ

On utilise :

• **l'imparfait** pour décrire des **circonstances passées**, un état ou une situation du passé.
(lieu, moment, cause, décor)

Nous manifestions. — Les CRS nous attendaient.

• **le passé composé** pour décrire des (séries d') **événements passés**, terminés.

Le cortège s'est formé. (à 7 h 30) — On est arrivés rue Soufflot. (à 9 h 15)

8 Trouvez les questions possibles.

Il y avait 10 000 personnes.
—> Combien y avait-il de personnes ?
Il y avait combien de personnes ?
Combien est-ce qu'il y avait de personnes ?

1. Un temps superbe.
2. Nous voulions passer devant les portes de la Santé.
3. Parce qu'ils nous bloquaient.
4. Les CRS.
5. Pour que les choses changent.
6. Parce qu'elle ne voulait pas se trouver en prison.

ACCORD DES VERBES PRONOMINAUX AU PASSÉ COMPOSÉ (rappel)

Ils se sont enfermé**s** dans le bâtiment. (enfermer qq'un)
Ils se sont lancé des pavés. (lancer des pavés à qq'un)

Quand accorde-t-on le participe passé ?

9 Mettez au passé composé et faites l'accord si nécessaire.

1. Caroline et Loïc (se dépêcher).
2. Le cortège (se former).
3. La foule (se diriger) vers la Sorbonne.
4. Étudiants et CRS (se parler).
5. Des étudiants (se sauver).
6. Étudiants et CRS (s'opposer).
7. Ils (se jeter) des pavés.
8. Beaucoup (se retrouver) à l'hôpital.

10 Quelle était la cause de l'événement ?

Donnez la cause. Utilisez un imparfait.

Loïc est allé chercher son amie... —> parce qu'il y avait une grande manifestation d'étudiants.

1. Caroline a eu le souffle coupé...
2. Le cortège n'a pas pu passer devant la Santé...
3. Les étudiants se sont engagés dans le boulevard Saint-Michel...
4. Ils ont construit des barricades pour se protéger...
5. Caroline s'est sauvée.
6. Il y a eu beaucoup de blessés...

12

11 Gardez l'essentiel !

Résumez le récit de Caroline en quelques phrases.

1. Éliminez ce qui n'est pas essentiel dans les paragraphes. Ne conservez que l'idée centrale.
2. Conservez les heures pour marquer la succession des événements.
3. Réécrivez les phrases si nécessaire.
4. Reliez les phrases conservées en un seul paragraphe.
5. Vérifiez que vous avez gardé l'essentiel : qui ? où ? quand ? quoi ? comment ? conséquences ?

12 Imaginez.

Complétez les débuts de récits ci-dessous. Ajoutez des commentaires descriptifs ou des remarques sur l'état d'esprit des personnages. Vous pouvez également ajouter des événements.

J'ai entendu un grand bruit... Il était 10 heures du soir. Il faisait nuit. J'étais dans ma chambre...

1. J'ai assisté à un match de foot. Il y a eu une violente bagarre entre...
2. Mon avion a eu une panne en plein vol. Un des quatre moteurs s'est arrêté...
3. On a coupé l'électricité hier soir dans toute la ville. J'étais à la gare...

LA ROUE  TOURNE

12

1 Imaginez.

Regardez les dessins 1 et 10 et essayez de deviner :

- le sujet des deux conversations ;
- comment se termine l'histoire.

2 Que raconte Émilie ?

Écoutez puis répondez.

1. Où Thierry et elle avaient-ils rendez-vous ?
2. Qu'est-ce qu'elle a dit pour montrer qu'elle n'avait pas envie de le voir ?
3. Quelle raison a-t-elle donné à Thierry pour expliquer son départ ?
4. Comment Thierry a-t-il pris la chose ?
5. Qu'est-ce que Maryse trouve bizarre ? Pourquoi ?
6. De quoi Maryse avait-elle peur ?

3 Que raconte Thierry ?

Écoutez de nouveau, puis répondez.

1. Pourquoi Émilie est-elle partie avec ses parents ?
2. Lequel des deux a voulu revoir l'autre ?
3. Pourquoi Thierry est-il allé au rendez-vous ?
4. Comment Émilie a-t-elle réagi ?
5. Qu'est-ce que Thierry a oublié de faire ?
6. Que veut dire « une bonne copine » dans cette situation ?

4 Qu'est-ce qui s'est vraiment passé ?

Relisez l'épisode précédent et dites laquelle des deux versions vous paraît la plus vraie (celle d'Émilie ou celle de Thierry).
Dites pourquoi.

5 Comment est-ce qu'ils l'expriment ?

Trouvez dans le dialogue une façon d'exprimer :

- l'étonnement.
- l'inquiétude.
- l'indifférence.
- la réprobation.

6 De quoi avaient-ils peur ?

Émilie : Thierry / ne pas venir au rendez-vous.
—> Émilie avait peur que Thierry ne vienne pas au rendez-vous.

1. Émilie : Thierry / ne pas lui téléphoner.
2. Maryse : Émilie / triste.
3. Maryse : Émilie / ne pas partir à Albertville.
4. Thierry : Émilie / se mettre à pleurer.
5. Émilie : Thierry / pas envie de la voir.

LA ROUE A TOURNÉ.
ALORS, TU NE M'AS PAS RACONTÉ. COMMENT ÇA S'EST PASSÉ AVEC THIERRY ?
JE CROIS QU'IL ÉTAIT ASSEZ DÉÇU.
IL M'A TÉLÉPHONÉ SAMEDI DERNIER. IL VOULAIT QUE JE LE RETROUVE À "LA COUPOLE". JE N'AVAIS PAS TRÈS ENVIE DE LE VOIR. ENFIN, JE ME SUIS HABILLÉE, JE ME SUIS COIFFÉE ET JE SUIS PARTIE.
ET TU ES ARRIVÉE EN RETARD COMME D'HABITUDE?
C'EST VRAI, IL ÉTAIT DÉJÀ LÀ. ON A DISCUTÉ UN PEU DE SON TRAVAIL, DU CLUB... ET PUIS, TOUT D'UN COUP, IL M'A DIT: "ALORS, QUELLE DÉCISION TU AS PRISE ?" JE LUI AI DIT: "JE PARS. JE SUIS RESTÉE QUELQUES JOURS AVEC MES PARENTS À ALBERTVILLE. C'EST UNE VILLE TRÈS CHOUETTE, TRÈS JEUNE DYNAMIQUE..."
TU L'AS CONSOLÉ ?
IL NE FAUT PAS EXAGÉRER. IL N'ÉTAIT PAS VRAIMENT TRISTE. IL ÉTAIT SEULEMENT UN PEU ÉTONNÉ QUE JE PARTE.
IL N'A PAS ENCORE TÉLÉPHONÉ. TU NE TROUVES PAS ÇA BIZARRE ?
NON, IL AVAIT DES CHOSES À FAIRE CETTE SEMAINE. ET PUIS, TU SAIS, ÇA M'EST ÉGAL.
BON, JE PRÉFÈRE ÇA. J'AVAIS PEUR QUE TU SOIS UN PEU TRISTE.
AU MÊME MOMENT CHEZ THIERRY...
ILS SONT PARTIS QUAND, LES DELCOUR?
IL Y A UN PEU PLUS D'UN MOIS.
OUI, JE LUI AI CONSEILLÉ DE PARTIR.
ÉMILIE EST PARTIE AVEC EUX ?
AH OUI ? POURTANT, TU ÉTAIS BIEN AVEC ELLE ?
OUI. ELLE ÉTAIT GENTILLE. ELLE A VOULU QUE J'AILLE LA VOIR AVANT SON DÉPART. ON S'EST DONNÉ RENDEZ-VOUS À "LA COUPOLE". JE N'AVAIS PAS ENVIE DE LUI PARLER, MAIS J'Y SUIS ALLÉ POUR LUI FAIRE PLAISIR. ELLE ÉTAIT UN PEU TRISTE DE PARTIR. ELLE S'EST MISE À PLEURER.
NON?
SI, SI, JE T'ASSURE. SON TRAIN ÉTAIT À HUIT HEURES LE LENDEMAIN MATIN. ELLE M'A DEMANDÉ DE LUI TÉLÉPHONER. J'AI OUBLIÉ... ENFIN, JE N'AI PAS OUBLIÉ, MAIS JE ME SUIS COUCHÉ TARD ET JE NE ME SUIS RÉVEILLÉ QU'À NEUF HEURES.
CE N'EST PAS TRÈS SYMPA...
OH, TU SAIS, ÉMILIE, CE N'ÉTAIT QU'UNE BONNE COPINE !
AH OUI ?!

12

7 Dans quelles circonstances ?

Repérez l'événement et la circonstance.
Puis, faites une phrase pour les relier.
Attention au temps des verbes.

Émilie / Arriver en retard / Être déjà là.
arriver en retard : événement, passé-composé
être déjà là : circonstance, imparfait
—> *Émilie est arrivée en retard et Thierry était déjà là.*

1. Ils / se donner rendez-vous / Ne pas en avoir envie.
2. Ils / discuter / Connaître déjà la décision.
3. Thierry / consoler / Pas vraiment triste.
4. Thierry / y aller / Faire plaisir.
5. Émilie / être triste / Se mettre à pleurer.

8 Événements et circonstances.

Si vous lisez un événement, imaginez des circonstances. Si vous lisez une circonstance ou un état d'esprit, imaginez un événement.

On avait rendez-vous. (circonstance)
—> *Il n'est pas venu.* (événement)
Je suis arrivé(e) en retard. (événement)
—> *Elle / Il était déjà là.* (circonstance)

1. Je suis allé(e) voir mes parents.
2. Il y avait un train à 8 h 27.
3. Je voulais leur parler.
4. Je leur ai annoncé mon départ.
5. Ils avaient un peu de peine.
6. Ils m'ont demandé de rester un jour de plus avec eux.

9 Comment ça s'est passé ?

1. Faites un dialogue à partir des indications ci-dessous. Vous savez qu'un(e) de vos ami(e)s a eu un problème avec son patron au bureau.
   - Vous lui demandez ce qui s'est passé.
   - Il / Elle vous dit que ça n'était pas important.
   - Vous insistez pour savoir.
   - Il / Elle vous raconte sa version des faits.
   - Vous exprimez votre surprise et votre doute.
   - Il / Elle vous affirme que tout s'est bien passé comme ça.
   - Vous n'insistez plus.
2. Comparez avec votre voisin(e) et, ensemble, corrigez vos dialogues.

10 C'est la vie !

Essayez de retrouver l'histoire de « La roue tourne » depuis l'inscription de Thierry au Bicyclub. C'était quand ?

11 « La roue tourne. »

Expliquez le titre du feuilleton et le titre du dernier épisode.

12 Jeu de rôle. À vous de dire !

Préparez les dialogues et jouez-les, à deux.

1. Émilie raconte à une amie le dernier rendez-vous avec Thierry et son départ. L'amie lui pose des questions.
2. Thierry raconte à un ami son dernier rendez-vous avec Émilie. L'ami lui pose des questions.

13 **Jeu de rôle.**
Une autre fin ?

L'histoire peut se terminer autrement ! Émilie reste à Paris ! Préparez et jouez les trois fins suivantes.

1. Thierry reste avec Émilie.
2. Thierry quitte Émilie.
3. Émilie a une explication avec Charlotte.

14 **Jeu de rôle.**
Le rendez-vous manqué.

Vous aviez rendez-vous avec un(e) ami(e). Il / Elle n'est pas venu(e). Vous lui téléphonez pour savoir ce qui s'est passé. Vous essayez de comprendre ses raisons sans vous mettre en colère.
– Allô ! Alors qu'est-ce qui s'est passé hier ? ...

15 **Jeu de rôle.**
Consolez votre ami(e).

Un(e) ami(e) vous raconte qu'il / elle vient de rompre. Il / elle vous raconte les circonstances, les raisons, son dernier rendez-vous, etc. Vous le / la consolez.

- Dites-lui de ne pas être triste, de ne pas pleurer...
- Donnez-lui des conseils : travailler, voyager, s'intéresser à d'autres personnes...

12

DES SONS ET DES LETTRES

CARACTÈRES GÉNÉRAUX DE LA PRONONCIATION DU FRANÇAIS

■ **Les voyelles**

- **Articulation nette, tendue** (pas de diphtongues ni de voyelles affaiblies),
- **beaucoup de voyelles antérieures** (langue à l'avant de la bouche) : [i], [e], [ɛ], [y], [ø], [œ], [ɛ̃]
- **beaucoup de voyelles arrondies :** [u], [o], [ɔ], [õ], [y], [ø], [œ]
- **trois nasales :** [ɛ̃], [ã], [õ]

■ **Les accents**

L'accent tonique : sur la dernière syllabe du mot ou du groupe.

J'y suis al**lé**. Ça m'est é**gal**.

L'accent d'insistance :

C'est une ville **très** chouette.

■ **Les liaisons**

Elles sont obligatoires dans le groupe rythmique.
J'y suis allé(e). Ça m'est égal.

■ **Les enchaînements**

Dans les groupes et entre les groupes.

Son train était à huit heures.

■ **La syllabation ouverte**

Les syllabes terminées par un son de voyelle.

Je / crois / qu'i / l'a / é / té / a / ssez / dé / çu.

■ **L'intonation**

Changement de la courbe mélodique sur les syllabes portant l'accent.

– – – ↘ Il m'a téléphoné.

– – – ↗ Samedi dernier ?

12

1 Regardez la carte

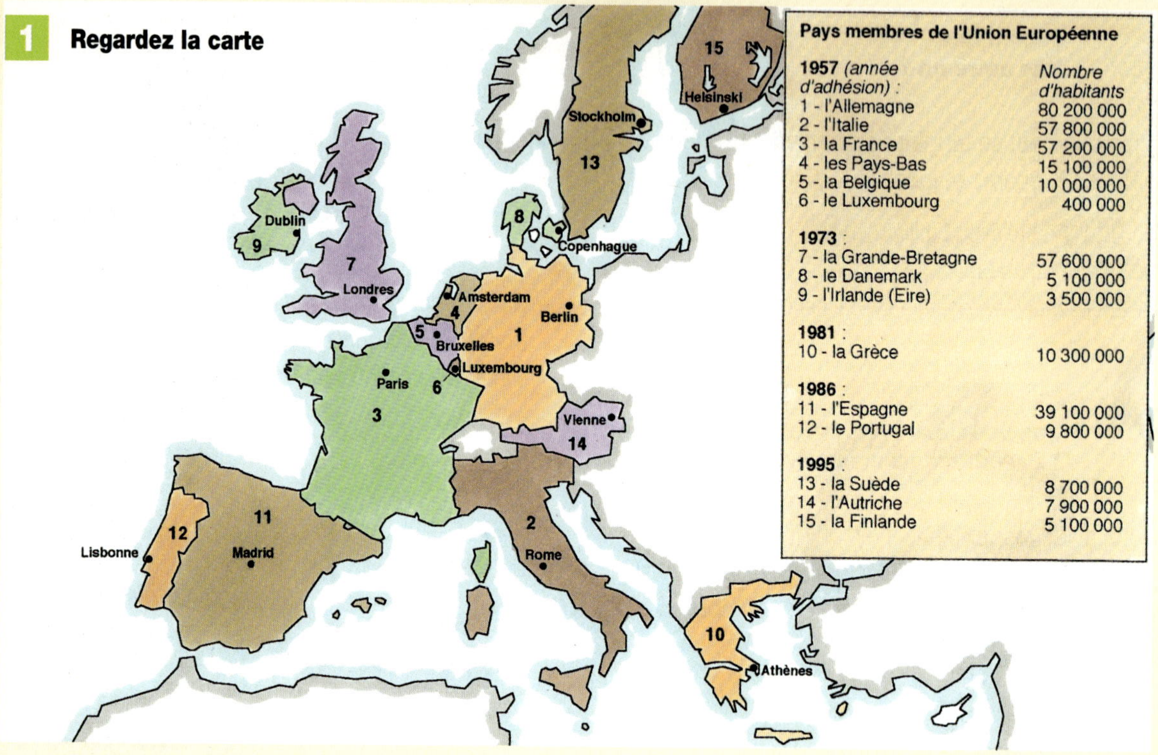

Pays membres de l'Union Européenne

1957 *(année d'adhésion)* :	*Nombre d'habitants*
1 - l'Allemagne	80 200 000
2 - l'Italie	57 800 000
3 - la France	57 200 000
4 - les Pays-Bas	15 100 000
5 - la Belgique	10 000 000
6 - le Luxembourg	400 000
1973 :	
7 - la Grande-Bretagne	57 600 000
8 - le Danemark	5 100 000
9 - l'Irlande (Eire)	3 500 000
1981 :	
10 - la Grèce	10 300 000
1986 :	
11 - l'Espagne	39 100 000
12 - le Portugal	9 800 000
1995 :	
13 - la Suède	8 700 000
14 - l'Autriche	7 900 000
15 - la Finlande	5 100 000

1. Combien y a-t-il de pays membres de l'Union européenne ?
2. Combien y a-t-il d'habitants dans ces pays ?
3. Que représente géographiquement l'ensemble de l'UE ?
4. Quels pays européens n'en font pas partie ?
5. Où se trouve le siège des organisations européennes ?
6. Que veulent dire les sigles UE ? OCDE ? CECA ?

2 Comment est-ce que ça s'est passé ?

1. Pourquoi l'Europe était-elle dans une situation catastrophique en 1945 ?
2. Qu'est-ce qu'il fallait faire à cette époque ?
3. De qui et de quoi l'Europe avait-elle besoin ?
4. Quand et où a été créé l'OCDE ? Le Conseil de l'Europe ?
5. Qui s'est opposé à l'entrée de la Grande-Bretagne dans le Marché commun ? Pourquoi ?
6. Qu'est-ce qui s'est passé en 1993 ?
7. Combien de temps a-t-il fallu pour arriver à ce résultat ?
8. Qu'est-ce qu'il reste à faire ?

3 Soulignez les liens de cause à effet.

En 1945, l'Europe était dans une situation catastrophique. Elle avait donc besoin d'aide.

1. En 1948, quatorze pays européens voulaient coopérer...
2. En 1959, sept pays européens ne voulaient pas du Marché commun...
3. En 1963, la France a opposé son veto à l'entrée de la Grande-Bretagne dans le Marché commun...
4. En 1972, le général de Gaulle n'était plus là...
5. L'Europe actuelle n'est qu'une Europe économique. Il faut...

CONSÉQUENCE NÉCESSAIRE : DONC

Cause —>	**donc —> Conséquence**
En 1945, l'Europe était dans une situation catastrophique...—>	donc elle avait besoin d'aide.

HISTORIQUE

« L'Europe est un État composé de plusieurs provinces. »
MONTESQUIEU

Jean Monnet.

La construction de l'Europe : 1945 – 1995

À la fin de la guerre, en 1945, l'Europe était dans une situation catastrophique. Il fallait tout reconstruire et réorganiser : les villes, les usines, les moyens de transport... L'Europe avait grand besoin de l'aide des États-Unis, mais elle avait aussi besoin de s'unir pour retrouver sa place et son influence dans le monde. Beaucoup de grands dirigeants souhaitaient que cette union se fasse vite !

En avril 1948, quatorze pays ont créé l'Organisation européenne de la coopération économique. La Grande-Bretagne n'en faisait pas partie. Le siège de l'OCDE*, nom pris par cette organisation, est à Paris depuis sa création.

Un an après, en mai 1949, dix pays ont signé un traité à Strasbourg. La Grande-Bretagne faisait partie du groupe. C'était le début du Conseil de l'Europe.

Le 18 avril 1951, la Belgique, la France, l'Italie, le Luxembourg, les Pays-Bas et la RFA** se sont réunis pour créer la Communauté européenne du charbon et de l'acier (CECA). Jean Monnet, le grand artisan de la construction européenne, en est devenu le président. Mais ce n'est qu'en 1957, le 25 mars, que les six pays de la CECA ont véritablement créé l'Europe. Le traité de Rome a institué la Communauté économique européenne (CEE) ou Marché commun. Le siège a été fixé à Bruxelles.

En 1959, la Grande-Bretagne et six autres membres de l'OCDE ont créé leur zone de libre-échange, distincte du Marché commun.

En janvier 1963, la France a opposé son veto à l'entrée de la Grande-Bretagne dans le Marché commun pour des raisons économiques et aussi politiques.

En janvier 1972, le général de Gaulle n'était plus là, et le Royaume-Uni, le Danemark, l'Irlande ont pu enfin devenir membres de la CEE.

En 1979, ont eu lieu les premières élections au Parlement européen de Strasbourg.

Depuis 1981, la Grèce fait partie du Marché commun. En 1986, l'Espagne et le Portugal sont devenus membres à leur tour. L'Autriche, la Finlande et la Suède ont adhéré à l'Union européenne depuis le 1er janvier 1995. La Norvège et la Suisse ont voté contre l'adhésion.

Il a donc fallu cinquante ans pour que les quinze pays de l'Europe de l'Ouest puissent unir leurs efforts et que les frontières soient ouvertes à la libre circulation des hommes et des marchandises. Le traité de Maastricht de mars 1993 a renforcé l'union économique de l'Europe, mais il reste à faire l'unité politique malgré les obstacles... et à conserver les diversités culturelles !

* Organisation de coopération et de développement économiques.

** République fédérale d'Allemagne. Depuis 1990, la RFA englobe aussi les Länder qui constituaient l'ancienne RDA (République démocratique allemande).

Racontez un événement important.

Vous avez sans doute entendu parler ou été le témoin d'un événement important dans votre pays (historique, scientifique, culturel, sportif...). Vous le racontez dans une lettre à un ami français.

Le T.G.V.

Lancement de la fusée Ariane.

12

4 **Rassemblez l'information** (dates, événements, circonstances).

5 **Précisez l'information.**

- Qui ? (Quels ont été les acteurs ?)
- Quoi ? (De quoi s'agissait-il ?)
- Quand et où ? (Précisez les circonstances.)
- Comment ? (Que s'est-il passé ?)
- Quelle en était la cause (ou les causes) ?
- Quelle en a été la conséquence (ou les conséquences) ?

6 **Ajoutez vos commentaires.**

Pourquoi cet événement est-il important pour votre pays ?

7 **Écrivez votre texte.**

8 **Révisez votre texte.**

1. Les faits sont-ils indiqués clairement ? Y a-t-il assez d'indications de temps ? Les événements sont-ils au passé composé ? Les verbes de mouvement et les verbes pronominaux ont-ils bien l'auxiliaire « être » ?
2. La situation avant les événements est-elle décrite ? Les circonstances sont-elles assez explicites ? Le temps utilisé est-il l'imparfait ?
3. Les circonstances et les faits sont-ils assez clairement différenciés de vos commentaires personnels ?

9 **Faites l'historique d'une série d'événements** importants pour un magazine ou une publication professionnelle.

COMMUNICATION

- **Raconter au passé en mêlant récit et description**
  - les circonstances
  Les étudiants défilaient dans la rue.
  Il y avait une foule énorme.
  Il faisait un temps superbe.
  - Les événements
  À un moment, des jeunes ont commencé à arracher des pavés.
  J'ai eu peur. Je me suis sauvée.
- **Rapporter des états d'esprit au passé**
  Mon courage s'arrêtait là.
  Je ne voulais pas me retrouver en prison.
  Je n'avais pas très envie de le voir.
- **Exprimer l'indifférence**
  Ça m'est égal.
  Oh, tu sais, ce n'était qu'une bonne copine !
- **Exprimer l'étonnement**
  Tu ne trouves pas ça bizarre ?
  Pourtant, tu étais bien avec elle ?
  Non ! / Ah oui ?
- **Exprimer la cause et la conséquence**
  Les CRS nous attendaient, donc nous avons fait demi-tour.

GRAMMAIRE

L'imparfait

- **la formation**

L'imparfait, se forme sur le radical de la première personne du pluriel du présent (sauf pour « être »).
Nous **all**ons —> J'**all**ais, tu **all**ais...

Les terminaisons sont **régulières** pour tous les verbes :
-ais, -ais, -ait, -ions, -iez, -aient.

J'ét**ais**	Tu av**ais**	Elle / Il pouv**ait**
Nous all**ions**	Vous fais**iez**	Ils / Elles fuy**aient**

⚠ Quatre formes ont la même prononciation, les 3 personnes du singulier et la 3e du pluriel.

- **l'emploi**

L'imparfait permet de présenter les **circonstances** de l'action,de décrire :
- **des états naturels**,
  Il faisait beau. Le soleil brillait.
- **des états de fait**,
  Les CRS les attendaient.

ou - **des états d'esprit**.
  Elle avait peur. Elle ne voulait pas sortir.

On ne tient pas compte du début et de la fin de ces états.

L'opposition imparfait / passé composé

Les deux temps rapportent des faits passés, mais la façon de considérer ces faits est différente.

- Le **passé composé** est le temps du récit et rapporte des **événements** considérés comme terminés.
  Le début et la fin de ces événements sont souvent implicites, mais peuvent être soulignés par un advebe.
  Le cortège est parti *(à dix heures)*. Il est arrivé rue Soufflot *(deux heures après)*.
- Dans le récit, **passé-composé** et **imparfait** ont des fonctions différentes :
  Nous étions à table *(circonstance)* quand il est entré *(événement)*.
  Je suis partie en vacances *(événement)* parce que je me sentais très fatiguée *(état)*.

1 À vous de dire...

Quels sont vos désirs, vos certitudes, vos craintes... ?
Complétez les phrases.

1. J'ai envie que...
2. Je sais que...
3. J'ai peur que...
4. Je ne crois pas que...

2 Comparez ces deux familles.

DELF

Comparez les Dupuis et les Poirier. Pour chaque famille, dites ce que les parents souhaitent pour leurs enfants (argent, voyages, vacances, études, profession...).
Les Dupuis sont plus...
Ils souhaitent que...

3 Imaginez les conséquences.

Utilisez « donc ».

1. Les Lambert ont eu un mois de vacances.
2. Ils ont gagné beaucoup d'argent.
3. Le supermarché qui est près de chez eux a fermé.
4. On leur a offert un travail bien payé à l'étranger.

4 Vous y étiez !

DELF

Vous étiez dans un hôtel, à l'étranger, près de la plage de la page 147. Qu'est-ce que vous y faisiez ? Racontez votre séjour en un texte de 60 à 80 mots.

DES MOTS ET DES FORMES

5 Faites-les correspondre.

1. Trouvez les verbes correspondant à ces noms.
   a. la manifestation **b.** la complication
   c. la réflexion
2. Trouvez les adjectifs correspondant à ces noms.
   d. la tristesse **e.** la solitude **f.** la gentillesse

6 Complétez...

avec la forme correcte du verbe entre parenthèses.

Quand l'accident (arriver), j'(être) chez moi. Je (entendre) un grand bruit. Aussitôt, je (sortir) ; des gens (courir) dans la rue. Je (penser) qu'il (falloir) appeler la police. Tout le monde (s'approcher). En fait, il n'y (avoir) rien de grave. Je (rencontrer) ma voisine et nous (discuter) sur le trottoir. Puis, nous (rentrer) prendre un verre. On (passer) une heure très agréable.

7 Complétez...

avec la forme correcte du verbe entre parenthèses.

1. Il faut que ces jeunes (pouvoir) étudier.
2. Je suis sûre que tu (réussir) ton examen.
3. Il faut que les solutions (être) réalistes.
4. Je crois qu'il (partir) car il n'y a plus son manteau.
5. Il faut que l'Europe (s'unir).
6. Je pense qu'ils (avoir raison) de se battre.
7. Je ne pense pas qu'ils (avoir) beaucoup d'argent.
8. Je veux (partir) à la mer cet été.
9. Il faut que les gens (se comprendre) mieux.
10. Il faut qu'on (savoir) guérir toutes les maladies.
11. Je veux que vous (être) plus efficace.
12. Je ne crois pas qu'elle (aller) vivre en province.

Transcription des enregistrements
dont le texte ne figure pas dans les dossiers

Dossier 0 Vous vous appelez comment ?

exercice 2 *Dans quel ordre ?* p. 8

- Bonjour, monsieur.
- Bonjour, madame.
- Vous vous appelez comment ?
- Je m'appelle Guy Laborit, et vous ?
- Hélène Lafoux.

exercice 3 *Vous connaissez ?* p. 8

TGV, Train à grande vitesse
SNCF, Société nationale des chemins de fer français
EDF-GDF, Électricité de France-Gaz de France
RATP, Régie Autonome des Transports Parisiens
TF1, Télévision Française 1 (un)

exercice 4 *Qui est-ce ?* p. 8

1. Charles de Gaulle
2. Marianne
3. Charlie Chaplin
4. Gandhi

Dossier 0 Vous êtes français ?

exercice 2 *Dans quel ordre ?* p. 10

dialogue 1 :
- Salut, je m'appelle Linda, et toi ?
- Moi, c'est Hans.
- Je suis américaine. Et toi, tu es allemand ?
- Oui. Je suis allemand.

dialogue 2 :
- Bonjour, Monsieur.
- Bonjour, Madame.
- Vous vous appelez comment ?
- Céline Dulong.

exercice 3 *Quelle est sa nationalité ?* p. 10

- Salut, tu t'appelles comment ?
- Pilar.
- Tu es mexicaine ?
- Non, je ne suis pas mexicaine.
- Alors, tu es espagnole.
- Oui, c'est ça.

exercice 5 *Vous avez quel âge ?* p. 12

Échange 1
- Laure a quel âge ?
- Elle a 36 ans.

Échange 2
- Vous avez quel âge, Colin ?
- 57 ans.
- Moi aussi.

Échange 3
- Hélène, tu n'as pas 28 ans ?
- Non, 26.

Échange 4
- John a 29 ans. Et toi, Clara ? 31 ?
- Non, je n'ai pas 31 ans. J'ai 32 ans déjà !

Dossier 1 Votre fiche, s'il vous plait ?

exercice 3 *C'est Annie ?* p. 16

- Qui est-ce ?
- Je ne sais pas.
- Moi, je sais. C'est Annie.
- Annie comment ?
- Annie... Annie Fontaine.
- Le nom est français.
- Oui, elle est française... et elle a 20 ans.
- Elle est mariée ?
- Non, elle est célibataire.
- Super ! Moi aussi.

exercice 6 *Bonjour ou salut ?* p. 16

Dialogue 1
- Bonjour, madame. Comment allez-vous ?
- Bien, et vous ?
- Très bien, merci.

Dialogue 2
- Salut, Corinne. Ça va ?
- Oui, et toi ?
- Moi aussi.

Dialogue 3
- Bonjour, Alain. Comment vas-tu ?
- Bien, et toi ?
- Ça va.

Dossier 1 La roue tourne

exercice 6 *Quel est ton nom ?* p. 20

- Quel est ton nom de famille ?
- Mon nom de famille ? Morlay.

Mon prénom ? Charlotte.
Mon adresse : 27, rue du Bac.
Mon numéro de téléphone ? 45 39 53 25.
Ma date de naissance ? C'est un secret.

exercice 8 *Vous habitez où ?* p. 20

1. M. et Mme Lebas : Vous êtes Monsieur et Madame Lebas ?
   - Oui, c'est pour une inscription.
   - Votre adresse ?
   - Notre adresse est 55, rue Pasteur, à Paris.
   - C'est dans quel arrondissement ?
   - C'est dans le 15e
2. Sabine : Sabine, c'est moi. J'ai une carte du Bicyclub. J'habite à Paris, dans le 6e, au 25 de la rue du Four.
3. Le monsieur : Je ne suis pas membre du Bicyclub. Je suis ici pour une inscription. J'habite 17 rue de France, à Boulogne.
4. L'employée : Je suis employée au Bicyclub. Je travaille au bureau du Bois de Boulogne. J'habite à Boulogne, 49 rue de Paris.

Dossier 2 La roue tourne

exercice 8 *« Vous » ou « tu » ?* p. 33

1. – Ça va, Maryse ?
   – Oui, ça va.
   – Et ta fille ?
   – Elle va bien. Elle cherche du travail...
2. – Je vous présente monsieur et madame Boutet.
   – Très heureux.
   – Vous venez souvent ici ?...
3. – Qu'est-ce qu'il fait ton mari ?
   – Il est ingénieur.
   – Vous habitez où ?
   – Dans le 15e. Et toi ?...
4. – Bonjour, Émilie.
   – Bonjour, Maryse.

– J'ai ma voiture. Vous venez avec moi ?
– Tu vas où ?...

Faites le point : dossiers 1 et 2 p. 37

exercice 2 Qui parle à qui ?

1. – Je m'appelle Coralie. Et toi ?
   – Moi, c'est Christine.
   – Tu es dans quel cours ?
2. – Bonjour. Je m'appelle Alain Lambert. Et vous ?
   – Je m'appelle Christine Duval.
   – Enchanté.
3. – Bonjour, je m'appelle Philippe. Et toi ?
   – Moi, c'est Annie.
   – Tu viens souvent ici ?

Dossier 4 Est-ce qu'il y a une poste près d'ici ?

exercice 8 Qu'est-ce que vous dites ? p. 56

1. Vous prenez la rue Soufflot.
   Excusez-moi, je prends quelle rue ?
2. Vous traversez la place du Panthéon.
   Excusez-moi, je traverse quelle place ?
3. Tu tournes dans la rue Saint-Jacques
   Excuse-moi, je tourne dans quelle rue ?
4. Vous traversez l'Ile de la Cité.
   Excusez-moi, je traverse quelle île ?
5. Vous suivez la rue des Saints Pères.
   Excusez-moi, je suis quelle rue ?
6. Vous longez le jardin du Luxembourg.
   Excusez-moi, je longe quel jardin ?

Exercice 10 Où vont ces 5 personnes ? p. 57

1. Allez tout droit jusqu'au boulevard Saint-Germain et tournez à gauche.
L'église est à votre droite, sur la place du même nom.
2. Passez derrière le théâtre et longez le jardin du Luxembourg à gauche. Traversez le boulevard Saint-Michel et prenez la rue Soufflot. Il est au bout de la rue, sur la place.
3. Descendez la rue de l'Odéon. Traversez le boulevard Saint-Germain et continuez tout droit jusqu'à la Seine. Traversez et tournez à gauche. Le musée est le long de la Seine.
4. Prenez le boule vard Saint-Germain à droite, puis tournez à gauche dans le boulevard Saint-Michel. Vous arrivez au bord de la Seine. C'est là.
5. Il est dans le jardin du Luxembourg. Vous passez derrière le théâtre et vous montez la rue. C'est en face de vous.

Faites le point : dossiers 3 et 4 **p. 66**

exercice 5 Qu'est-ce qu'ils disent ? p. 66

Danielle : Allô, c'est toi, Christophe ?
Christophe : Oui, bonjour Danielle. Ça va ?
Danielle : Est-ce que tu peux venir chez moi ce soir ?
Christophe : Oui, pourquoi ?
Danielle : On livre des meubles, mais les livreurs ne montent pas au 4e étage.
Christophe : Et alors ?
Danielle : Philippe vient aussi. Vous pouvez monter mes meubles tous les deux.
Christophe : Eh, on n'est pas déménageurs, nous !
Danielle : Oui, mais après, on va tous les trois au restaurant. Je vous invite.

Dossier 6 Emplois du temps

exercice 1 Quelle heure est-il ? p. 82

Montréal, 7 heures. Denise Laforêt prend son petit déjeuner comme tous les matins à la même heure. Il ne fait pas encore jour. Denise commence son travail à huit heures.

Tahiti, minuit. Quand il est minuit à Tahiti, il est une heure de l'après midi à Paris. Antoine Darmon ne dort pas. C'est si agréable de passer la soirée à la plage... quand on fait son service militaire !

Quand il est une heure de l'après-midi à Paris, il est 4 heures du matin à San Francisco et 7 heures du matin à Montréal. À ce moment-là, il est aussi 9 heures à Rio et midi à Dakar. À Papeete, la capitale de Tahiti, il est déjà minuit.

exercice 8 Qu'est-ce qu'ils ont fait hier ? p. 84

Hier, à 7 heures, Denise Laforêt a pris son petit déjeuner. Elle a commencé son travail à 8 heures.
À 9 heures, Roberto Costa est allé à l'Alliance Française. Il a suivi un cours de français.
Hier midi, Assane Diop a quitté son bureau. Il a déjeuné, puis il est resté chez lui jusqu'à trois heures moins le quart. Il a travaillé l'après-midi de 3 heures à 6 heures.
À une heure, Sabine Lefort a fait ses courses, puis elle est revenue au bureau.
Antoine Darmon a passé la soirée sur la plage à Tahiti / Papeete.

***exercice 11 Au téléphone.* p. 85**

Conversation 1

- Allô, c'est toi ?
- Oui, c'est moi. Bonjour.
- Ça va bien ?
- Oui... Dis donc, tu sais quelle heure il est ?
- Il est midi.
- Chez toi, peut-être. Mais ici il est sept heures. Je me lève. Où es-tu ?
- Aujourd'hui, à Paris.
- La prochaine fois, pense au décalage horaire !

Conversation 2

- Allô. C'est toi, Jeanne ?
- Oui. D'où est-ce que tu téléphones ?
- De Nice. Ça va ?
- Oui, mais tu sais, à huit heures du matin ! Je prends mon petit déjeuner...

Conversation 3

- Allô. Est-ce que Madame Dumont est là ?
- Non, je suis désolé.
- Il est huit heures et demie. À quelle heure est-ce qu'elle rentre ?
- Elle dîne chez des amis. Téléphonez dans une heure.
- Elle peut me rappeler. Dites-lui que c'est de la part de Bernard de Strasbourg.

Dossier 6 La roue tourne

exercice 10 Quel est l'infinitif ? p. 88

Ils se sont arrêtés, ils se sont regardés, ils se sont salués, ils se sont parlé, ils se sont posé des questions, ils se sont compris. Puis, ils se sont promenés ensemble et ils se sont amusés. Mais, bien vite, ils se sont ennuyés. Alors, ils se sont excusés et ils se sont séparés !

exercice 13 Que veut faire la personne ? p. 88

Dialogue 1

- Excusez-moi. Pouvez-vous me donner un renseignement ?
- Mais certainement.
- À quelle heure part le train pour Nice ?
- À 22 heures 46, quai numéro 15.
- Merci.

Dialogue 2

- Tu viens avec moi au concert à la salle Pleyel samedi soir. J'ai des billets.

- Désolé, je ne suis pas libre samedi. Nous avons des amis à la maison.
- C'est dommage !

Dialogue 3

- Qu'est-ce que tu fais dimanche ?
- Je ne sais pas encore. Pourquoi ?
- Je vais visiter le musée Picasso. Tu viens avec moi ?
- Je ne sais pas. Je te téléphone ce soir.

Faites le point : dossiers 5 et 6

exercice 1 ***Ce soir, on sort !*** p. 94

Jean-Pierre : Allô, c'est toi, Anne ? Je peux t'inviter au restaurant ce soir ?
Anne : Désolée. Ce soir, ce n'est pas possible. J'ai rendez-vous chez des amis à 8 heures.
Jean-Pierre : Ah, bon…
Anne : Attends, j'ai une idée. Tu veux venir avec moi ? Mes amis sont très sympas.
Jean-Pierre : Je peux ? On s'habille comment ?
Anne : Comme tu veux. Je leur téléphone. Ne t'inquiète pas.
Jean-Pierre : On se donne rendez-vous où ?
Anne : Au café, en bas de chez eux. Ils habitent au 77, rue Monge.
Jean-Pierre : D'accord. À ce soir.

Dossier 7 Savez-vous manger ?

exercice 9 ***Combien est-ce que vous en voulez ?*** p. 99

- Bonjour. Je peux vous aider ?
- Vous avez des pommes ?
- Mais oui, Madame. Combien est-ce que vous en voulez ?
- J'en veux un kilo, s'il vous plaît.

exercice 10 ***Au restaurant.*** p. 99

- Qu'est-ce que tu vas prendre ?
- Je ne sais pas.
- Tu veux du poisson ?
- Non, tu sais bien que je n'aime pas le poisson.
- Alors, prends de la viande.
- Ah! non, pas le soir.
- Tiens, il y a une omelette au fromage.
- Oui, peut-être, mais sans fromage.
- Garçon, une omelette au fromage pour Madame, s'il vous plaît.
- Je regrette, Monsieur. Nous n'avons plus d'œufs.

Dossier 8 Ici Radio Côte d'Azur !

exercice 8 ***Qu'est-ce qu'on va voir ?*** p. 112

- Regarde ! Isabelle Adjani est arrivée…
- Où est-elle ? Elle est en haut du grand escalier, à côté du président du Festival.
- Et Gérard Depardieu ?
- Il n'est pas arrivé. On l'attend !
- Ils vont à la conférence de presse, ce matin ?
- Oui. Chut ! Le président demande le silence. Il va parler.

Faites le point : dossiers 7 et 8

exercice 1 ***Que se passe-t-il ?*** p. 122

- Allô ! Je suis bien chez monsieur François Dutilleul ?
- Oui, c'est moi.
- Vous avez écrit au Bicyclub ?
- Oui, un de mes amis m'a dit que vous allez organiser une randonnée. Comment est-ce que je peux y participer ?
- C'est seulement pour les membres du club.
- Je comprends. Mais comment est-ce que je peux devenir membre ?
- C'est très simple. Je vais vous envoyer une fiche d'inscription. Vous la remplirez et vous me la renverrez.
- Et pour la randonnée, qu'est-ce qu'il faudra faire ?
- Renvoyez-moi votre fiche et je parlerai de votre demande à l'organisateur. Il reste peut-être des places.

Dossier 9 La première dame de la haute couture

exercice 8 ***Quelques dates clés !*** p. 127

Yves Saint Laurent est né en 1936 en Algérie. Il n'est venu à Paris qu'en 1954. Très vite, il est devenu l'assistant de Christian Dior. Dior est mort en 1957 et Yves Saint Laurent a présenté sa première collection l'année suivante. Elle a eu un succès immédiat. […]

Dossier 10 Au mondial de l'automobile

exercice 9 ***De quelles voitures s'agit-il ?*** p. 140

1. Cette voiture est moins chère que la 306. Elle est plus grande que la Clio mais elle est moins rapide. Elle est aussi plus chère.
2. Cette voiture est moins longue que la 306. Elle va plus vite que la ZX et elle consomme moins. Elle coûte moins cher que la ZX

exercice 10 ***Quel hôtel allez-vous choisir ?*** p. 140

- Allô, qui est à l'appareil ?
- Bonjour. C'est toi, Sylvie.
- Oui, ça va bien ?
- Ça va. J'ai bien reçu ta lettre. Tu me conseilles deux hôtels, mais je ne sais pas lequel choisir !
- L'Hôtel du Nord a beaucoup de chambres et il est très bien équipé .
- Oui, mais il est loin du centre de la ville.
- Tu sais, deux kilomètres, ça fait un quart d'heure à pied. Et tu as une voiture…
- Les deux hôtels ont un garage ?
- Oui, mais celui de l'Hôtel du Midi est moins grand : tu auras moins facilement une place.
- C'est juste.
- Tu sais qu'il n'y a pas de piscine à l'Hôtel du Midi, mais il y a une salle de billard.
- Ça m'est égal. Je ne me baigne pas et je ne joue pas non plus au billard
- Tu emmènes ton chien ?
- Non, pas cette fois.
- J'ai vu les chambres. Celles de l'Hôtel du Midi sont un peu moins confortables, mais elles sont très correctes et elles ont une belle vue.
- Ah oui, c'est agréable.
- Alors, tiens compte du prix. Il y a 120 francs de différence par nuit, 600 francs à l'Hôtel du Nord et 480 francs à l'autre.
- Oui, ça c'est un avantage. Je vais réfléchir.

Faites le point : Dossiers 9 et 10

exercice 2 ***Les vacances, c'est un problème !*** p. 150

Isabelle : Qu'est-ce que tu vas faire cet été, Sophie ?
Sophie : Je ne sais pas. J'hésite. L'année dernière, nous sommes allés en Espagne. Il a fait très chaud.
Isabelle : Oh, moi, j'aime la montagne l'été. Il n'y a pas trop de monde.
Sophie : La montagne, c'est bien, mais les enfants n'aiment que la mer.
Isabelle : Il y a des piscines, et c'est moins cher !
Sophie : Un grand voyage, c'est bien aussi, mais on en a fait beaucoup et, maintenant, avec les enfants, c'est plus difficile…
Isabelle : Dis donc, tes enfants, ils t'interdisent beaucoup de choses ! Chez nous, c'est moi qui décide. C'est plus facile.

Les différents types de phrases

1. La phrase simple

La phrase simple comprend deux éléments de base : le **sujet** et le **prédicat.** Il peut y avoir aussi un élément facultatif : le **complément de phrase**.
L'intonation est montante-descendante.
Les **autres types** de phrases sont des **transformations** de la phrase simple .

	SUJET (groupe du nom)	PRÉDICAT (verbe + compléments)	COMPLÉMENT DE PHRASE (option)
TYPE I	Thierry Ses parents	est français. sont membres du club	 depuis un an.
TYPE II	Thierry Son amie Émilie	sort. fait du vélo répond aux questions.	 tous les jours.

2. Les deux types de phrases interrogatives

a) L'interrogation porte sur toute la phrase. On attend une réponse : « oui / si » ou « non ».

Plusieurs signaux interrogatifs sont utilisés :
1. intonation montante : Vous venez souvent au club ?
2. est-ce que... ? Est-ce que vous venez souvent au club ?
3. inversion sujet-verbe : (plus littéraire, rare en français parlé) : Vient-il souvent au club ?

⚠ Si le verbe à la 3e personne n'est pas terminé par -t ou -d, on ajoute un -t- : Va-t-il souvent au club ?

Réponses :

– Si la question est à la forme négative, utilisez **« si »** au lieu de « oui » ;

Tu ne viens pas au club ?	– Si. (je viens) – Non. (je ne viens pas)
Je fais du vélo, et toi ?	– Moi aussi. / Pas moi.
Je ne fais pas de vélo, et toi ?	– Moi non plus. – Moi si.

b) L'interrogation ne porte que sur **un groupe de la phrase**. On attend une réponse autre que « oui » ou « non ».

Sujet	Personne : **Thierry** vient. Chose : **Une voiture** arrive.	**Qui** vient ?	**Qui est-ce qui** vient ? **Qu'est-ce qui** arrive ?
Verbe	Ils **regardent** la télé.	Ils font **quoi** ?	**Qu'est-ce qu'**il font ?
Attribut	Ils sont **beaux.** Ils sont **trois.** Il est **5 heures.**	Ils sont **comment** ? Ils sont **combien** ? Il est **quelle heure** ?	**Comment** sont-ils ? **Combien** sont-ils ? **Quelle heure** est-il ?
Objet direct	Personne : Elle invite **Thierry.** Chose : Il mange **du pain.**	Elle invite **qui** ? Il mange **quoi** ?	**Qui est-ce qu'**elle invite ? **Qu'est-ce qu'**il mange ?
Objet indirect	C'est **à vous.** Il joue **au tennis.**	C'est **à qui** ? Il joue **à quoi** ?	**À qui** est-ce ? **À quoi** est-ce qu'il joue ?
Complément de temps	Il vient **demain.**	Il vient **quand** ?	**Quand est-ce qu'**il vient ?
Complément de lieu	Il va **à la poste.**	Il va **où** ?	**Où est-ce** qu'il va ? **Où** va-t-il ?
Complément de manière	Il vient **en voiture.**	Il vient **comment** ?	**Comment est-ce** qu'il vient ?
Complément de but	Il vient **pour me voir.**	Il vient **pourquoi** ?	**Pourquoi est-ce** qu'il vient ?
Âge	Il a **24 ans.**	Il a **quel âge** ?	**Quel âge** a-t-il ?
Prix	Ça fait **20 francs.**	Ça fait **combien** ?	**Combien** ça fait ?

Réponse :

Elle se limite à un groupe. Il est **inutile de répéter le verbe**.

Combien ça fait ? Vingt francs.
Comment est-ce qu'ils viennent ? En voiture.

3. Les phrases impératives

- Pas de pronom sujet : Viens. Attendez. Partons.
- L'intonation est descendante.

4. Les phrases exclamatives

- L'intonation peut transformer toute la phrase en exclamation :
  Faites la queue ! Ces jeunes, ils sont tous les mêmes !
- Quel + (adjectif) + nom : Quel bon dîner !
- Que + proposition : Que c'est bon !

5. Les phrases de mise en valeur

Je vais à Paris. **C'est** à Paris **que** je vais.
Je lui ai donné ce livre. **C'est** à lui **que** j'ai donné ce livre.

6. Les phrases négatives

a) La négation (ne ... pas, ne ... jamais) porte sur toute la phrase :
Je **ne** sais **pas**. Elle **ne** fait **jamais** de vélo.
Je **n'**ai **jamais** vu ça !

b) La négation porte sur un groupe du nom :
Tu veux du vin ? – Non, **pas du** vin, de l'eau.
Tu viens en voiture ? – Non, **pas en** voiture, en train.
Tu veux quelque chose ? – Non, je **ne** veux **rien**.
Tu vois quelqu'un ? – Non, je **ne** vois **personne**.
Tu as vu quelque chose ? – Non, je **n'**ai **rien** vu.

c) La négation porte sur un adverbe :
Elle le voit **toujours**. – Non, elle **ne** le voit **plus**.
Il en fait **encore**. – Non, il **n'**en fait **plus**.
Tu est **déjà** parti en randonné ? – Non, **pas encore**.

d) La négation peut avoir une simple valeur restrictive :
Elle **ne** travaille **que** le matin.

Le groupe du nom

Ce tableau indique la place des différents éléments qui peuvent être associés au nom.

Avant le nom					NOM	Après le nom	
tout(e) tous toutes	le, la l', les un, une, des ce, cette, ces	deux trois	premier(s) première(s)	grand beau bon ...	jour vélo ami ...	rouge heureux ...	de... en ... qui... que...
	du, de la, de l', des un peu de, beaucoup de quelques			joli vrai / faux jeune / vieux			
	quel(s), quelle(s)						

Pour le fonctionnement du groupe nom et son remplacement par des pronoms, on se reportera aux pages de « Récapitulation », à la fin de chacun des dossiers.

Le groupe du verbe

1. La conjugaison

(Voir les tableaux ci-après p. 185 à 189)

2. La construction des verbes

a) *Verbes intransitifs* = sans complément : Il dort.
Verbes transitifs = avec complément d'objet direct (COD) : Il invite ses amis.
= avec complément d'objet indirect (COI) : Il parle à ses amis.

Le complément du verbe peut être :
- un nom – Il aime **son chien**.
- un pronom – Il **l'**aime.
- un infinitif – il aime **jouer**.
- une proposition – Il aime **qu'on lui parle**.

b) *Verbes pronominaux*
- réfléchis : Je me lève. (« me » = COD)
  Elle s'achète un livre. (« s » = pour « elle » = COI)
- réciproques : Ils se regardent (= l'un et l'autre)

c) *verbes impersonnels* : ils ne s'emploient qu'à la troisième personne du singulier avec « il » : Il pleut. Il fait beau. Il faut faire ceci...

3. Valeurs et emplois des modes et des temps

a) Présent de l'indicatif

- Action en cours : Je déjeune. (en ce moment)
- Action habituelle : Je déjeune. (tous les jours à midi)
- Vérité ou qualité durable : Le silence est d'or.
- Expression du futur : Je pars demain.
- Conditions réalisables : Si tu viens demain, (on part).
- Ordre : Tu viens avec moi !

b) Passé composé

- Action passée présentée comme achevée : Il est venu hier.
- Récit au passé.

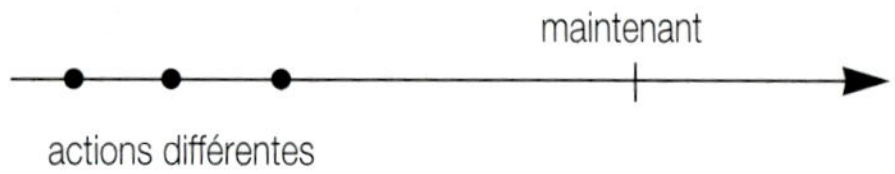

c) Imparfait

- Circonstances d'un événement : Il pleuvait quand je suis sorti.

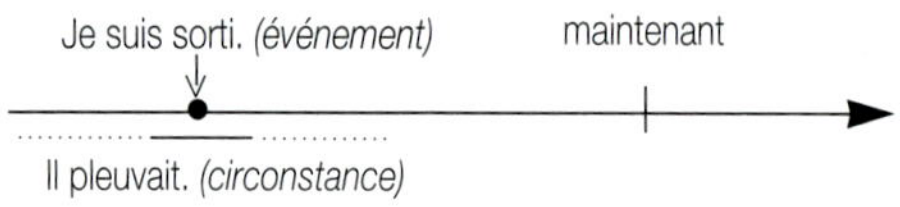

- Description d'un état passé : Il faisait beau. Les gens étaient heureux.
- Habitude ou répétition : J'allais au cours tous les jours.

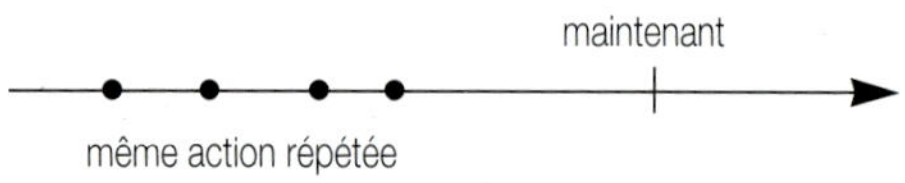

d) Futur :

- Fait probable : Il pleuvra demain. Il réussira son examen.

e) Impératif

- Ordre	Viens là ! Obéis !
- Conseil	Soyez prudent.
- Invitation	Entrez. Asseyez-vous.

f) Subjonctif

• *Après les verbes exprimant :*

- la volonté, le souhait	- Je veux /Je souhaite qu'il vienne.
- le doute	- Je ne crois pas qu'elle vienne.
- le jugement	- Il est important qu'il vienne.
- une émotion	- Je suis heureux / désolé qu'il vienne.

⚠ Si le sujet des deux verbes est le même, le 2e verbe est à l'infinitif :
Je veux revenir. Je suis heureux de venir. J'ai peur de venir.

• *Après certaines conjonctions :* Je lui écris pour qu'il vienne.

g) Infinitif

- Comme nom : Vouloir c'est pouvoir.
- Comme complément d'un verbe : Vous aimez conduire. Il commence à travailler.
- Pour l'ordre et la défense : Brancher l'appareil. Ne pas toucher.

f) Participe passé

- Comme adjectif : Des étudiants fatigués. Un rideau levé.
- Dans le passé composé : Ils ont travaillé. Elles sont venues.

⚠ Si l'auxiliaire est « être », l'accord avec le sujet est obligatoire : Elles sont parties.

⚠ Avec les verbes pronominaux, il n'y a accord que si le pronom complément est objet direct :
Elles se sont habillées. (« se » = elles)
mais Elles se sont acheté des vêtements. (« se » = pour « elles »)

Accents et signes de ponctuation

1. Les accents

Il y a quatre accents en français, seulement sur les voyelles :

- *L'accent aigu* (´) : seulement sur le « e ». vélo
- *L'accent grave* (`) : sur « e », « a » et « u ». père
  L'accent grave permet de distinguer :
  • « a » (avoir) et « à » (préposition),
  • « la » (article, pronom) de « là » (adverbe) ;
  • « ou » (conjonction) de « où » (adverbe).
- *L'accent circonflexe* (^) : sur toutes les voyelles. fête
- *Le tréma* (¨) : détache une voyelle d'une autre voyelle. Noël

2. Les signes de ponctuation

- *Le point* (.) : à la fin d'une phrase, dans les abréviations.
- *La virgule* (,) : marque une pause entre les groupes.
- *Le point-virgule* (;) : pause entre propositions.
- *Les deux points* (:) annoncent une explication ou une citation.
- *Les guillements* (« ») : pour les énoncés en style direct (dialogue) et les citations.
- *Les parenthèses* ( ) : pour les remarques à mettre à part.
- *Le tiret* (-) : changement de locuteur en style direct (dialogue) et dans les énumérations.

3. Les signes orthographiques

- *L'apostrophe* (') : suppression de « a » ou de « e ».
- *Le c cédille* (ç) : se prononce « s » devant « a, o et u ».
- *Le trait d'union* (-) : pour lier des mots (trente-cinq), et diviser des mots en fin de ligne (fran-çais).

⚠ Couper après la voyelle : ca-mion, change-ment
Couper entre deux consonnes : ac-cent, vir-gule, sauf si la seconde est « r » ou « l » : ta-ble, théâ-tre.

TABLEAUX DE CONJUGAISON

REMARQUES GÉNÉRALES SUR LA CONJUGAISON

- Il y a **plus de formes en français écrit qu'en français oral.**
- Chaque forme verbale se décompose en radical + terminaison

TEMPS SIMPLES

- **Verbes comme « Chanter » :**

INFINITIF	personnes	radical	INDICATIF présent	SUBJONCTIF présent	INDICATIF imparfait	IMPERATIF	PARTICIPES Présent	PARTICIPES Passé
	je		*e*	*e*	*ais*			
	tu		*es*	*es*	*ais*	*e*		
	il/elle/on		*e*	*e*	*ait*			
CHANTER (1 radical)		**CHANT-**					*ant*	*é*
	nous		*ons*	*ions*	*ions*	*ons*		
	vous		*ez*	*iez*	*iez*	*ez*		
	ils/elles		*ent*	*ent*	*aient*			

- **Verbes autres que « chanter » à 1, 2 ou 3 radicaux :**

INFINITIF	pers.	radical 1	radical 2	radical 3	PARTICIPES présent	PARTICIPES imparfait	SUBJONCTIF présent	IMPERATIF	PARTICIPES
									• passé
RÉPONDRE 1 radical	*je*		FINI-	BOI-	*s*	*ais*	*e*	*s*	*répond-u*
	tu				*s*	*ais*	*es*		*fin-i*
	il/elle				*t*	*ait*	*e*		*b-u*
FINIR 2 radicaux		RÉPOND-							
	nous			BUV-	*ons*	*ions*	*ions*	*ions*	
	vous				*ez*	*iez*	*iez*	*ez*	
			FINISS-						**• présent** *ant*
BOIRE 3 radicaux	*ils/elles*			BOIV-	*ent*	*aient*	*ent*		

- **L'imparfait** est toujours construit **sur le radical de la première personne de l'indicatif** :

Nous finiss-ons	*Je finiss-ais*
Nous buv-ons	*je buv-ais*
⚠ *Vous êtes*	*j'étais*

- **Le subjonctif** présent se construit à partir **du radical de la 3e personne du pluriel et du présent de l'indicatif.**

Ils finiss-ent	*Que je finiss-e*
Ils boiv-ent	*Que je boiv-e*

Si le verbe a un **radical spécial à la 1re et à la 2e personne du pluriel du présent de l'indicatif**, les personnes correspondantes du subjonctif utilisent ces radicaux :

Nous finiss-ons	*Que nous finiss-ions*
Nous buv-ons	*Que nous buv-ions*

Les gras vous aident à repérer les changements de radicaux et de formes.

INFINITIF	**INDICATIF**				**SUBJONCTIF**	**IMPÉRATIF**
	présent	**passé composé**	**imparfait**	**futur**	**présent**	**présent**
Être *(Auxiliaire)*	je **suis** tu **es** il/elle **est** nous **sommes** vous **êtes** ils/elles **sont**	j'**ai été** tu as été il/elle a été nous avons été vous avez été ils/elles ont été	j'**ét**ais tu étais il/elle était nous étions vous étiez ils/elles étaient	je **ser**ai tu seras il/elle sera nous serons vous serez ils/elles seront	que je **sois** que tu sois qu'il/elle soit que nous soyons que vous soyez qu'ils/elles soient	sois soyons soyez
Avoir *(Auxiliaire)*	j'**ai** tu **as** il/elle **a** nous **av**ons vous avez ils/elles **ont**	j'**ai eu** tu as eu il/elle a eu nous avons eu vous avez eu ils/elles ont eu	j'**av**ais tu avais il/elle avait nous avions vous aviez ils/elles avaient	j' **aur**ai tu auras il/elle aura nous aurons vous aurez ils/elles auront	que j'**aie** que tu aies qu'il/elle ait que nous ayons que vous ayez qu'ils/elles aient	aie ayons ayez
Aller	je **vai**s tu **vas** il/elle **va** nous **all**ons vous allez ils/elles **vont**	je **suis allé**(e) tu es allé(e) il/elle est allé(e) nous sommes allé(e)s vous êtes allé(e)s ils/elles sont allé(e)s	j'**all**ais tu allais il/elle allait nous allions vous alliez ils/elles allaient	j'**ir**ai tu iras il/elle ira nous irons vous irez ils/elles iront	que j'**aill**e que tu ailles qu'il/elle aille que nous allions que vous alliez qu'ils/elles aillent	va allons allez
S'asseoir	je m'**assied**s tu t'assieds il/elle s'assied nous nous **assey**ons vous vous asseyez ils/elles s'asseyent	je me **suis assis**(e) tu t'es assis(e) il/elle s'est assis(e) nous nous sommes assis(es) vous vous êtes assis(es) ils/elles se sont assis(es)	je m'asseyais tu t'asseyais il s'asseyait nous nous asseyions vous vous asseyiez ils/elles s'asseyaient	je m'**assier**ai tu t'assieras il/elle s'assiera nous nous assierons vous vous assierez ils/elles s'assieront	que je m'asseye que tu t'asseyes qu'il/elle s'asseye que nous nous asseyions que vous vous asseyiez qu'ils/elles s'asseyent	assieds-toi asseyons-nous asseyez-vous
Boire	je **boi**s tu bois il/elle boit nous **buv**ons vous buvez ils/elles boivent	j'**ai bu** tu as bu il/elle a bu nous avons bu vous avez bu ils/elles ont bu	je **buv**ais tu buvais il/elle buvait nous buvions vous buviez ils/elles buvaient	je boirai tu boiras il/elle boira nous boirons vous boirez ils/elles boiront	que je boive que tu boives qu'il/elle boive que nous buvions que vous buviez qu'ils/elles boivent	bois buvons buvez
Chanter	je **chant**e tu chantes il/elle chante nous chantons vous chantez ils/elles chantent	j'**ai** chanté tu as chanté il/elle a chanté nous avons chanté vous avez chanté ils/elles ont chanté	je chantais tu chantais il/elle chantait nous chantions vous chantiez ils/elles chantaient	je chanterai tu chanteras il/elle chantera nous chanterons vous chanterez ils/elles chanteront	que je chante que tu chantes qu'il/elle chante que nous chantions que vous chantiez qu'ils/elles chantent	chante chantons chantez
Choisir	je **chois**is tu choisis il/elle choisit nous **choisiss**ons vous choisissez ils/elles choisissent	j'ai choisi tu as choisi il/elle a choisi nous avons choisi vous avez choisi ils/elles ont choisi	je choisissais tu choisissais il/elle choisissait nous choisissions vous choisissiez ils/elles choisissaient	je choisirai tu choisiras il/elle choisira nous choisirons vous choisirez ils/elles choisiront	que je choisisse que tu choisisses qu'il/elle choisisse que nous choisissions que vous choisissiez qu'ils/elles choisissent	choisis choisissons choisissez

INFINITIF	INDICATIF				SUBJONCTIF	IMPÉRATIF
	présent	passé composé	imparfait	futur	présent	présent
Conduire lenken	je **condui**s tu conduis il/elle conduit nous **conduis**ons vous conduisez ils/elles conduisent	j'**ai** conduit tu as conduit il/elle a conduit nous avons conduit vous avez conduit ils/elles ont conduit	je conduisais tu conduisais il/elle conduisait nous conduisions vous conduisiez ils/elles conduisaient	je conduirai tu conduiras il/elle conduira nous conduirons vous conduirez ils/elles conduiront	que je conduise que tu conduises qu'il/elle conduise que nous conduisions que vous conduisiez qu'ils/elles conduisent	conduis conduisons conduisez
Connaître qn (wissen) kennen	je **connai**s tu connais il/elle connaît nous **connaiss**ons vous connaissez ils/elles connaissent	j'**ai connu** tu as connu il/elle a connu nous avons connu vous avez connu ils/elles ont connu	je connaissais tu connaissais il/elle connaissait nous connaissions vous connaissiez ils/elles connaissaient	je connaîtrai tu connaîtras il/elle connaîtra nous connaîtrons vous connaîtrez ils/elles connaîtront	que je connaisse que tu connaisses qu'il/elle connaisse que nous connaissions que vous connaissiez qu'ils/elles connaissent	connais connaissons connaissez
Craindre	je **crain**s tu crains il/elle craint nous **craign**ons vous craignez ils/elles craignent	j'**ai craint** tu as craint il/elle a craint nous avons craint vous avez craint ils/elles ont craint	je craignais tu craignais il/elle craignait nous craignions vous craigniez ils/elles craignaient	je craindrai tu craindras il/elle craindra nous craindrons vous craindrez ils/elles craindront	que je craigne que tu craignes qu'il/elle craigne que nous craignions que vous craigniez qu'ils/elles craignent	crains craignons craignez
Croire glauben	je **croi**s tu crois il/elle croit nous **croy**ons vous croyez ils/elles croient	j'**ai cru** tu as cru il/elle a cru nous avons cru vous avez cru ils/elles ont cru	je croyais tu croyais il/elle croyait nous croyions vous croyiez ils/elles croyaient	je croirai tu croiras il/elle croira nous croirons vous croirez ils/elles croiront	que je croie que tu croies qu'il/elle croie que nous croyions que vous croyiez qu'ils/elles croient	crois croyons croyez
Devoir	je **doi**s tu dois il/elle doit nous **dev**ons vous devez ils/elles **doiv**ent	j'**ai** dû tu as dû il/elle a dû nous avons dû vous avez dû ils/elles ont dû	je devais tu devais il/elle devait nous devions vous deviez ils/elles devaient	je **dev**rai tu devras il/elle devra nous devrons vous devrez ils/elles devront	que je doive que tu doives qu'il/elle doive que nous devions que vous deviez qu'ils/elles doivent	*n'existe pas*
Dire sagen	je **di**s tu dis il/elle dit nous **dis**ons vous **dites** ils/elles disent	j'**ai** dit tu as dit il/elle a dit nous avons dit vous avez dit ils/elles ont dit	je disais tu disais il/elle disait nous disions vous disiez ils/elles disaient	je dirai tu diras il/elle dira nous dirons vous direz ils/elles diront	que je dise que tu dises qu'il/elle dise que nous disions que vous disiez qu'ils/elles disent	dis disons dites
Écrire schreiben	j'**écri**s tu écris il/elle écrit nous **écriv**ons vous écrivez ils/elles écrivent	j'**ai** écrit tu as écrit il/elle a écrit nous avons écrit vous avez écrit ils/elles ont écrit	j'écrivais tu écrivais il/elle écrivait nous écrivions vous écriviez ils/elles écrivaient	j'écrirai tu écriras il/elle écrira nous écrirons vous écrirez ils/elles écriront	que j'écrive que tu écrives qu'il/elle écrive que nous écrivions que vous écriviez qu'ils/elles écrivent	écris écrivons écrivez
Faire machen tun	je **fai**s tu fais il/elle fait nous **fais**ons vous **faites** ils/elles **font**	j'**ai** fait tu as fait il/elle a fait nous avons fait vous avez fait ils/elles ont fait	je faisais tu faisais il/elle faisait nous faisions vous faisiez ils/elles faisaient	je **fe**rai tu feras il/elle fera nous ferons vous ferez ils/elle feront	que je **fas**se que tu fasses qu'il/elle fasse que nous fassions que vous fassiez qu'ils/elles fassent	fais faisons faites

INFINITIF	INDICATIF				SUBJONCTIF	IMPÉRATIF
	présent	passé composé	imparfait	futur	présent	présent
Falloir	il **faut**	il **a fallu**	il **fallait**	il **faud**ra	qu'il **faill**e	*n'existe pas*
Mettre treffen	je **met**s tu mets il/elle met nous **mett**ons vous mettez ils/elles mettent	j'**ai mis** tu as mis il/elle a mis nous avons mis vous avez mis ils/elles ont mis	je mettais tu mettais il/elle mettait nous mettions vous mettiez ils/elles mettaient	je mettrai tu mettras il/elle mettra nous mettrons vous mettrez ils/elles mettront	que je mette que tu mettes qu'il/elle mette que nous mettions que vous mettiez qu'ils/elles mettent	mets mettons mettez
Mourir sterben	je **meur**s tu meurs il/elle meurt nous **mour**ons vous mourez ils/elles meurent	je **suis mort**(e) tu es mort(e) il/elle est mort(e) nous sommes mort(e)s vous êtes mort(e)s ils/elles sont mort(e)s	je mourais tu mourais il/elle mourait nous mourions vous mouriez ils/elles mouraient	je **mourr**ai tu mourras il/elle mourra nous mourrons vous mourrez ils/elles mourront	que je meure que tu meures qu'il/elle meure que nous mourions que vous mouriez qu'ils/elles meurent	meurs mourons mourez
Naître	je **nai**s tu nais il/elle naît nous **naiss**ons vous naissez ils/elles naissent	je **suis né**(e) tu es né(e) il/elle est né(e) nous sommes né(e)s vous êtes né(e)s ils/elles sont né(e)s	je naissais tu naissais il/elle naissait nous naissions vous naissiez ils/elles naissaient	je naîtrai tu naîtras il/elle naîtra nous naîtrons vous naîtrez ils/elles naîtront	que je naisse que tu naisses qu'il naisse que nous naissions que vous naissiez qu'ils/elles naissent	*peu utilisé*
Partir verlassen	je **par**s tu pars il/elle part nous **part**ons vous partez ils/elles partent	je **suis** parti(e) tu es parti(e) il/elle est parti(e) nous sommes parti(e)s vous êtes parti(e)s ils/elles sont parti(e)s	je partais tu partais il/elle partait nous partions vous partiez ils/elles partaient	je partirai tu partiras il/elle partira nous partirons vous partirez ils/elles partiront	que je parte que tu partes qu'il/elle parte que nous partions que vous partiez qu'ils/elles partent	pars partons partez
Plaire à qn jem. gefallen	je **plai**s tu plais il/elle plaît nous **plais**ons vous plaisez ils/elles plaisent	j'**ai plu** tu as plu il/elle a plu nous avons plu vous avez plu ils/elles ont plu	je plaisais tu plaisais il/elle plaisait nous plaisions vous plaisiez ils/elles plaisaient	je plairai tu plairas il/elle plaira nous plairons vous plairez ils/elles plairont	que je plaise que tu plaises qu'il/elle plaise que nous plaisions que vous plaisiez qu'ils/elles plaisent	plais plaisons plaisez
Pleuvoir	il **pleut**	il **a** plu	il **pleuv**ait	il **pleuv**ra	qu'il pleuve	*n'existe pas*
Pouvoir können	je **peux** tu peux il/elle peut nous **pouv**ons vous pouvez ils/elles **peuv**ent	j'**ai pu** tu as pu il/elle a pu nous avons pu vous avez pu ils/elles ont pu	je pouvais tu pouvais il/elle pouvait nous pouvions vous pouviez ils/elles pouvaient	je **pourr**ai tu pourras il/elle pourra nous pourrons vous pourrez ils/elles pourront	que je **puiss**e que tu puisses qu'il/elle puisse que nous puissions que vous puissiez qu'ils/elles puissent	*n'existe pas*
Prendre nehmen	je **prend**s tu prends il/elle prend nous **pren**ons vous prenez ils/elles **prenn**ent	j'**ai pris** tu as pris il/elle a pris nous avons pris vous avez pris ils/elles ont pris	je prenais tu prenais il/elle prenait nous prenions vous preniez ils/elles prenaient	je prendrai tu prendras il/elle prendra nous prendrons vous prendrez ils/elles prendront	que je prenne que tu prennes qu'il/elle prenne que nous prenions que vous preniez qu'ils/elles prennent	prends prenons prenez

INFINITIF	INDICATIF				SUBJONCTIF	IMPÉRATIF
	présent	passé composé	imparfait	futur	présent	présent
Savoir wissen	je **sai**s tu sais il/elle sait nous **sav**ons vous savez ils/elles savent	j'**ai su** tu as su il/elle a su nous avons su vous avez su ils/elles ont su	je savais tu savais il/elle savait nous savions vous saviez ils/elles savaient	je **sau**rai tu sauras il/elle saura nous saurons vous saurez ils/elles sauront	que je **sach**e que tu saches qu'il/elle sache que nous sachions que vous sachiez qu'ils/elles sachent	sache sachons sachez
Suivre folgen begleiten	je **suis** tu suis il/elle suit nous **suiv**ons vous suivez ils/elles suivent	j'**ai suivi** tu as suivi il/elle a suivi nous avons suivi vous avez suivi ils/elles ont suivi	je suivais tu suivais il/elle suivait nous suivions vous suiviez ils/elles suivaient	je suivrai tu suivras il/elle suivra nous suivrons vous suivrez ils/elles suivront	que je suive que tu suives qu'il/elle suive que nous suivions que vous suiviez qu'ils/elles suivent	suis suivons suivez
valoir	je **vaux** tu **vaux** il/elle **vaut** nous **val**ons vous valez ils/elles valent	j'**ai valu** tu as valu il/elle a valu nous avons valu vous avez valu ils/elles ont valu	je valais tu valais il/elle valait nous valions vous valiez ils/elles valaient	je **vaud**rai tu vaudras il/elle vaudra nous vaudrons vous vaudrez ils/elles vaudront	que je **vaill**e que tu vailles qu'il/elle vaille que nous valions que vous valiez qu'ils/elles vaillent	*n'existe pas*
Venir kommen	je **vien**s tu viens il/elle vient nous **ven**ons vous venez ils/elles **vienn**ent	je **suis venu**(e) tu es venu(e) il/elle est venu(e) nous sommes venu(e)s vous êtes venu(e)s ils/elles sont venu(e)s	je venais tu venais il/elle venait nous venions vous veniez ils/elles venaient	je **viend**rai tu viendras il/elle viendra nous viendrons vous viendrez ils/elles viendront	que je vienne que tu viennes qu'il/elle vienne que nous venions que vous veniez qu'ils/elles viennent	viens venons venez
vivre leben	je **vis** tu vis il/elle vit nous **viv**ons vous vivez ils/elles vivent	j'**ai vécu** tu as vécu il/elle a vécu nous avons vécu vous avez vécu ils/elles ont vécu	je vivais tu vivais il/elle vivait nous vivions vous viviez ils/elles vivaient	je vivrai tu vivras il/elle vivra nous vivrons vous vivrez ils/elles vivront	que je vive que tu vives qu'il/elle vive que nous vivions que vous viviez qu'ils/elles vivent	vis vivons vivez
Voir sehen	je **vois** tu vois il/elle voit nous **voy**ons vous voyez ils/elles voient	j'**ai vu** tu as vu il/elle a vu nous avons vu vous avez vu ils/elles ont vu	je voyais tu voyais il/elle voyait nous voyions vous voyiez ils/elles voyaient	je **verr**ai tu verras il/elle verra nous verrons vous verrez ils/elles verront	que je voie que tu voies qu'il/elle voie que nous voyions que vous voyiez qu'ils/elles voient	vois voyons voyez
Vouloir wollen	je **veux** tu **veux** il/elle **veut** nous **voul**ons vous voulez ils/elles **veul**ent	j'**ai voulu** tu as voulu il/elle a voulu nous avons voulu vous avez voulu ils/elles ont voulu	je voulais tu voulais il/elle voulait nous voulions vous vouliez ils/elles voulaient	je **voud**rai tu voudras il/elle voudra nous voudrons vous voudrez ils/elles voudront	que je **veuill**e que tu veuilles qu'il/elle veuille que nous voulions que vous vouliez qu'ils/elles veuillent	veuille veuilllons veuillez

LEXIQUE

Le lexique répertorie les mots contenus dans les textes, documents et exercices.

Le numéro qui figure à gauche du mot renvoie à la page du manuel où le mot apparaît pour la première fois. La traduction fournie est donc celle de l'acception de ce mot dans le contexte de son premier emploi.

Certains mots « transparents », mots dont la forme et le sens sont proches de ceux de la langue des apprenants, n'ont pas été répertoriés.

Lexique français-allemand
Wortschatzverzeichnis Französisch-Deutsch

Die Zahlen verweisen auf die Seiten, auf denen ein Wort zum ersten Mal vorkommt.
Der lektionsweise geordnete Wortschatz ist im Arbeitsbuch enthalten.

abréviations/Abkürzungen

adj = adjectif/Adjektiv; Eigenschaftswort
adv = adverbe/Adverb; Umstandswort
conj = conjonction/Konjunktion; Bindewort
f = féminin/feminin; weiblich
inv = invariable/unveränderlich
m = masculin/maskulin; männlich

pl = pluriel/Plural; Mehrzahl
pr = pronom/Pronomen; Fürwort
prép = préposition/Präposition; Verhältniswort

qc = quelque chose — etw. = etwas
qn = quelqu'un — jem. = jemanden, jemandem

A

abandonner qc/qn	verlassen 119
d'abord *adv*	zuerst; zunächst 87
académie *f*	Akademie 133
accepter qc	annehmen; akzeptieren 64
acclamation *f*	Beifall; Akklamation 111
les acclamations	die Zurufe
d'accord	einverstanden 45
accueil *m*	Empfang 51
acheter qc	kaufen 86
acheteur *m*	Käufer 47
acier *m*	Stahl 175
acteur *m*, **actrice** *f*	Schauspieler, Schauspielerin 20
actif, active	aktiv 161
action *f*	Handlung 86
activité *f*	Aktivität; Tätigkeit 22
actuel, actuelle	aktuell; momentan 160
admirer qc/qn	bewundern 63
adorer qc/qn	schwärmen für 87
adorer faire qc	furchtbar gern tun
adresse *f*	Anschrift 16
s'adresser à qn	sich an jem. wenden 104
adulte *adj*	erwachsen 96
aérien, aérienne	Luft- 141
aéroport *m*	Flughafen 17
affiche *f*	Plakat 41
affirmatif, affirmative	bejahend 10
affirmer son talent	sich zeigen (sein/ihr Talent) 119
âge *m*	Alter 12
agence *f*	Agentur 33
agent de police *m*	(Verkehrs-)Polizist 54
il s'agit de qc/qn	es handelt sich um; es betrifft 86
agréable *adj*	angenehm 83
agréer: Veuillez agréer l'expression de mes sentiments distingués	mit freundlichen Grüßen 22
agriculteur *m*, **agricultrice** *f*	Landwirt, Landwirtin 27
aide *f*	Hilfe 61
aider qn	helfen 72
aigle royal *m*	Königsadler 163
aimable *adj*	freundlich; liebenswürdig 45
pas aimable	unwirsch; unfreundlich
aimer qc/qn	mögen; lieben 30
air *m*	Luft 161
avoir l'air	aussehen 73
aliment *m*	Nahrungsmittel 96
alimentaire *adj*	Ernährungs- 97
aller	gehen; fahren 54
allumage *m*	Zündung; hier: Einschalten 76
allumer qc	anzünden; einschalten 77
alors *adv*	dann 11
amant *m*, **amante** *f*	Geliebter, Geliebte 119
ambiance *f*	Stimmung 166
ambition *f*	Ehrgeiz 34
ambulance *f*	Krankenwagen 40
amélioration *f*	Verbesserung 104
améliorer qc	verbessern 106
ami *m*, **amie** *f*	Freund, Freundin 10
amour *m*	Liebe 119
amoureux, amoureuse	verliebt 12
amusant, amusante	amüsant; lustig 47
s'amuser	sich amüsieren 87
an *m*	Jahr 12
ancien, ancienne	alt; ehemalig 63
angoisse *f*	Angst 143
c'est l'angoisse	es ist ein Alptraum
animal *m* (*pl:* animaux)	Tier 45
animation *f*	reges Treiben; reger Betrieb 63
année *f*	Jahr 79
anniversaire *m*	Geburtstag 79
annonce *f*	Anzeige; Annonce 48
A.N.P.E. *f*	Arbeitsamt 72
anonyme *adj*	anonym; unbekannt 107
apercevoir qc/qn	erblicken; wahrnehmen 163
apparaître	erscheinen 77
appartement *m*	Wohnung 31
appartenir à qc/qn	gehören (zu) 96
s'appeler	heißen 8
appréciation *f*	Beurteilung 116
apprécier qc	schätzen; beurteilen 148
s'approcher (de qc/qn)	sich nähern 178
appuyer	drücken 76
après *prép*	nach 54
après-midi *m/f*	Nachmittag 82
arbre *m*	Baum 79
argent *m*	Geld 70
argument *m*	Argument 142
armée *f*	Armee; Heer; Militär 127

armoire *f*	Schrank 40
arracher qc	herausreißen 167
arrêt *m*	Haltestelle; Stoppen; AUS 55
s'arrêter	anhalten; stoppen 58
arrivée *f*	Ankunft 125
arriver	ankommen 30
art *m*	Kunst 62
artère *f*	Arterie; Schlagader 105
article *m*	(Zeitungs-)Artikel 105
artisan *m*	Handwerker; hier: Urheber, Vater 175
artiste *m/f*	Künstler, Künstlerin 119
ascenseur *m*	Aufzug; Lift 44
asile *m*	Asyl; hier: Nervenheilanstalt, Psychiatrie 119
s'asseoir	sich setzen 17
asseyez-vous	setzen Sie sich
assez *adv*	genug; ziemlich; relativ 59
assistant *m*, **assistante** *f*	Assistent, Assistentin 126
associer qc	verbinden; assoziieren 110
assurer qc **à** qn	versichern 171
atomique *adj*	Atom- 161
attendre qc/qn	warten 17
attentif, attentive	aufmerksam 163
attention *f*	Achtung 10; Aufmerksamkeit 86
attirer l'attention	Aufmerksamkeit auf sich lenken
attirer qc	anziehen 86
auditeur *m*, **auditrice** *f*	(Zu-)Hörer, (Zu-)Hörerin 110
aujourd'hui *adv*	heute 27
aussi *adv*	auch 8
authentique *adj*	echt; authentisch 146
autobus *m*	Bus 55
autographe *m*	Autogramm 111
automatique *adj*	automatisch 77
automne *m*	Herbst 79
automobiliste *m/f*	Autofahrer, Autofahrerin 58
autonome *adj*	autonom; unabhängig 132
un scaphandre autonome	ein schlauchloses Tauchgerät
autour *adv*	drum herum 106
autre *adj*	anderer, andere, anderes 16
avance *f*	Vorsprung; hier: Schnellvorlauf 77
avant *adv*	davor; vorher 55
avant *prép*	vor 86
avantage *m*	Vorteil 138
avec *prép*	mit 13
aventure *f*	Abenteuer 118
avenue *f*	Avenue; Prachtstraße 71
avion *m*	Flugzeug 17
avoir	haben 12

B

bagage *m*	Gepäckstück 100
les bagages	das Gepäck
bagarre *f*	Krawall; Schlägerei 167
baie *f*	Bucht 147
se baigner	baden 146
baiser *m*	Kuß 118
baladeur *m*	Walkman 59
baleine *f*	Wal 133
banane *f*	Banane 97
bande *f*	(Ton-; Video-)Band 76
bande dessinée *f*	Comics 18
banlieue *f*	Vororte; Vorortgürtel 60
banque *f*	Bank (Geldinstitut) 21
barricade *f*	Barrikade 167
bas, basse	niedrig; Unter- 43
basket *m/f*	Sportschuh 72
bateau *m* (*pl:* bateaux)	Boot; Schiff 133
bâtiment *m*	Gebäude 54
beau, bel, belle (*pl:* beaux, belles)	schön 88
beaucoup de *adv*	viel(e) 55
beauté *f*	Schönheit 163
beige *adj*	beige 125
besoin *m*	Bedürfnis 48
avoir besoin de qc/qn	brauchen
bêtise *f*	Quatsch; Unsinn 157
beurre *m*	Butter 98
bicyclette *f*	Fahrrad 80
bifteck *m*	Steak 96
bien *adv*	gut 9
bien sûr *adv*	natürlich; selbstverständlich 27
bientôt *adv*	bald 64
à bientôt	bis bald
bilingue *adj*	zweisprachig 73
billet *m*	(Eintritts-; Fahr-)Karte 60
biographie *f*	Biographie 134
biscotte *f*	Zwieback 91
bistrot *m*	Kneipe; Lokal 107
bizarre *adj*	merkwürdig 40
blanc, blanche	weiß 55
blessé *m*, **blessée** *f*	Verletzter, Verletzte 167
bleu, bleue	blau 55
bloquer qc	blockieren; versperren 167
blouson *m*	Blouson; Sportjacke 72
bœuf *m*	Ochse; hier: Rind(fleisch) 97
boire qc	etw. trinken 96
bois *m*	Holz; Wald 19
boîte postale *f*	Postfach 49
boîte *f*	Schachtel; Kasten; hier: Disko 86
bombe *f*	Bombe 161
bon, bonne	gut 8
bonjour *m*	guten Morgen; guten Tag 8
bouger	sich bewegen; hier: etw. unternehmen 143
boulangerie *f*	Bäckerei 54
boulevard *m*	Boulevard; Ring(straße) 56
boulot *m*	Arbeit; Job 87
bouquetin *m*	Steinbock 163
bourgeois, bourgeoise	(gut-)bürgerlich 107
bout *m*	Ende 54
bouteille *f*	Flasche 99
boutique *f*	Laden; Geschäft; Boutique 86
bouton *m*	Knopf; Schalter 77
branche *f*	Zweig; Branche; Fachgebiet 73
branchement *m*	Anschluß 76
brancher qc	anschließen 77
brasserie *f*	(Groß-)Gaststätte 107
bruit *m*	Lärm 68
brûler qc	verbrennen 161
bulletin *m*	Bericht 106
bulletin d'information	Nachrichten (Fernsehen)
bureau *m*	Büro; Schreibtisch 41
bus *m*	Bus 60
but *m*	Ziel; Zweck 155

C

cabine téléphonique *f*	Telefonzelle 55
cadre *m*	leitender Angestellter; Rahmen 104
cahier *m*	(Schul-)Heft 28
calendrier *m*	Kalender 79
calme *adj*	ruhig 48
se calmer	sich beruhigen 157
camion *m*	Lastwagen; LKW 44
canapé *m*	Couch; Kanapee 44
cancer *m*	Krebs 152
car *m*	Bus (Fernverkehr) 115
caractériser qc	charakterisieren 174
carotte *f*	Karotte; Möhre 96
carrefour *m*	Kreuzung 54
carrière *f*	Karriere; Laufbahn; Beruf 35
carte *f*	Karte 19
la carte d'identité	(Personal-)Ausweis 19
la carte de séjour	Aufenthaltsgenehmigung 17
cas *m*	Fall 161
casque *m*	Helm; hier: Kopfhörer 78
catastrophe *f*	Katastrophe; Unglück 152
cathédrale *f*	Kathedrale; Dom; Münster 56
cause *f*	Grund; Ursache 60
cave *f*	Keller 115
célèbre *adj*	berühmt 8
célébrité *f*	Berühmtheit 125
célibataire *adj*	unverheiratet; ledig 16
centaine *f*	Hundert; ca. hundert 111
centre *m*	Zentrum; (Stadt-)Mitte 55
cependant *conj*	dennoch 119
céréales *fpl*	Getreide 97
certain, certaine	gewiß; bestimmt; sicher 100
sans cesse *adv*	unaufhörlich 161
cesser	aufhören 161
chacun, chacune *pr*	jeder, jede, jedes 70
chaîne *f*	Kette 125
chaise *f*	Stuhl 40
chaise longue	Liege
chaleur *f*	Wärme; Hitze 128
chambre *f*	Schlafzimmer; (Hotel-)Zimmer 43
chamois *m*	Gemse 163
champion *m*, **championne** *f*	Champion; Meister, Meisterin 31
chance *f*	Glück 44
changer (de) qc	wechseln 86
chanson *f*	Lied; Schlager; Chanson 36
chanteur *m*, **chanteuse** *f*	Sänger, Sängerin 20
chantier *m*	Baustelle 145
chapeau *m* (*pl:* chapeaux)	Hut 124
chaque *adj*	jeder, jede, jedes 44
charbon *m*	Kohle 175
charcuterie *f*	(Schweine-)Fleisch- und Wurstwaren; Fleischerei 100
chargé, chargée	beladen; ausgefüllt; voll 111
chat *m*	Katze 45
château *m* (*pl:* châteaux)	Schloß; Burg 94
chaud, chaude	warm 79
chaussure *f*	Schuh 136
chemin *m*	Weg 54
cher, chère	teuer; lieb 138
chercher qc/qn	suchen 15
chez *prép*	bei 26
chien *m*, **chienne** *f*	Hund, Hündin 27
chiffre *m*	Ziffer; Zahl 13
chocolat *m*	Schokolade 100
choisir qc	wählen; aussuchen 20
choix *m*	Wahl; Auswahl 76
chômage *m*	Arbeitslosigkeit 91
chose *f*	Sache; Ding 92
chouette *adj*	toll; super 171
cidre *m*	Apfelwein 114
cinéma *m*	Kino; Filmkunst 55
circonstances *fpl*	Umstände 106
circuit *m*	Rennstrecke; Rundreise 35
circulation *f*	Verkehr 71
circuler	fahren; sich bewegen 69
citadelle *f*	Zitadelle 63
citer qc	zitieren; angeben 62
clairement *adv*	klar; deutlich 176
classer qc	einordnen; einstufen 97
classique *adj*	klassisch 124
clef *f*	Schlüssel 70
client *m*, **cliente** *f*	Kunde, Kundin 87
climat *m*	Klima 146
se coiffer	sich kämmen 171
coin *m*	Ecke 54
colère *f*	Wut 91
collectionner qc	sammeln 133
collègue *m/f*	Kollege, Kollegin 72
collier *m*	(Hals-)Kette 125
combien *adv*	wieviel 29
comédie *f*	Komödie; Lustspiel 118
comité *m*	Komitee; Ausschuß 111
commandement *m*	Kommando 132
comme *conj*	wie 43
comment *adv*	wie 8
commentaire *m*	Kommentar 118
commerçant *m*, **commerçante** *f*	Kaufmann, Kauffrau; Händler, Händlerin 20
commerce *m*	Handel 73
commissariat *m*	Polizeirevier; Kommissariat 131
comparer qc **à** qc	vergleichen mit 43
compléter qc	vervollständigen 8
complexe *m*	Komplex; Zentrum 143
compliquer qc	schwierig machen 156
composition *f*	Zusammensetzung 106
comprendre qc/qn	verstehen 23
comptable *m/f*	Buchhalter, Buchhalterin 18
compte *m*	Berechnung; Konto; Betrag 21
compter	rechnen; zählen
compte rendu *m*	Bericht; (Rechenschafts-)Bericht 120
compteur *m*	Zähler 76
conception *f*	Auffassung; Gestaltung 139
concert *m*	Konzert 29
conclusion *f*	Schlußfolgerung; Schluß; Ende 132
concours *m*	Wettbewerb 153
concurrent *m*, **concurrente** *f*	Konkurrent, Konkurrentin; Mitbewerber, Mitbewerberin 139
conducteur *m*, **conductrice** *f*	Fahrer, Fahrerin 59
conduite *f*	Fahren; Fahrweise 141
conférence *f*	Besprechung; Vortrag 52

confirmation *f*	Bestätigung 20
confiture *f*	Marmelade 96
connaître qc	kennen 8
connu, connue	bekannt 63
conseil *m*	Rat 72
conseiller *m*, **conseillère** *f*	Berater, Beraterin 74
conseiller qc **à** qn	empfehlen; (an)raten 64
conséquence *f*	Folge; Auswirkung 176
conserver qc	behalten 169
considérer qc	bedenken; abwägen 143
consigne *f*	Anweisung 167
consoler qn	trösten 170
consommation *f*	Verbrauch 105
consommer qc	verbrauchen; konsumieren 105
construction *f*	Errichtung; Bau 143
construire qc	bauen 104
consulter qc/qn	zu Rate ziehen 107
contenir qc	enthalten; beinhalten 97
content, contente	zufrieden 46
continuer (qc)	fortfahren; fortsetzen 12
contraire *m*	Gegenteil 130
contrat *m*	Vertrag 142
contre *prép*	gegen 34
contre *adv*	dagegen
contribuer à qc	beitragen zu 124
contrôler qc	kontrollieren; beherrschen 152
convenir à qc/qn	passen zu; entsprechen 152
coopération *f*	Zusammenarbeit; Kooperation 175
copain *m*, **copine** *f*	Freund, Freundin 11
copropriété *f*	Miteigentum 49
corps *m*	Körper 96
correct, correcte	korrekt; anständig; richtig 52
correctement *adv*	richtig 47
correspondre à qc	entsprechen 16
corriger qc	korrigieren; berichtigen 10
cortège *m*	(Demonstrations-)Zug 167
côte *f*	Steigung 115
côte *f*	Kotelett; Rippe 97
à côté de *prép*	in der Nähe von; neben 27
côtelette *f*	Kotelett 97
cotisation *f*	Beitrag(-szahlung) 16
être couché/couchée	liegen; im Bett liegen 82
couleur *f*	Farbe 63
coupe *f*	(Sekt-)Schale 99
couper qc	schneiden 101
ça coupe les jambes	das macht weiche Knie
courage *m*	Mut 167
courant *m*	(elektrischer) Strom 76
coureur *m*	Läufer 34
courrier *m*	Post; Korrespondenz 119
le courrier des lecteurs	Leserzuschriften
course *f*	Rennen; Einkauf 35
faire les courses	einkaufen
court, courte	kurz 78
cousin *m*, **cousine** *f*	Cousin, Cousine 27
couture *f*	Schneidern; Näharbeit 124
la haute couture	die Haute Couture
couvent *m*	Kloster; Klosterschule 125
couverture *f*	Decke 100
couvrir qc	bedecken; umfassen 163
création *f*	Kreation; Schöpfung 124

créer qc	kreieren; (be)gründen 104
créole *adj*	kreolisch 146
crêpe *f*	Crêpe; Pfannkuchen 107
critique *m/f*	(Film-)Kritiker, Kritikerin 118
critique *f*	(Film-)Kritik 64
critique *adj*	kritisch 118
critiquer qc/qn	kritisieren 36
croire qc/qn	glauben 87
croissant *m*	Croissant; Hörnchen 96
cuir *m*	Leder 72
cuisine *f*	Küche 48
curriculum vitae *m*	Lebenslauf 132
cycles *mpl*	Fahrräder 69

D

danger *m*	Gefahr 155
danger mortel	Lebensgefahr
dans *prép*	in 8
danse *f*	Tanz; Ballett 36
date *f*	Datum 16
dauphin *m*	Delphin 133
debout *adv*	stehend 40
se débrouiller	zurechtkommen 156
début *m*	Anfang 87
débutant *m*, **débutante** *f*	Anfänger, Anfängerin 31
décalage *m*	Verschiebung 82
le décalage horaire	der Zeitunterschied
déception *f*	Enttäuschung 88
décider qc	beschließen 153
décision *f*	Entscheidung 145
prendre une décision	eine Entscheidung treffen
déclaration *f*	Erklärung 40
découvrir qc/qn	entdecken 63
décrire qc	beschreiben 40
déçu, déçue	enttäuscht 171
défendre qc/qn	verteidigen; verbieten 94
dehors *adv*	draußen 83
déjà *adv*	schon 13
défilé de mode *m*	Modenschau 91
déjeuner *m*	Mittagessen 82
le petit déjeuner	das Frühstück
demain *adv*	morgen 87
demande *f*	Anfrage; Nachfrage; Suche 48
demander qc **à** qn	fragen 20
déménageur *m*	Möbelpacker; Möbelspediteur 45
demi, demie	halb 85
deux heures et demie	halb drei
demi-tour *m*	Kehrtwendung 167
faire demi-tour	umkehren
démonter qc	auseinandernehmen; hier: abmontieren 115
dentiste *m/f*	Zahnarzt, Zahnärztin 20
départ *m*	Abreise; Abfahrt 102
dépasser qc/qn	überholen; überschreiten; überragen 114
se dépêcher	sich beeilen 167
dépenser qc	ausgeben; aufwenden 105
depuis *prép*	seit 36
dernier, dernière	letzter, letzte, letztes 105
se dérouler	ablaufen; sich abspielen 166
derrière *adv*	hinten 40
derrière *prép*	hinter 27

dès *prép*	schon; schon von ... an 166
descendre	hinuntergehen, -fahren 56
description *f*	Beschreibung 76
désespéré, désespérée	verzweifelt 119
désir *m*	Wunsch 89
désolé, désolée	tief betrübt 58
je suis désolé	es tut mir leid
désordre *m*	Unordnung; Durcheinander 10
dessert *m*	Nachtisch 105
dessin *m*	Zeichnung 40
dessinateur *m*, **dessinatrice** *f*	Zeichner, Zeichnerin; Grafiker, Grafikerin 52
dessus *adv*	darauf; oben 40
au-dessus de	oberhalb; über
destinataire *m/f*	Empfänger, Empfängerin 22
destiner qc **à** qn	bestimmen für 120
destruction *f*	Zerstörung; Vernichtung 160
déterminant, déterminante	entscheidend; bestimmend 166
détruire qc	zerstören; vernichten 152
devant *adv*	vorn 40
devant *prép*	vor 40
devenir	werden 126
deviner qc	erraten 12
devise *f*	Devise 55
diététique *f*	Diätetik; Ernährungslehre 102
différence *f*	Unterschied; Verschiedenheit 10
différent, différente	verschieden; unterschiedlich 72
difficile *adj*	schwierig 31
difficulté *f*	Schwierigkeit 157
dîner *m*	Abendessen 33
diplôme *m*	Diplom; Zeugnis 132
dire qc **à** qn	sagen 8
directeur *m*, **directrice** *f*	Leiter, Leiterin; Geschäftsführer, Geschäftsführerin 50
direction *f*	Richtung; Führung 57
dirigeant *m*, **dirigeante** *f*	Führungskraft 161
les dirigeants	Führungsspitze
se diriger vers qc/qn	zugehen auf; zufahren auf 167
discuter	sich unterhalten 72
disparition *f*	Verschwinden; Aussterben 163
se disperser	sich zerstreuen; auseinandergehen 178
disque *m*	Scheibe; Schallplatte 64
distance *f*	Entfernung 77
à distance	aus der Ferne
distinct, distincte	verschieden; deutlich 175
distinction *f*	Unterscheidung; hier: Auszeichnung 132
distingué, distinguée	vornehm 22
distraction *f*	Vergnügung; Unterhaltung 86
diversité *f*	Verschiedenheit; Vielfalt 175
dominant, dominante	herrschend; Haupt- 104
dominer qc	überragen; beherrschen 63
dommage!	schade! 89
donc *conj*	also; folglich; demnach; nun 115
donner qc **à** qn	geben 8
doré, dorée	vergoldet 125
dormir	schlafen 82
dossier *m*	Akt; Unterlagen; Ordner 40
doubler qc/qn	überholen 68
doucement *adv*	langsam; behutsam; sanft 59
doute *m*	Zweifel 114
sans doute	wahrscheinlich
drapeau *m* (*pl:* drapeaux)	Fahne 10
avoir droit à qc	Anspruch haben auf etw. 118
tout droit	geradeaus 54
droite *f*	Rechte 27
à sa droite	zu seiner Rechten
drôlement *adv*	komisch; merkwürdig; wahnsinnig 59
durée *f*	Dauer 106
durer	dauern 113
duvet *m*	Schlafsack 100

E

eau *f*	Wasser 96
eau minérale	Mineralwasser
échanger qc	tauschen; wechseln 64
éclat *m*	Glanz; Pracht 119
sans éclat	unscheinbar
école *f*	Schule 57
écologie *f*	Ökologie 161
économique *adj*	wirtschaftlich; sparsam 138
écouter qc	hören; zuhören 8
écouteur *m*	Hörer; Kopfhörer 59
écran *m*	Bildschirm; Schirm 77
écrire qc	schreiben 8
écrivain *m*	Schriftsteller, Schriftstellerin 27
éducation *f*	Erziehung 152
efficace *adj*	effizient; wirksam 178
effort *m*	(körperliche) Anstrengung 101
égal, égale (*pl:* égaux, égales)	gleich 12
il est égal à lui-même	er bleibt sich treu
égalité *f*	Gleichheit 12
église *f*	Kirche 56
éjecter qc	auswerfen 76
éjection *f*	Auswurf 77
élection *f*	Wahl 175
élégant, élégante	elegant 72
élevé, élevée	hoch 49
élève *m/f*	Schüler, Schülerin 118
éliminer qc	beseitigen; ausräumen 88
émancipation *f*	Emanzipation 125
émission *f* **(télévisée, radiophonique)**	(Fernseh-; Rundfunk-) Sendung 77
emmener qc/qn	mitnehmen 142
émotion *f*	Emotion; Ergriffenheit 119
empêcher qc	verhindern; vermeiden 167
empêcher qn de faire qc	jem. hindern, etw. zu tun
emploi *m*	(Arbeits-)Stelle; Gebrauch 73
emploi du temps *m*	Tageslauf; Terminplan; Stundenplan 90
employé *m*, **employée** *f*	Angestellter, Angestellte 16
emporter qc	mitnehmen 100
enchanté, enchantée	hocherfreut 31
enchanté!	sehr erfreut!; angenehm!
endroit *m*	Ort; Stelle 61
enfance *f*	Kindheit 124
enfant *m/f*	Kind 26
enfermer qc/qn	einsperren; einschließen 119
enfin *adv*	endlich; schließlich 59
s'enfuir	fliehen; weglaufen 131
enquête *f*	Untersuchung; Umfrage 161
enregistrer qc	aufzeichnen; aufnehmen 76

ensemble *adv*	miteinander; zusammen 18
ensuite *adv*	dann; danach; nachher 78
entendre qc/qn	hören; verstehen 10
entier, entière	ganz 63
entre *prép*	zwischen 10
entrée *f*	Eingang; Vorspeise; 1. Gang 49
entreprise *f*	Unternehmen; Betrieb; Firma 75
entrer	eintreten; hereinkommen; hineingehen 19
avoir envie de	Lust haben auf 149
environ *adv*	ungefähr; ca. 135
envisager qc	in Betracht ziehen 149
envoyer qc/qn	schicken; senden 22
épeler qc	buchstabieren 23
époque *f*	Epoche; Zeitalter; Jahreszeit 105
épouser qn	jem. heiraten 27
épouvantable *adj*	scheußlich; schrecklich 129
épuisement *m*	Erschöpfung 160
s'épuiser	sich erschöpfen 161
équilibré, équilibrée	ausgeglichen; ausgewogen 96
équiper qc	ausrüsten; ausstatten 48
équivalent *m*	Äquivalent; Gegenwert 96
escalier *m*	Treppe; Treppenhaus 44
escarpin *m*	(feiner) Schuh 72
espèce *f*	Art; Gattung 153
espoir *m*	Hoffnung 167
être plein d'espoir	voller Hoffnung sein
essai *m*	Versuch 75
essayer qc	versuchen; probieren 44
essence *f*	Benzin 138
essentiel, essentielle	wesentlich 118
et	und 8
étage *m*	Etage; Stockwerk 44
étagère *f*	Regal; Wandbrett 40
étape *f*	Abschnitt 133
état d'esprit *m*	Geisteshaltung; Stimmung 166
été *m*	Sommer 79
étiquette *f*	Aufkleber; Etikett 40
étoile *f*	Stern 107
être étonné, étonnée	erstaunt sein; verwundert sein 171
étonnement *m*	Erstaunen; Verwunderung 170
étranger, étrangère	fremd 94
apprendre une langue étrangère	eine Fremdsprache (er)lernen
être	sein 10
étroit, étroite	eng 63
études *fpl*	Studium 83
faire des études	studieren
étudiant *m*, **étudiante** *f*	Student, Studentin 11
étudier qc	studieren 101
événement *m*	Ereignis 166
exactement *adv*	genau 157
exagérer qc	übertreiben 143
examen *m*	Prüfung; Examen 23
examiner qc	betrachten; sich ansehen 76
excellent, excellente	ausgezeichnet; vorzüglich 35
exception *f*	Ausnahme 104
exceptionnel, exceptionnelle	außergewöhnlich 34
excursion *f*	Ausflug 117
excuse *f*	Entschuldigung 44
s'excuser	sich entschuldigen 9
exemplaire *adj*	vorbildlich; musterhaft 35
exemple *m*	Beispiel; Vorbild 125
exigeant, exigeante	anspruchsvoll 73
exister	existieren 122
exotisme *m*	Exotik; Exotisches 147
expliquer qc	erklären 46
explorateur *m*	Erforscher 132
exploration *f*	Erforschung 133
explorer qc	erforschen; kennenlernen 136
exposer (qc)	ausstellen 62
exposition *f*	Ausstellung 89
expression *f*	Ausdruck 22
extraire qc	entnehmen; gewinnen 62
être extrait/extraite de	aus etw. entnommen sein

F

fac *f*	Uni 69
en face de	gegenüber; vor 54
se fâcher	sich ärgern; wütend werden 114
facile *adj*	leicht 55
facilité *f*	Mühelosigkeit; Leichtigkeit 141
la facilité de conduite	die bequeme Fahrweise
façon *f*	Weise; Art 73
de façon que *conj*	so ..., daß
faible *adj*	schwach 119
faim *f*	Hunger 96
faire	machen; tun 30
en fait *adv*	in Wirklichkeit 125
fameux, fameuse	berühmt; hervorragend 124
familial, familiale (*pl:* familiaux, familiales)	Familien- 139
famille *f*	Familie 16
fantaisiste *adj*	aus der Luft gegriffen; hier: unkonventionell 73
fantastique *adj*	phantastisch 118
farine *f*	Mehl 98
fasciner qn	faszinieren; fesseln 133
fatigué, fatiguée	müde 91
il faut (falloir)	man muß (müssen) 68
faute *f*	Fehler 120
fauteuil *m*	Sessel 40
faux, fausse	falsch 18
féminin, féminine	weiblich 10
femme *f*	Frau; Ehefrau 16
fenêtre *f*	Fenster 40
férié (jour) *m*	Feiertag 79
ferme *f*	Bauernhof 114
fermer qc	schließen; zumachen 23
fermier *m*, **fermière** *f*	Bauer, Bäuerin 114
festival *m*	Festspiele; hier: Filmfestival 110
fête *f*	Feier 13
feu *m*	Feuer 59
le feu rouge	(Verkehrs-)Ampel
feuille *f*	Blatt 23
février *m*	Februar 62
fiche *f*	(Anmelde-)Formular 17
film *m*	(Spiel-)Film 35
fils *m*, **fille** *f*	Sohn, Tochter 26
fin *f*	Ende; Schluß 36
fixe *adj*	Stand-; unbeweglich 76
fixer (une heure)	(eine Uhrzeit) festsetzen 89
fleur *f*	Blume 63

fleuve *m*	Fluß 62
flore *f*	Flora 163
fois *f*	Mal 31
la première fois	das erste Mal
fonction *f*	Funktion 77
fonctionner	funktionieren 94
fond *m*	Boden; hier: Grund 133
fonder qc	(be)gründen; ins Leben rufen 127
football *m*	Fußball 36
forêt *f*	Wald; Forst 161
formation *f*	Bildung; hier: Ausbildung 72
fort, forte	stark 155
fou, folle	verrückt; irre; wahnsinnig 41
foule *f*	Menge 167
frapper	schlagen 44
frapper à la porte	an die Tür klopfen
fraternité *f*	Brüderlichkeit 55
frère *m*	Bruder 26
frites *fpl*	Pommes frites 96
froid, froide	kalt 63
fromage *m*	Käse 96
fruit *m*	Frucht 97
fumer qc	rauchen 68
défense de fumer!	rauchen verboten!

G

gagner qc	verdienen; gewinnen 35
garage *m*	Garage 48
garantie *f*	Garantie; Gewährleistung 119
garantir qc	garantieren; bürgen für 119
être garanti, garantie	gewährleistet sein
garder qc	bewachen; aufheben; freihalten 115
gardienne *f*	Hausmeisterin 44
gare *f*	Bahnhof 101
garer (voiture)	parken (Auto) 45
gâteau *m*	Kuchen 97
gauche *f*	Linke 40
à gauche	links
gaz *m inv*	Gas 161
genou *m* (*pl:* genoux)	Knie 129
genre *m*	Genus 14; Art; Gattung 114
gens *pl*	Leute 55
gentil, gentille	freundlich; nett 59
gigot *m*	Lammkeule 97
goût *m*	Geschmack 138
grâce à *prép*	dank; durch; auf Grund 125
gramme *m*	Gramm 96
grand, grande	groß 34
grand-mère *f*	Großmutter 26
grand-père *m*	Großvater 27
grands-parents *mpl*	Großeltern 27
gras, grasse	fett; dick 98
plante grasse	Fettpflanze
gratuit, gratuite	kostenlos 48
grave *adj*	ernst; schlimm 159
grève *f*	Streik; Arbeitsniederlegung 58
grimper	klettern 115
ça grimpe!	das ist ganz schön steil!
groupe *m*	Gruppe 96
guérir qc/qn	heilen 153
guerre *f*	Krieg 125
guichet *m*	Schalter 86
guide *m*	(Reise-)Führer 56
gymnastique *f*	Gymnastik 70

H

habiller qn	anziehen; ankleiden 72
habitant *m*, **habitante** *f*	Bewohner, Bewohnerin; Einwohner, Einwohnerin 38
habitation *f*	Wohnung 62
habiter	wohnen 10
habitude *f*	Gewohnheit 104
haricot *m*	Bohne 96
haut, haute	hoch 45
haut-parleur *m*	Lautsprecher 78
hebdomadaire *m*	Wochenzeitschrift 122
héros *m*, **héroïne** *f*	Held, Heldin 118
hésiter	zögern 46
heure *f*	Stunde 64
être à l'heure	pünktlich sein
heureux, heureuse	glücklich 12
histoire *f*	Geschichte 31
historique *adj*	historisch; geschichtlich 119
hiver *m*	Winter 63
homme *m*	Mann 11
un homme d'affaires	ein Geschäftsmann
hôpital *m* (*pl:* hopitaux)	Krankenhaus 69
horaire *m*	Fahr-, Zeit-, Stundenplan 82
le décalage horaire	Zeitunterschied
horloge *f*	Uhr 76
hors-d'œuvre *m inv*	Vorspeise 106
hostile *adj*	feindlich; feindselig 119
hôtel *m*	Hotel 16
hôtesse *f*	Stewardess 17
huile *f*	Öl 98

I

ici *adv*	hier; hierher 17
idée *f*	Idee 87
identité *f*	Identität; Gleichheit 19
la carte d'identité	Personalausweis
idiot *m*, **idiote** *f*	Idiot, Idiotin; Trottel 87
image *f*	Bild 76
imaginaire *adj*	in der Vorstellung; in der Phantasie 89
imaginer qc/qn	sich vorstellen 36
imiter qc/qn	nachahmen; imitieren 119
immédiat, immédiate	unmittelbar; sofortig 126
immeuble *m*	Gebäude; Haus 44
imperméable *m*	Regenmantel 100
importance *f*	Wichtigkeit 104
important, importante	wichtig 106
imposant, imposante	eindrucksvoll; imposant 63
imposer qc **à** qn	aufdrängen; hier: durchsetzen 125
impossible *adj*	unmöglich 61
impression *f*	Eindruck 167
avoir l'impression que	das Gefühl haben, daß
être inclus, incluse	inbegriffen sein 107
inconvénient *m*	Nachteil 138
indépendant, indépendante	unabhängig; selbständig 156
indifférence *f*	Gleichgültigkeit 44
indiquer qc	angeben 46
indirectement *adv*	indirekt; mittelbar 86

indispensable *adj*	unerläßlich 161
individuel, individuelle	individuell 48
la maison individuelle	das Einfamilienhaus
industriel *m*	Industrieller 161
inégalité *f*	Ungleichheit 153
infirmier *m*, **infirmière** *f*	Krankenpfleger, Krankenschwester 20
influence *f*	Einfluß; Einwirkung; Bedeutung 175
s'informer de qc/qn	sich informieren 122
ingénieur *m*	Ingenieur 20
injustice *f*	Ungerechtigkeit 155
inquiet, inquiète	unruhig; besorgt 157
inquiétude *f*	Unruhe; Besorgnis 170
inscription *f*	Beitritt; Anmeldung 13
insister	weiterfragen; nicht lockerlassen 15
inspiré, inspirée de	in Anlehnung an 125
s'installer	sich niederlassen 127
instant *m*	Augenblick 17
instituer qc	einführen; gründen 175
intention *f*	Absicht; Vorhaben 58
interdiction *f*	Verbot; Untersagung 68
interdire à qn **de** faire qc	verbieten; untersagen 52
interdit, interdite	verboten; untersagt 68
intéresser qn	interessieren 59
s'intéresser à qc/qn	sich interessieren für 100
interprétation *f*	Interpretation; Darstellung 111
interroger qn	fragen 128
interviewer qn	interviewen 89
introduction *f*	Einführung; hier: Einleitung 76
introduire qc/qn	einführen 76
inventer qc	erfinden 8
invité *m*, **invitée** *f*	Gast 104
inviter qn	einladen 46
irréalisable *adj*	nicht ausführbar; unrealistisch 152
irritation *f*	Gereiztheit; Verärgerung 44
isolé, isolée	einzeln; vereinzelt 161
un cas isolé	ein Einzelfall
issue *f*	Ausgang 167
itinéraire *m*	Route; Strecke 64

J

jaloux, jalouse	eifersüchtig; neidisch 119
jamais *adv*	niemals 92
jambe *f*	Bein 101
jambon *m*	Schinken 91
jardin *m*	Garten; Gartenanlage 56
jeune *adj*	jung 12
jeune homme *m*	junger Mann
jeunesse *f*	Jugend 125
joie *f*	Freude 63
joli, jolie	hübsch; nett 117
joueur *m*, **joueuse** *f*	Spieler, Spielerin 34
jour *m*	Tag 50
journal *m* (*pl:* journaux)	Zeitung 62
journaliste *m/f*	Journalist, Journalistin 16
journée *f*	Tag 9
jugement *m*	Urteil; Einschätzung 138
juger qc/qn	(be)urteilen 119
jupe *f*	Rock 72
juste *adv*	genau; direkt; nur 54
justifier qc	rechtfertigen; belegen; nachweisen 142
jusque *prép*	bis 63

K

kilo *m*	Kilo 98
kiosque *m*	Kiosk 135
klaxonner	hupen 69

L

là *adv*	da; dort; dorthin 57
laisse *f*	Leine 69
laisser qc/qn	lassen 108
lait *m*	Milch 96
lampe *f*	Lampe 40
lancement *m*	Werfen; hier: Einführung, Start 125
lancer qc	werfen; schmeißen; hier: lancieren, starten 124
langue *f*	Zunge; Sprache 20
leçon *f*	Lektion 133
lecteur *m*, **lectrice** *f*	Leser, Leserin 119
lecture *f*	Lesen; Lektüre 76
léger, légère	leicht 70
légume *m*	Gemüse 96
le lendemain	der folgende Tag; am folgenden Tag 167
lentement *adv*	langsam 111
lettre *f*	Buchstabe 8; Brief 22
se lever	aufstehen 23
lèvre *f*	Lippe 131
libération *f*	Befreiung 124
liberté *f*	Freiheit 55
librairie *f*	Buchhandlung 55
libre *adj*	frei 88
Tu es libre, ce soir?	Hast du heute abend frei?
libre-échange *m*	Freihandel 175
lier qc	verbinden 118
lieu *m* (*pl:* lieux)	Ort; Stelle; Platz 16
avoir lieu	stattfinden
ligne *f*	Linie; Zeile; Figur 91
faire attention à sa ligne	auf seine Figur achten
limiter qc	begrenzen; beschränken 105
lire qc	lesen 36
lit *m*	Bett 43
litre *m*	Liter 96
livre *m*	Buch 23
livre *f*	Pfund 99
livrer qc	liefern 45
livreur *m*	Auslieferer 44
locataire *m/f*	Mieter, Mieterin 45
location *f*	Mieten; Vermieten 49
location *f*	Vorverkauf 122
loge *f*	Wohnung der/des Concierge 44
logement *m*	Wohnung 142
loin *adv*	weit; fern 54
lointain, lointaine	fern 119
long, longue	lang 35
le long de	längs; entlang
longer qc	entlanggehen 56
longtemps *adv*	lange (Zeit) 106
louer qc	mieten; vermieten 48
lourd, lourde	schwer 101
lumière *f*	Licht 77
lunettes de soleil *f pl*	Sonnenbrille 86
lutte *f*	Kampf 119
lutter pour qc	um etw. kämpfen 119

luxe *m*	Luxus 125

M

madame *f*	Frau 8
magasin *m*	Geschäft; Laden 54
magazine *m*	Magazin; Illustrierte 90
magnétoscope *m*	Videorecorder 76
maigre *adj*	mager 98
maillot *m* (de bain)	Badeanzug 88
main *f*	Hand 61
maintenant *adv*	jetzt; nun 56
mairie *f*	Rathaus 54
mais *conj*	aber 29
maison *f*	Haus 31
à la maison	zu/nach Hause
maison de couture *f*	Modesalon 124
maîtresse *f*	Geliebte 133
maîtresse de maison *f*	Hausfrau 104
majeur, majeure	Haupt-; volljährig 143
majorité *f*	Mehrzahl; Volljährigkeit 105
mal *adv* **(dire du ...)**	schlecht 153
mal *m*	Böse 153
maladie *f*	Krankheit 153
malheureux, malheureuse	unglücklich 12
malheureusement *adv*	leider; unglücklicherweise 139
manger qc	essen 82
manière *f*	Art und Weise 92
manifester	demonstrieren 166
mannequin *m*	Mannequin 90
manquer qc	verpassen 173
maquereau *m* (*pl:* maquereaux)	Makrele 97
se maquiller	sich schminken 90
marchandise *f*	Ware; Güter 175
marche *f*	Stufe 111
marché *m*	Markt 54
marcher	gehen 63
mari *m*	Ehemann 26
mariage *m*	Ehe; Hochzeit 27
marié, mariée	verheiratet 17
marié *m*	Bräutigam 27
se marier	heiraten 158
marin *m*	Seemann 133
marin, marine	See-; Meer(es)- 133
marine *f*	Marine 133
marque *f*	Marke 139
marquer qc	kennzeichnen 8
martien *m*	Marsmännchen 69
masculin, masculine	männlich 10
matelas *m*	Matratze 147
matériel *m*	Material 77
matin *m*	Morgen; Vormittag 41
mauvais, mauvaise	schlecht 91
maximum *adj*	maximal 138
médecin *m*	Arzt, Ärztin 28
médiocre *adj*	mäßig; unzureichend; dürftig 119
meilleur, meilleure	besser 140
le même, la même, les mêmes	der-, die-, dasselbe, dieselben 54
même *adv*	sogar; selbst 129
menacer qn **de** qc	bedrohen 163
mer *f*	Meer 111
merci!	danke! 8
mère *f*	Mutter 26
mérite *m*	Verdienst 153
mesdemoiselles *f/pl*	Meine Damen! 19
mesure *f*	Maßnahme 161
métier *m*	Beruf 91
mètre *m*	Meter 167
métro *m*	Metro; U-Bahn 58
metteur en scène *m*	Regisseur 91
mettre qc	legen; stellen; setzen 42
mettre en marche	einschalten
meuble *m*	Möbelstück 40
meublé, meublée	möbliert 48
micro(phone) *m*	Mikrophon 77
midi *m*	Mittag 82
mieux *adv*	besser 104
au milieu (de)	inmitten; unter; in der Mitte 40
mille *inv*	tausend 167
millier *m*	(ca.) tausend 167
mine *f*	Gesichtsausdruck; Miene 91
avoir bonne/ mauvaise mine	gut/schlecht aussehen
minéral, minérale	Mineral- 105
eau minérale	Mineralwasser
minuit *m*	Mitternacht 83
mise en marche *f*	Inbetriebnahme 76
mode *f*	Mode 87
à la mode	modisch; modern
mode *m*	Art und Weise 105
mode d'emploi *m*	Gebrauchsanweisung 77
moderne *adj*	modern; zeitgemäß 49
moins *adv*	weniger 85
mois *m*	Monat 50
moisson *f*	Ernte 79
moment *m*	Moment; Augenblick; Zeitpunkt 91
mondain, mondaine	mondän 124
monde *m*	Welt; Erde 34
beaucoup de monde	viele Leute
mondial, mondiale	Welt-; weltweit 34
monotone *adj*	eintönig 92
monsieur *m*	Herr 8
montagne *f*	Berg; Gebirge 129
monter	hinaufgehen; hinauffahren 44
monter qc	etw. hinauftragen
montrer qc	zeigen 40
monument *m*	Denkmal; Monument 56
morceau *m* (*pl:* morceaux)	Stück 96
mort *f*	Tod 140
mort, morte	gestorben; tot 124
motard *m*	Motorradfahrer; hier: motorisierter Streifenpolizist 111
mot *m*	Wort 10
mourir	sterben 119
mouton *m*	Schaf; hier: Hammelfleisch 96
mouvement *m*	Bewegung 161
moyen, moyenne	Mittel-; durchschnittlich 104
moyen de transport *m*	Verkehrsmittel 141
en moyenne	im Durchschnitt 98
muguet *m*	Maiglöckchen 79
mur *m*	Mauer; Wand 40
musée *m*	Museum; (Kunst-)Sammlung 56
musique *f*	Musik 63

N

nager	schwimmen 147
naissance *f*	Geburt 16
nationalité *f*	Staatsangehörigkeit 10
nature *f*	Natur 142
naturellement *adv*	selbstverständlich; natürlich 55
navette *m*	(Web-)Schiffchen; Verkehrsmittel im Pendelverkehr 147
faire la navette	pendeln
né, née	geboren 124
nécessaire *adj*	notwendig; nötig 58
négatif, négative	negativ 10
négocier qc	verhandeln; erörtern 162
neige *f*	Schnee 63
nerveux, nerveuse	nervös 138
une voiture nerveuse	ein spritziges Auto
noir, noire	schwarz 72
nom *m*	Name 8
nombre *m*	Zahl 12
nommer qn	ernennen 133
non	nein 11
nord *m*	Norden 146
normal, normale	normal 157
c'est bien normal!	das ist doch selbstverständlich!
note *f*	Vermerk; Notiz; Rechnung; Note 78
noter qc	notieren; aufschreiben 12
nourrir qn	ernähren 161
nourriture *f*	Ernährung; Verpflegung 100
nouveau, nouvel, nouvelle (*pl:* nouveaux, nouvelles)	neu 44
nouvelles *fpl*	Neuigkeiten 106
nucléaire *adj*	Kern-; nuklear; Atom- 152
nuit *f*	Nacht 82
il fait nuit	es ist Nacht; es ist dunkel
numéro *m*	Nummer 8

O

objection *f*	Einwand; Beanstandung 142
objet *m*	Gegenstand; Objekt 40
obtenir qc	erhalten; bekommen 132
occasion *f*	Gelegenheit; Anlaß; Grund 110
voiture d'occasion	Gebrauchtwagen
occuper qc	besetzen 167
s'occuper de qc/qn	sich kümmern um 158
océan *m*	Ozean 133
océanique *adj*	ozeanisch; Meeres- 132
océanographique *adj*	meereskundlich 132
œuf *m*	Ei 96
œuvre *f*	Werk; Arbeit 132
officiel, officielle	offiziell 85
officier *m*	Offizier 133
offre *f*	Angebot 49
offrir qc **à** qn	anbieten; schenken 105
oncle *m*	Onkel 26
opéra *m*	Oper 89
opération *f*	Vorgang 76
opinion *f*	Meinung; Ansicht; Standpunkt 46
opposer qc	entgegenstellen 174
s'opposer à qc/qn	sich widersetzen 174
option *f*	Wahl; hier: Wahlfach 73
orange *f*	Orange 96
ordinaire *adj*	gewöhnlich 92
ordinateur *m*	Computer 40
ordre *m*	Reihenfolge 8
oreille *f*	Ohr 59
organisation *f*	Organisierung; Organisation 174
organisme *m*	Organismus; hier: Einrichtung 175
ou *conj*	oder 8
où *adv*	wo; wohin 12
oublier qc/qn	vergessen 63
oui	ja 8
ours *m*	Bär 163
ouverture *f*	Eröffnung; Öffnung 125
ouvrir qc	öffnen; aufmachen 21
ouvrir un compte en banque	ein Bankkonto eröffnen
ozone *m*	Ozon 161

P

pain *m*	Brot 55
palmier *m*	Palme 111
panneau *m* (*pl:* panneaux)	Schild 69
papier *m*	Papier 71
les papiers d'identité	Ausweispapiere
paquet *m*	Paket 86
paraître	erscheinen 133
parc *m*	Park 49
parce que *conj*	weil 58
parcourir qc	zurücklegen 116
parcours *m*	(Fahr-)Strecke 101
pardon!	Entschuldigung!; Verzeihung! 10
parents *mpl*	Eltern 26
parent *m*, parente *f*	Verwandter, Verwandte
parfois *adv*	manchmal 79
parfum *m*	Parfüm 124
parisien, parisienne	pariserisch; Pariser 115
parking *m*	Parkplatz 49
parler	sprechen 12
parole *f*	Wort 100
prendre la parole	das Wort ergreifen
à part *prép*	außer 115
participant *m* **participante** *f*	Teilnehmer, Teilnehmerin 52
particularité *f*	Besonderheit 62
particulier *m*	Privatperson 49
partie *f*	Teil 14
faire partie de qc	zu etw. gehören; Mitglied sein von etw. 174
partir	weggehen; wegfahren 63
pas *m*	Schritt 63
revenir sur ses pas	umkehren
passage *m* **réservé aux piétons**	Fußgängerüberweg 69
passager *m*, **passagère** *f*	Fahrgast 17
passeport *m*	(Reise-)Paß 17
passer	vorbeigehen; vorbeifahren; verbringen 55
se passer	sich ereignen; sich abspielen; verlaufen; klappen 72
passion *f*	Leidenschaft 119

pâte *f*	Teig; Nudel 96
patience *f*	Geduld 91
patient, patiente	geduldig 73
patron *m*, **patronne** *f*	Chef, Chefin; Boß 74
pavé *m*	Pflasterstein 167
payer qc	bezahlen 72
pays *m*	Land 10
paysage *m*	Landschaft 163
PDG *m* **(Président Directeur Général)**	Vorstandsvorsitzender; Geschäftsführer 134
peine *f*	Mühe 127
ça vaut la peine	es lohnt sich
pelouse *f*	Rasen 68
pendant *prép*	während 76
pendule *f*	Wanduhr 42
pénible *adj*	beschwerlich; schmerzlich 128
pensée *f*	Gedanke; Ansicht 119
penser à qc/qn	denken an 45
qu'est-ce que vous en pensez?	wie denken Sie darüber?
perdre qc	verlieren 119
père *m*	Vater 26
perfection *f*	Vollkommenheit; Perfektion 119
permettre qc **à** qn	erlauben 77
permission *f*	Erlaubnis 68
personnage *m*	Persönlichkeit 8
personne *f*	Person; Mensch 8
personnel *m*	Personal; Belegschaft 74
personnel, personnelle	persönlich; eigen 104
petit, petite	klein 48
(un) peu *adv*	wenig 99
peuple *m*	Volk 154
peur *f*	Angst; Furcht 158
prendre peur	Angst bekommen
peut-être *adv*	vielleicht; eventuell 34
photo *f*	Foto; Bild 16
pièce *f*	Stück; Zimmer 49
la pièce d'identité	Ausweis
pied *m*	Fuß 58
à pied	zu Fuß
piéton *m*, **piétonne** *f*	Fußgänger, Fußgängerin 68
pilote *m*	Pilot; Rennfahrer 34
pique-nique *m*	Picknick 101
pire *adj*	schlimmer; übler 129
piscine *f*	Schwimmbad; Hallenbad 48
pittoresque *adj*	malerisch; pittoresk 62
place *f*	Platz; Ort; Stelle 42
placer qc	hinstellen; hinlegen; hinsetzen 43
plage *f*	Strand 124
plaire à qn	jem. gefallen 86
plaisanter	scherzen 87
plaisir *m*	Vergnügen; Freude 171
faire plaisir à qn	jem. eine Freude machen
plan *m*	Plan; Stadtplan 56
plante *f*	Pflanze 153
plat *m*	Gericht; Speise; Platte 96
plat, plate	flach; platt; eben 129
plein, pleine	voll 167
pleurer	weinen 171
pleuvoir	regnen 79
il pleut	es regnet
plongée *f*	Tauchen 147
pluie *f*	Regen 129
la plupart de	die meisten 105
plus *adv*	mehr 31
plusieurs *adj*	mehrere; etliche 119
podium *m*	Podest 134
poire *f*	Birne 97
poireau *m* (*pl:* poireaux)	Lauch; Porree 97
poisson *m*	Fisch 96
police *f*	Polizei 40
un agent de police	ein (Verkehrs-)Polizist
policier, policière	polizeilich; Kriminal- 118
un film policier	ein Kriminalfilm
poliment *adv*	höflich 98
politesse *f*	Höflichkeit 8
polluer qc	verschmutzen 161
pollution *f*	(Umwelt-)Verschmutzung 160
pomme *f*	Apfel 96
pomme de terre *f*	Kartoffel 96
pont *m*	Brücke 57
populaire *adj*	volkstümlich; populär; beliebt 133
porc *m*	Schwein; Schweinefleisch 96
porte *f*	Tür 40
porte-bagages *m*	Gepäckträger 115
porter qc	tragen 72
poser	posieren 91
positif, positive	positiv 118
position *f*	Position; Stellung 77
possibilité *f*	Möglichkeit 44
possible *adj*	möglich 50
si possible	wenn möglich; nach Möglichkeit
poste *f*	Postamt 54
poste *m*	Stelle; Amt; Gerät 77
pot *m*	Topf; Krug; Becher 64
prendre un pot	ein Gläschen zusammen trinken
poulet *m*	Hühnchen; Hähnchen 97
pour *prép*	für 8
pourquoi *adv*	warum 58
pouvoir	können 23/60
pratique *adj*	praktisch; zweckmäßig 76
préalable *adj*	vorherig; vorangehend 135
précision *f*	Genauigkeit 35
préfecture *f*	*etwa* Landratsamt 17
préférer qc/qn	vorziehen; bevorzugen 36
prendre qc	nehmen 44
prendre conscience de	sich bewußt werden
prénom *m*	Vorname 17
se préparer	sich vorbereiten 91
près de *prép*	in der Nähe von 54
présenter qn	vorstellen 30
presse *f*	Presse; Zeitungswesen 111
la conférence de presse	Pressekonferenz
être pressé, pressée	in Eile sein 58
pression *f*	Druck 161
être prêt, prête	bereit, fertig sein 77
prêter qc **à** qn	leihen 78
prévoir qc	vorsehen 100
primer qc/qn	prämieren; mit einem Preis auszeichnen 131
principal, principale	Haupt- 118
printemps *m*	Frühling 79
prise *f*	Stecker; Buchse; Steckdose 77
prison *f*	Gefängnis 167

prix *m*	Preis 50
problème *m*	Problem; Frage 44
prochain, prochaine	nächster, nächste, nächstes 23
produit *m*	Produkt; Erzeugnis 161
professeur *m*	(Gymnasial-)Lehrer, Lehrerin 16
profession *f*	Beruf 16
profiter de qc	profitieren; wahrnehmen; (aus-) nützen 111
profondeur *f*	Tiefe 131
programme *m*	Programm 22
projet *m*	Plan; Vorhaben; Projekt 106
faire des projets	Pläne schmieden
prolonger qc	verlängern 146
promenade *f*	Spaziergang; Promenade 63
se promener	spazierengehen 87
proposition *f*	Vorschlag; Angebot 88
protester	protestieren 60
propre *adj*	eigener, eigene, eigenes 104
protéine *f*	Protein; Eiweiß 96
protestation *f*	Protest 44
prouver qc	beweisen 119
province *f*	Provinz 55
publication *f*	Veröffentlichung 132
publicité *f*	Werbung 29
publier qc	veröffentlichen 132
puis *adv*	dann 8
puissance *f*	Macht; Stärke; Leistung 139

Q

quai *m*	Bahnsteig; Kai 57
qualité *f*	Qualität; Eigenschaft 34
quand *conj*	wenn 58
quart *m*	Viertel 85
midi moins le quart	Viertel vor zwölf
quartier *m*	(Stadt-)Viertel; Gegend 63
quelqu'un *pr*	jemand 14
quelque *adj*	einige 31
quelquefois *adv*	manchmal; ab und zu 105
question *f*	Frage 8
queue *f*	Schwanz 58
faire la queue	Schlange stehen
qui? *interrogatif*	wer?, wen? (Fragewort) 8
quitter qc/qn	verlassen 83
quotidien, quotidienne	täglich; alltäglich; Tages- 91

R

raccord *m*	Verbindung; Anschlußstück 76
raccorder qc	verbinden; zusammenschließen 76
raconter qc **à** qn	erzählen 130
radiateur *m*	Heizkörper 45
radio *f*	Radio; Rundfunkgerät 59
raison *f*	Vernunft; Grund; Recht 60
rapide *adj*	schnell; rasch 76
rappeler qc **à** qn	jem. an etw. erinnern 161
rare *adj*	selten; knapp 87
ras-le-bol *m*	Unbehagen; Unzufriedenheit 58
j'en ai ras-le-bol	ich habe die Nase voll
ration *f*	Ration; Portion 99
réagir à qc	auf etw. reagieren 128
réalisation *f*	Realisierung; Durchführung 76
réaliser qc	verwirklichen; durchführen 119
réaliste *adj*	realistisch 152
récent, récente	neu; kürzlich erfolgt 166
réception *f*	Empfang 111
recevoir qc/qn	erhalten; empfangen 112
recherche *f*	Forschung 133
récit *m*	Erzählung; Geschichte; Bericht 133
(se) reconnaître	(sich) wiedererkennen 34
recopier qc	abschreiben 106
record *m*	Rekord 105
réduction *f*	Ermäßigung; Nachlaß 135
R.E.R. *m*	S-Bahn 8
se référer à qc/qn	sich beziehen auf 110
réfléchir	überlegen; nachdenken 105
refus *m*	Ablehnung; Weigerung 44
refuser qc	ablehnen; verweigern 86
regarder qc	anschauen 18
Regarde, Thierry!	Sieh mal, Thierry!
régime *m*	Ernährung(sweise); Kost; Diät 97
réglage *m*	Einstellung 78
régler qc	regeln; einstellen 84
une vie bien réglée!	ein geregeltes Leben!
régularité *f*	Regelmäßigkeit 35
rejoindre qn	wieder treffen; wieder einholen 88
remarque *f*	Bemerkung 105
remarquer qc	beachten; bemerken 63
rembobiner qc	zurückspulen 77
remerciement *m*	Dank 22
rempart *m*	(Festungs-)Wall; Stadtmauer 63
remplir qc	füllen; ausfüllen 17
rencontrer	Begegnung 128
rendez-vous *m*	Termin; Verabredung 63
renforcer qc	verstärken 8
renverser qc	umwerfen; umkippen 167
réparer qc	reparieren 114
repas *m*	Mahlzeit; Essen 96
répéter qc	wiederholen 8
répondre qc **à** qn	antworten 43
réponse *f*	Antwort 18
se reposer	sich ausruhen; sich erholen 83
réprobation *f*	Mißbilligung; Ablehnung 170
reproduction *f*	Reproduktion; Wiedergabe 76
réputation *f*	Ruf; Ansehen; Name 36
requête *f*	Antrag 75
requin *m*	Hai 133
réserve naturelle *f*	Naturschutzgebiet; Naturpark 163
respirable *adj*	gut, erträglich (Luft) 163
responsable *adj*	verantwortlich 163
ressembler à qc/qn	ähneln 124
ressource *f*	Mittel; Möglichkeit 163
les ressources	Versorgungsquellen; Reserven
restaurant *m*	Restaurant; Gaststätte 54
rester	bleiben 106
résultat *m*	Ergebnis; Erfolg 174
résumé *m*	Zusammenfassung 118
résumer qc	Zusammenfassen 104
rétablir qc	wiederherstellen 58
retirer qc	herausziehen; herausnehmen 77
retour *m*	Rückkehr; hier: Zurückspulen 76
retourner	zurückkehren; zurückkommen 82
rétrospectif, rétrospective	rückblickend 127
retrouver qc/qn	wiederfinden; wiedertreffen 101
réunion *f*	Versammlung; Treffen 100

se réunir	sich versammeln; sich treffen 175
rêve *m*	Traum 35
se réveiller	aufwachen 171
révélation *f*	Aufdeckung; Offenbarung 119
les révélations	Enthüllungen
revenir	zurückkommen; wiederkehren 56
au revoir	auf Wiedersehen 9
riche *adj*	reich 35
riche en vitamines	vitaminreich
rideau *m* (*pl:* rideaux)	Vorhang; Gardine 43
rire	lachen 90
riz *m inv*	Reis 96
robe *f*	Kleid 91
rôle *m*	Rolle 90
rompre avec qn	sich von jem. trennen; Schluß machen 173
roue *f*	Rad 19
rouge *adj*	rot 55
rouler	rollen; fahren 100
route *f*	(Land-)Straße 101
en route!	auf geht's!
rue *f*	Straße 19

S

sable *m*	Sand 147
sac *m*	Sack; Tasche; Beutel 72
le sac à main	Handtasche
sac de couchage *m*	Schlafsack 100
saison *f*	Jahreszeit 79
salade *f*	Salat 91
salaire *m*	Lohn; Gehalt 142
salle *f*	Raum; Saal 82
salle de bains *f*	Badezimmer 49
salon *m*	Ausstellung; Schau 138
saluer qn	(be-)grüßen 13
salut!	Hallo!; Servus!; Tschüs! 8
salutations amicales	mit freundlichen Grüßen 64
sans *prép*	ohne 91
sans doute	wahrscheinlich 167
santé *f*	Gesundheit 97
sardine *f*	Sardine 96
sauf *prép*	außer 105
saumon *m*	Lachs 96
sauver qc/qn	retten 160
se sauver	davonlaufen; verduften 167
savant *m*	Wissenschaftler 161
savoir qc	wissen 31
scaphandre *m*	Taucheranzug; Tauchgerät 132
un scaphandre autonome	ein schlauchloses Tauchgerät
scénario *m*	Drehbuch 91
scientifique *adj*	wissenschaftlich 175
sculpter qc	(aus-)meißeln; skulptieren 119
sculpteur *m*	Bildhauer 118
séance *f*	Sitzung; Vorstellung 91
la séance de gymnastique	die Gymnastikstunde
sec, sèche	trocken 96
les gâteaux secs	Teegebäck; Kekse
au secours!	Hilfe! 60
secret *m*	Geheimnis 18
secrétaire *m/f*	Sekretär, Sekretärin 16
sécurité *f*	Sicherheit 140
séjour *m*	Aufenthalt; hier: Wohnzimmer 49
sélection *f*	Auswahl; Auslese 89
self-service *m*	Selbstbedienungsrestaurant 105
semaine *f*	Woche 79
sens *m*	Richtung 69
sens dessus dessous	drunter und drüber; völlig durcheinander 40
sentiment *m*	Gefühl; Empfindung 22
se sentir bien/mal	sich wohl-/schlechtfühlen 167
séquence *f*	Abfolge; Folge 78
sérieux, sérieuse	ernst; ernsthaft; seriös 73
serrer (la main)	(die Hand) drücken 111
service *m*	Service 141
service militaire *m*	Wehrdienst 83
serviette *f*	Handtuch 147
seul, seule	allein; einsam 52
seulement *adv*	nur; lediglich 59
si *adv*	doch 43
si *conj*	wenn 50
sida *m*	Aids 153
siècle *m*	Jahrhundert 62
siège *m*	Sitz 174
sigle *m*	Abkürzung 8
signature *f*	Unterschrift 22
signer qc	unterschreiben 134
silence *m*	Ruhe; Schweigen; Stille 69
silhouette *f*	Silhouette; Gestalt 63
s'il vous plaît!	bitte! 17
simplicité *f*	Einfachheit; Schlichtheit 125
situation de famille *f*	Familienstand 16
être situé, située	liegen 64
ski *m*	Ski 136
ski nautique	Wasserski
société *f*	Gesellschaft 68
sœur *f*	Schwester 26
soif *f*	Durst 114
soin *m*	Sorgfalt; Pflege 90
soir *m*	Abend 68
soirée *f*	Abend; Abendgesellschaft 64
sole *f*	Seezunge 97
soleil *m*	Sonne 111
solution *f*	Lösung 146
sonner	klingen; läuten; klingeln 93
sophistiqué, sophistiquée	raffiniert; gekünstelt 93
sortie *f*	Ausflug; Ausgang; Ausfahrt 17
sortir	ausgehen; hinausgehen 86
soucoupe *f*	Untertasse 69
souffle *m*	Atem; Puste 167
avoir le souffle coupé	außer Atem geraten sein
souhait *m*	Wunsch 152
souhaiter qc **à** qn	wünschen 153
soulier *m*	Schuh 125
souligner qc	unterstreichen 92
souple *adj*	geschmeidig; flexibel; wendig 139
source *f*	Quelle 152
sourire	lächeln 90
sous *prép*	unter 40
sous-marin, sous-marine	unterseeisch 133
soutien *m*	Unterstützung; Stütze; Halt 161
souvenir *m*	Erinnerung 27

souvent *adv*	oft 30
spacieux, spacieuse	geräumig 139
spécial, spéciale (*pl:* spéciaux, spéciales)	besonderer, besondere, besonderes 64
spécialité *f*	Spezialität 107
spectacle *m*	Vorstellung; Schauspiel 118
splendide *adj*	herrlich; prachtvoll 63
stade *m*	Stadion; Sportplatz 143
stage *m*	Praktikum 128
station *f*	Station; Haltestelle 58
stationner	parken 69
statistiquement *adv*	statistisch (gesehen) 104
stockage *m*	Lagerung 160
stocker qc	(ein-)lagern; (auf-)stapeln 161
studio *m*	Appartement; Einzimmerwohnung; Studio 48
stylo *m*	Kugelschreiber 28
sublime *adj*	erhaben; sublim 119
succès *m*	Erfolg 124
succession *f*	Abfolge; Folge 92
sucre *m*	Zucker 91
sud *m*	Süden 146
il suffit de	es genügt 77
suggestion *f*	Anregung; Vorschlag 146
suite *f*	Folge; Fortsetzung 76
suivant, suivante	folgende(r) 10
suivre qc/qn	folgen; begleiten 56
sujet *m*	Thema 106
superbe *adj*	prächtig; herrlich 49
supermarché *m*	Supermarkt 54
supplément *m*	Zusatz; Zuschlag 146
sur *prép*	auf 27
sûr, sûre	sicher 139
surprise *f*	Überraschung 44
surtout *adv*	vor allem 104
survivre *m*	überleben 163
sweat *m*	Sweatshirt 91
syllabe *f*	Silbe 12
sympa *adj inv*	sympathisch 59
syndicat d'initiative *m*	Fremdenverkehrsamt 49

T

table *f*	Tisch 40
tableau *m*	Gemälde; Bild; Tafel 23
taille *f*	Größe 138
tailleur *m*	Schneider; Damenkostüm 124
talent *m*	Talent; Begabung 119
affirmer son talent	sich zeigen (sein/ihr Talent)
talon *m*	Ferse; Absatz 68
tante *f*	Tante 26
tapis *m*	Teppich 43
tard *adv*	spät 31
tarte *f*	Torte; Obstkuchen 115
taxi *m*	Taxi 58
technique *f*	Technik 73
télécommande *f*	Fernbedienung 77
téléphone *m*	Telefon 12
téléviseur *m*	Fernsehgerät 76
télévision *f*	Fernsehen 106
témoin *m*	Zeuge, Zeugin 176
temps *m*	Wetter; Zeit 77
tendance *f*	Tendenz; Neigung; Hang 104
tenir	halten; durchhalten 128
se tenir	sich halten; hier: sich aufhalten 110
tennis *m*	Tennis 35
tenter qn	reizen; verlocken 143
ça me tente!	dazu habe ich Lust!
tenue *f*	Kleidung; Benehmen; Haltung; Verhalten 91
se terminer	enden 170
terre *f*	Erde; Boden 152
par terre	auf dem/den Boden 40
territoire *m*	Gebiet; Territorium 163
terrorisme *m*	Terrorismus 153
tête *f*	Kopf 170
texte *m*	Text 34
thé *m*	Tee 96
théâtral, théâtrale	theatralisch; Theater- 119
théâtre *m*	Theater; Schauspielhaus 57
thème *m*	Thema 117
ticket *m*	Fahrschein; Eintrittskarte 71
titre *m*	Titel; Bezeichnung 34
toilettes *fpl*	Toilette 68
toit *m*	Dach 63
tolérant, tolérante	tolerant; nachsichtig 153
tomate *f*	Tomate 97
avoir tort	Unrecht haben 143
tôt *adv*	früh 90
total *m* (*pl:* totaux)	Gesamtsumme 99
touche *f*	Taste 76
toujours *adv*	immer; stets 72
touriste *m/f*	Tourist, Touristin 56
tourner	drehen; wenden; abbiegen 19
tout, toute; tous, toutes	alles; jeder; ganz; alle 13
tout de suite	sofort 73
tout d'un coup	auf einmal 171
toxique *adj*	giftig 161
tradition *f*	Tradition; Sitte; Brauch 104
traduire (qc)	übersetzen 162
tragédie *f*	Tragödie 119
tragique *m*	Tragik 119
tragique *adj*	tragisch 119
train *m*	Zug 58
traîner	nachziehen; herumliegen 119
traîner en longueur	sich in die Länge ziehen
traité *m*	Vertrag; Abkommen 175
transports *mpl*	hier: öffentliche Verkehrsmittel 58
transporter qc/qn	befördern; transportieren 139
travail *m* (*pl:* travaux)	Arbeit 72
travailler	arbeiten 28
traverser qc	überqueren; durchdringen; durchmachen 54
très *adv*	sehr 12
triste *adj*	traurig 119
trop *adv*	zuviel; zu sehr 138
trottoir *m*	Bürgersteig 54
trouver qc	finden 8
truite *f*	Forelle 99
tunnel sous la Manche *m*	Eurotunnel 69

U

U.E. *f* — EU 174
union *f* — Union; Bund; Vereinigung 175
s'unir — sich vereinen; sich verbinden 152
unité *f* — Einheit; Geschlossenheit 175
université *f* — Universität 82
usine *f* — Fabrik 153
utile *adj* — nützlich 101
utilisation *f* — Gebrauch; Verwendung 74
utiliser qc — verwenden; benutzen; gebrauchen 60

V

vacances *fpl* — Ferien; Urlaub 70
veau *m* (*pl:* veaux) — Kalb; Kalbfleisch 96
vedette *f* — Star; Schnellboot 34
véhicule *m* — Fahrzeug 69
veine *f* — Vene; Ader; Glück 59
C'est bien ma veine! — So ein Pech!
vélo *m* — Fahrrad 31
vendange *f* — Weinlese 79
vendeur *m*, **vendeuse** *f* — Verkäufer, Verkäuferin 47
vendre qc — verkaufen 48
venir — kommen 32
vente *f* — Verkauf 48
vérifier qc — kontrollieren 8
véritable *adj* — wahr; echt 119
vérité *f* — Wahrheit 57
verre *m* — Glas 31
vert, verte — grün 97
les légumes verts — Frischgemüse
veste *f* — Jacke; Sakko 72
vêtement *m* — Kleidungsstück 72
les vêtements — (Be-)Kleidung
viande *f* — Fleisch 96
vide *adj* — leer 42
vie *f* — Leben 76
vieux, vieil, vieille (*pl:* vieux, vieilles) — alt; betagt 62
village *m* — Dorf 102
ville *f* — Stadt 16
vin *m* — Wein 96
violent, violente — gewalttätig; hier: heftig 167
visage *m* — Gesicht 133
visionner qc — (sich) ansehen 76
visiter qc — besichtigen 63
vitamine *f* — Vitamin 97
vite *adv* — schnell 91
vitesse *f* — Geschwindigkeit 140
vivre — leben 111
vœu *m* (*pl:* vœux) — Wunsch 152
voilà! — Bitte! 17
voir qc — sehen 23
voiture *f* — Wagen 27
volcan *m* — Vulkan 163
volonté *f* — Wille 155
volt *m* — Volt 76
volume *m* — Umfang; hier: Lautstärke 78
vouloir — wollen 16
voyage *m* — Reise; Fahrt 128
voyelle *f* — Vokal; Selbstlaut 12
vrai, vraie — wahr; richtig 18
vraiment *adv* — wirklich; wahrhaftig 27
vue *f* — Ansicht; Blick 48
avec vue sur la mer — mit Blick auf das Meer

Y

yaourt *m* — Joghurt 96

Z

zéro *m* — Null 77
zone *f* — Zone; Bereich 175
zoo *m* — Zoo; Tierpark 45

Imprimé par Rotolito Lombarda. Italie
Dépôt légal: 6856.02.1995. Collection n° 26
Edition n° 01. EAN: 3002011500279.